THiNKr
新思

MIGRATIONS

DK地图上的人类史

A History of Where We All Come From

我们从哪里来

英国DK公司——编著
欧阳瑾 宋和坤——译

DK

中信出版集团 | 北京

DK Penguin Random House

图书在版编目（CIP）数据

DK地图上的人类史：我们从哪里来 / 英国DK公司编著；欧阳瑾，宋和坤译. -- 北京：中信出版社，2025.1
ISBN 978-7-5217-6295-2

Ⅰ. ①D… Ⅱ. ①英… ②欧… ③宋… Ⅲ. ①人口迁移－历史－世界－通俗读物 Ⅳ. ①C922-49

中国国家版本馆CIP数据核字(2024)第006520号

DK地图上的人类史——我们从哪里来
编著：英国DK公司
译者：欧阳瑾 宋和坤
总策划：张益
策划编辑：赵世明
责任编辑：钱卫
营销编辑：彭博雅 毛海燕
装帧设计：别境Lab
出版发行：中信出版集团股份有限公司
（北京市朝阳区东三环北路27号嘉铭中心 邮编 100020）
承印者：惠州市金宣发智能包装科技有限公司

开本：546mm×965mm 1/12
印张：23
字数：363千字
版次：2025年1月第1版
印次：2025年1月第1次印刷
京权图字：01-2023-5830
审图号：GS（2024）4009号（此书中插图系原文插图）
书号：ISBN 978-7-5217-6295-2
定价：198.00元

最早的迁徙

上古时期

大英帝国官佐勋章获得者戴维·奥卢索加教授（Professor David Olusoga OBE）是英国一位尼日利亚裔历史学家、电视主持人兼电影制作人。他的电视纪录片作品有：《穿越时间的房屋》（*A House Through Time*，英国广播公司电视二台），《黑人与英国人：一段被遗忘的历史》（*Black and British: A Forgotten History*，英国广播公司电视二台），以及获得了英国电影和电视艺术学院奖（BAFTA Award）的《被遗忘的英国奴隶主》（*Britain's Forgotten Slave Owners*，英国广播公司电视二台）。戴维也是《黑人与英国人：一段被遗忘的历史》一书的作者，该书曾荣获"朗文今日历史理事奖"（Longman-History Today Trustees' Award）与"英国笔会赫塞尔-蒂尔特曼奖"（PEN Hessell-Tiltman Prize）两项殊荣。他还为《卫报》撰稿，是《观察家报》（*The Observer*）的专栏作家，以及曼彻斯特大学的公共历史学教授。

古代帝国

约公元前2600年—公元375年

洲际接触

公元375年—1400年

顾问兼撰稿人

菲利普·帕克（Philip Parker）是一位广受好评的作家、编辑和历史学家，专攻古典时期和中世纪的世界史。他拥有约翰斯·霍普金斯大学高级国际研究院颁发的国际关系学文凭。

专家顾问

阿努什卡·亚历山大·罗斯（Anoushka Alexander-Rose）是英国南安普敦大学帕克斯犹太 / 非犹太关系研究所（Parkes Institute for the Study of Jewish/ non-Jewish Relations）英语专业的研究员（Postgraduate Researcher）。

维维安·德尔加多博士［Dr. Vivian Delgado，专业为雅基语（Yaqui）/ 蒂瓦－特瓦语（Tiwa-Tewa）］是明尼苏达州伯米吉州立大学（Bemidji State University, Minnesota）语言与土著研究系（Languages and Indigenous Studies）的助理教授。

加芙列拉·拉莫斯博士（Dr. Gabriela Ramos）是剑桥大学拉丁美洲历史副教授，同时兼任该校拉丁美洲研究中心主任一职（Director of the Centre of Latin American Studies）。她的研究主要集中于安第斯山脉地区。

弗兰克·斯塔林（Frank Starling）是“多样性、公平与包容”（Diversity, Equity, and Inclusion）领域里的一位专家兼记者。2020 年，他被“成功之路”（Pathways to Success）领导力项目评为黑人领军人物之一。

殖民与征服

1400年—1800年

大规模迁徙与自由

1700年—1900年

撰稿人

约翰·法恩登（John Farndon）是一位诗人兼词曲作家，也是上千部书籍的作者，其中的许多作品都由 DK 公司出版。他还是一位获奖的欧亚文学翻译家，以及“欧亚人民大会”（Eurasian People's Assembly）的委员。

米雷列·哈珀（Mireille Harper）是一位获奖编辑、作家、真正的读者兼沟通顾问。她撰写的作品，发表在《时尚》（*Vogue*）、《数码间谍》（*Digital Spy*）和《好管家》（*Good Housekeeping*）等众多媒体上。她曾为 DK 公司出版的《人物时间线》（*Timelines of Everyone*）和《黑人史书》（*The Black History Book*）两书撰稿，还是《黑人历史时间线》（*Timelines from Black History*）的作者。

前野有香（Yuka Maeno）是一位作家、日–英文学翻译家兼字幕译者，现居爱尔兰。她为英国和日本的多家出版物撰过稿，也是佐佐木知子（Tomoko Sasaki）所著《庭院》（*Ground*）的译者。

沙菲克·梅格吉（Shafik Meghji）是一位屡获殊荣的游记作者、记者兼作家。他专门研究拉丁美洲和南亚地区，为英国广播公司旅游频道、《漫游》（*Wanderlust*）及《孤独星球》（*Lonely Planet*）等媒体撰稿，与人为《DK 目击者》（*DK Eyewitness*）和《易行指南》（*Rough Guides*）系列合撰了 40 多部旅行指南，还经常在电视、广播和播客上分享旅行心得。

去殖民化与流散人口

1900年以后

奇特拉·拉马斯瓦米（Chitra Ramaswamy）是一位获奖的自由记者、作家兼播音员。她的第二部作品《家园：一段友谊的历史》（*Homelands: The History of a Friendship*），讲述了印度移民的女儿与犹太裔儿童难民之间出乎意料地产生了友谊的故事。

乔治·斯温斯顿（George Swainston）曾在牛津大学研究阿拉伯语和波斯语。他是一位电台记者、播客制作人兼纪录片制片人，尤其关注中东地区和非洲的历史，并在这两个地区生活和工作过。他也是DK公司的《黑人史书》的撰稿人。

菲利普·唐（Phillip Tang）是一位旅行作家，他在悉尼的马利克维尔（Marrickville）长大，后来搬到了墨尔本，在莫纳什大学（Monash University）研习汉语和西班牙语，并在伦敦和墨西哥城两地生活过。他曾为《孤独星球》《易行指南》以及英国广播公司旅游频道等撰稿。

本·怀特（Ben White）是一位记者、分析师兼作家，已在《独立报》（*The Independent*）和半岛电视台等媒体上发表了400多篇文章。他撰写了4部论述巴以冲突的作品，曾是加州大学出版社《巴勒斯坦研究杂志》（*Journal of Palestine Studies*）的研究员兼撰稿人。

1954 年，**越南难民**在海防经由一艘法国登陆艇登上美国海军的“蒙塔古号”。

序

迁徙既是整个人类历史上最为重大的事件之一，也是一种注定将给21世纪的世界带来影响的现象。人类的迁徙，始于10多万年前人类的祖先首次出现于非洲之时；正是凭借迁徙，人类才逐渐征服了世界上的大部分地区；踏上迁徙之路的先民群体进行了一场场史无前例的陆上旅行和危险重重的海上航行，乘坐简陋的木船和小舟，跨越了一片又一片浩瀚无垠的大洋。

由于迁徙向来都是人类历史的组成部分，因此我们如今所居的世界，在诸多方面都受到了迁徙的塑造。各种语言、文化和宗教信仰，经由难民和建立帝国的殖民者所进行的迁徙，传播到了世界各地。我们现在种植和食用的许多粮食作物，都是由移民引入之后才变成了我们饮食的一部分。如今全球有数亿人的祖先曾经是移民，还有数亿人生活在由移民建立的国家里，比如美国和澳大利亚；这些国家的移民在数量上超过了土著民族，夺走了土著民族的土地。迁徙是一段极其悠久、极其浩大的历史，属于我们这个世界的一大现实背景。

虽然世人并非一贯认为历史中的某些方面属于迁徙的范畴，但那些方面却是建立在人们迁徙的基础之上。18世纪始于英国的“工业革命”，开启了一种最重要的迁徙类型：人们开始从乡村迁往城市。到了20世纪头一个10年中期，英国已经变成世界上第一个城市人口多于农村人口的国家。近几十年来，有差不多5亿中国人踏上了同样的旅程，从农村迁入了城市的中心地带。如今，全球绝大多数人口都生活在城市里了。

正如本书所讲述的，并非所有全球性迁徙都是自发进行的。大西洋上的奴隶贸易，以及跨越撒哈拉沙漠和印度洋进行的非洲奴隶贸易，是一些国家犯下的最严重的反人类罪行。奴隶贸易也可视为一种范围更加广泛的强制迁徙趋势中的一部分。奴隶制度终结之后，大英帝国曾经鼓励成千上万印度人长途跋涉，去从事一度由非洲奴隶所干的工作，后来又让他们去修筑新的铁路。也有华人曾成为欧洲国家所建帝国中的移民劳工。许多移民活动都导致了土著民族流离失所，然后被迫迁徙。比方说，在北美洲建立了新定居点的欧洲殖民者曾经迫使那里的土著民族迁走，有时是迁徙到了保留地，而将原有的家园拱手让给了新来的殖民者。

如今，许多国家都依靠移民来获取劳动力；若是没有移民，它们的经济就无法正常运行了。此种移民中，许多人都与原籍国保持着密切的联系；千百万移民会定期向仍然生活在原籍国的家人寄钱。这种汇款，被称为侨汇。对世界上一些较为贫穷的国家来说，侨汇在国民收入中占有很大的比重。

21世纪的移民之所以离开原籍国进行迁徙，原因大多与人们一直以来背井离乡的原因相同，即寻找工作、改善自己和家人的生活，或者是躲避战争与冲突。然而，一种新的“气候移民”现象已经开始改变人们的迁徙模式。随着全球气候开始变化，海平面不断上升，部分地区的农田变得过于干旱，无法再种植作物和饲养牲畜，有千百万人面临着失去家园和无法再维持生计的危险。迁徙与气候变化之间的联系正在变得日益紧密起来，而气候移民也很有可能对我们这个世界的未来产生影响。

戴维·奥卢索加

1 最早的迁徙

上古时期

最早的迁徙

上古时期

人类的祖先几乎从他们在东非草原边缘的森林中进化时起，就开始迁徙了。其中一个群落，即“直立人”（*Homo erectus*），在大约200万年前离开了非洲，最远迁徙到了东亚地区。现代的人类，即“智人”（*Homo sapiens*），则是分成两批离开非洲大陆的。他们在大约10万年前进行的第一轮迁徙没有成功；但在6万年前开始的第二轮迁徙中，“智人”却到达了西亚和更远的地区。他们一代又一代地向前推进，在大约5.5万年前抵达了澳大利亚，不久之后又来到了东亚，在4.8万年前进入了欧洲，最终又在2万多年前越过一座陆桥，从西伯利亚进入了美洲。这些最早的移民，是为了寻找更好的狩猎场地和生存前景，有时也是被气候变化或者别的敌对群落所迫，才进行迁徙的。他们都属于游牧民族，住在帐篷里或者离开时可以拆除的其他建筑物当中，步行或者乘坐简陋的船只来去。

公元前9000年左右，随着人类开始种植二粒小麦（emmer，一个早期的小麦品种）之类的粮食作物和饲养山

率先离开非洲的**直立人**会使用工具和火（参见第16页—第19页）。

这幅最早的**澳大利亚岩画**创作于5万年以前（参见第16页—第19页）。

我们的DNA［脱氧核糖核酸］不会像古时的羊皮卷那样逐渐褪色……
它有如来自古老大陆的行者，寓居于所有人的体内。

——布莱恩·赛克斯（Brian Sykes），《夏娃的七个女儿：揭秘我们的遗传学先祖》（*The Seven Daughters of Eve: The Science that Reveals our Genetic Ancestry*），2001年

羊、牛、绵羊等牲畜，中东地区出现了一些比较固定的定居地。一些民族在中东的"新月沃地"建立了农耕村落，后来农业又分别在中国和美洲独立发展起来。随着永久性的定居地不断扩大，邻近农民群落之间的关系也开始变得紧张起来，因为此时他们已经有了需要捍卫的资源。

自公元前3000年起，随着埃及、美索不达米亚、印度和中国等地的城市和帝国纷纷崛起和蓬勃发展，由工匠、统治者和士兵组成且日益复杂的社会与四处游荡、袭扰永久性定居地的游牧群体之间，也开始爆发冲突。这种冲突，导致出现了第一批躲避战争的难民；一些较大的群体在其他群落侵入他们的领地之后，就不得不（常常是在暴力之下）进行迁徙了。此时，由于配备了最早的青铜武器，来去之时有驴、马等家畜助力（在美洲则有美洲驼助力），还有了适合航海的船只，移民们就可以走得更快、更远，几个月的时间就能走过他们的祖先需要历经数代之久才能走过的路程。

桑人（San）岩画中描绘的**古代移民**（参见第20页—第21页）。

海洋民族与拉美西斯二世率领的埃及人作战（参见第26页—第27页）。

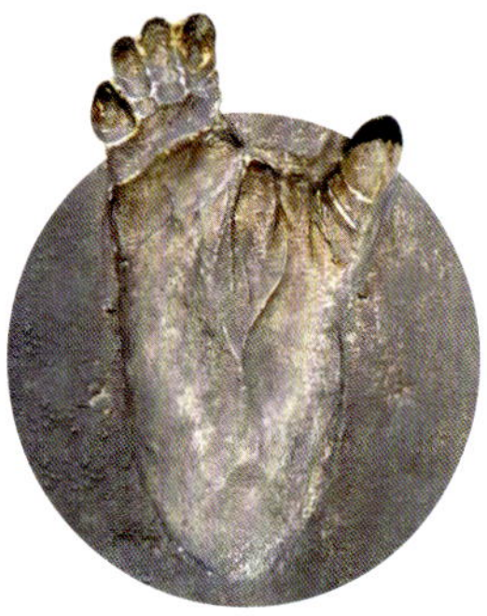

最早的人类

走出非洲

图例
● 发现了古人类化石的遗址

▲ 遗传学与考古学证据表明，智人可能是沿着图中所示的路线**从非洲开始往外迁徙**的。

▼ 发现于坦桑尼亚**莱托利的脚印**，是原始人类在300多万年以前的上新世－更新世时期用双腿在陆地上行走的最早标志。

我们最早的祖先（统称为人族）起源于大约600万到700万年以前的非洲东部，当时人族在进化树上与黑猩猩分道扬镳，开始用双腿直立行走。这一进化过程是极其缓慢的。早期的人族（包括乍得人、原人和地猿）模样仍然像猿，主要在树上生活，有一只用于抓握的足；但其骨骼表明，他们也有可能已经开始直立行走了。

坦桑尼亚莱托利（Laetoli）的火山灰中遗留了来自360万年以前、长达28米的一串脚印，表明当时那里有一个在大部分时间里都是直立行走的物种；尽管考虑到其前臂、手指和脚趾都很长，这个物种多半走不了很远的路，并且仍然会爬树。人们将这个物种命名为“阿法南方古猿”，在埃塞俄比亚发现的那具被称为“露西”的骸骨就属于这个物种。

闯出非洲

到大约200万年前，非洲已经进化出了完全生活于陆地上的直立人。这个方面的证据之一，就是在肯尼亚发现的“图尔卡纳男孩”（Turkana Boy）化石，其历史可以追溯至160万年之前。“图尔卡纳男孩”的身材比例与现代人类的身材比例较为相似，双腿细长，双臂较短，说明这个物种与其祖先相比能够行走更远的距离。他的脑袋更大，还会使用工具。与其祖先不同，直立人迁徙到了非洲大陆以外，可能是为了寻找食物，或者是因为非洲大陆的环境发生了变化。他们迁徙到了中东地区，在110万到140万年前抵达了如今的约旦。后来，他们从那里又迁徙到了中国和印度尼西亚。

20世纪40年代以前，考古学家们认为，直立人是在全球不同的地区同时进化成我们这个智人物种的。然而，如今专家们却认为，大约30万年以前智人首先在非洲进化出来，然后分批迁徙，逐渐取代了其他的原始物种（这就是所谓的“走出非洲”理论）。其中的第一轮迁徙，可以追溯到20万年以前至10万年以前。这些早期的先民向东北方沿海岸从当今以色列来到了叙利亚。然而，这轮迁徙后来似乎无果而终了。第二轮迁徙发生在大约6万年以前，很可能是沿着南方的一条路线，经由如今的也门进行的（参见第16页—第19页）。现在非洲以外的所有人，都是第二轮大迁徙中离开非洲的那些先民的后裔。

在这两轮迁徙期间，智人仍然与其他人族物种共同生活在这颗星球上；其中，有在欧洲和亚洲进化出来的尼安德特人，以及大约40万年以前定居于西伯利亚，然后往南扩散到了东南亚地区和美拉尼西亚的丹尼索瓦人。后面这两个人类物种，到一定时候都与智人发生了杂交。

我们共同的祖先

从一代又一代人遗传下来的DNA共同元素中，科学家们可以勾勒出人类族群的进化和迁徙情况。线粒体DNA只会经由母系遗传，对它的研究表明，如今所有的人身上，都携带有大约20万年以前生活在非洲南部的一位女性祖先的DNA。人们给这位女性始祖起了个绰号，叫作“线粒体夏娃”；虽然并非我们唯一的祖先，她却与所有人都息息相关。

▼ **这幅画作**，描绘的是大约100万年前生活在肯尼亚图尔卡纳湖畔的直立人。他们已经开始用火来取暖和做饭。

线粒体夏娃生活于非洲，因此可以肯定地说，我们都算是非洲人。

——德斯蒙德·图图（Desmond Tutu），《宽恕》（*The Book of Forgiving*），2014 年

这幅描绘早期智人的插图，根据人们在摩洛哥伊古德山（Jebel Irhoud）发现的有 30 万年历史的化石绘制而成。

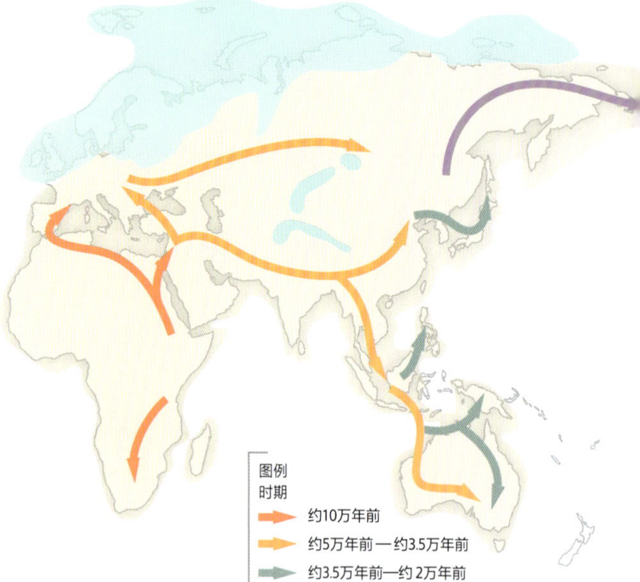

徙居全球

亚洲、欧洲与大洋洲的智人

公元前58000年左右，第一批解剖学意义上的现代人即智人离开非洲，开始了一场最终将导致我们这个物种遍及地球上几乎所有可居住地区的迁徙。大约公元前70000年发生在如今印度尼西亚多巴湖（Lake Toba）附近的一场火山喷发，导致了暂时却颇具灾难性的气候变冷。尽管这种情况可能彻底改变了人类祖先的生活方式，并且让人类的数量减少到了种群遗传的瓶颈，即只剩下数千人，但东非地区的气候条件却相对较为宜人。一群群智人曾聚居在坦桑尼亚马古拜克（Magubike）岩穴之类的地方附近，然后才开始迁徙，让现代人类散布到了全球的各个大陆。

越过海峡

或许是被沿海地区丰富的海洋食物资源所吸引，智人开始往海滨迁徙，然后越过海峡，进入了西亚地区。有些智人往北而去，经由西奈半岛进入了黎凡特地区［人们在以色列的马诺特洞穴（Manot Cave）发现了智人遗骸，其历史可以追溯到5.47万年以前］；只不过，大部分智人很可能是越过曼德海峡进入了如今的也门——当时的海平面较低，因而海峡比如今狭窄得多，人们可以乘坐小船或者木筏横渡过去。

人类从中东的这个地区出发、沿着海岸往南亚地区迁徙的过程相对迅速。智人向东迁徙时，很可能最先到达了印度，接着是东南亚，然后转而向北到达了中国；该国历史最悠久的智人遗骸出土于周口店的田园洞，可以追溯至公元前40000年。接下来，智人又往南迁徙到了马来西亚；那里发现了石片和砍削工具，还有一具青少年男性的骸骨，表明在公元前38000年的时候，早期人类就在沙捞越的尼亚洞穴（Niah Cave）里生活了。

拓殖欧洲

到公元前46000年的时候，智人抵达了欧洲。他们先是进入了高加索和巴尔干半岛，然后来到了欧洲中部；还有人数较少的一支，可能经由直布罗陀海峡，登上了伊比利亚半岛。他们带来了奥瑞纳（Aurignacian）文化——拥有一种以较复杂的工具为特点的石器技术，比如吻状刮削器和凹边石刀——和早期的再现艺术，比如在德国的施瓦本侏罗山（Swabian Jura）一个洞穴里发现的"狮人"象牙小雕像。

这些人在公元前31000年左右抵达了欧洲北部的平原地区，并在那里生产出了大量用于个人装饰的珠子，将它们交易到了数百千米以外的地方。到公元前29000年，他们已经发展出了一些更加复杂的技术，史称格拉维特（Gravettian）文化；他们拥有抛射武器、用骨头和鹿角制作的工具，还掌握了篮筐编织技术。各个群落开始采用一种半定居的生活方式，在如今捷克共和国境内下维斯特尼采（Dolní Věstonice）之类的遗址，每年都有人居住数个月之久。人们在那里发现了世界上已知历史最悠久的陶器，其中包括一尊"维纳斯"雕像（一尊丰乳肥臀的小雕像），还有一些象牙雕塑品，说明那里的居民具备了很高的艺术造诣。

智人不断朝着更加偏远的地区迁徙；其中，有些地区经过了多年才得以拓殖。比如说，英国多塞特郡的肯特洞穴（Kent's Cavern）里发现了一具骸骨，表明人类在公元前42000年左右就已经抵达了那里。然而，他们抵达之后，一段漫长的冰期降临了；其间，不列颠在大部分时间里都被厚厚的冰层覆盖。结果，早期的各个民族都弃不列颠群岛而去，直到公元前14000年左右气候变暖，人类才重新

◀ **这幅地图**显示了早期人类可能的迁徙路线：考古学与遗传学证据表明，他们是东出非洲之后迁徙到了亚洲、大洋洲和欧洲，而且也往非洲大陆西部和南部迁徙。

◀ 在德国赫伦施泰因－施塔德尔洞穴（Hohlenstein-Stadel cave）里发现的**“狮人”雕像**，距今已有 3.5 万到 4 万年的历史，是世界上人类拥有宗教习俗的最早证据。

◀ 人们认为，**直立人**是最早从非洲迁徙而来的人类。此图根据中国周口店遗址发现的遗迹绘制而成。亚洲的直立人在灭绝之前，可能曾与智人共存。

▼ **这幅描绘猛犸猎人定居地的插图**，是根据捷克共和国下维斯特尼采考古遗址的发现绘制而成的；大约 2.6 万年前，人类曾在那里生活。

石器时代晚期既是一个技术革命与社会革命的时期，也见证了一种拓殖与人口扩散现象。

——保罗·佩蒂特（Paul Pettitt），见于克里斯·史卡瑞（Chris Scarre）的《人类的过去：世界史前史与人类社会的发展》（*The Human Past: World Prehistory and the Development of Human Societies*），2009 年

▶ 发现于哈尔萨夫列尼地下宫殿（Ħal Saflieni Hypogeum）的**一尊史前卧女陶塑**，表明公元前2500年左右生活在马耳他的艺术家们具有了精湛的技艺。

在那里持久地定居下来。

到公元前20000年，地中海诸岛（比方说如今的撒丁岛）已经有人定居，说明当时的人类已经开始造船（尽管考古学家发现的例证出现于1.2万年以后）。人类又过了更久的时间，到公元前5900年左右才抵达了马耳他；2 000年之后，他们的后代还修建了一些硕大的巨石神庙，比如保拉（Paola）的哈尔萨夫列尼地下宫殿。

定居东亚

人类更加引人注目的迁徙，则是从东南亚大陆出发，向北进入如今的中国、西伯利亚和日本，向南则进入如今的印度尼西亚和澳大利亚。贝加尔湖附近发现了带有薄刃的石器，表明智人至少在3.8万年以前就已经抵达了西伯利亚。到2.5万年前的时候，他们已经越过海洋抵达了日本列岛，首先到了北部的北海道岛，然后在大约5 000年之后抵达了主岛本州岛。他们在那里形成了绳纹文化，特点是制作出了世间最早的一些饰有花纹的陶器，这些花纹是用绳子在陶坯潮湿的黏土表面按压出来的。

公元前45000年左右，海平面还较低，所以印度尼西亚诸岛的大部分地区都与大陆相连，形成了所谓的“巽他古陆”（Sundaland），是早期人类可以不为广袤水域所阻而来去的一片陆地。新几内亚岛高地上的一些考古遗址，包括人们在该岛东北部的休恩半岛（Huon Peninsula）上的考古发现，都表明早期人类已经开始借助丰富的丛林资源来进行狩猎和采集了。他们充分利用了这些可以让人获得食物与住所的机会，到公元前25000年的时候已经建立了大量的定居地。

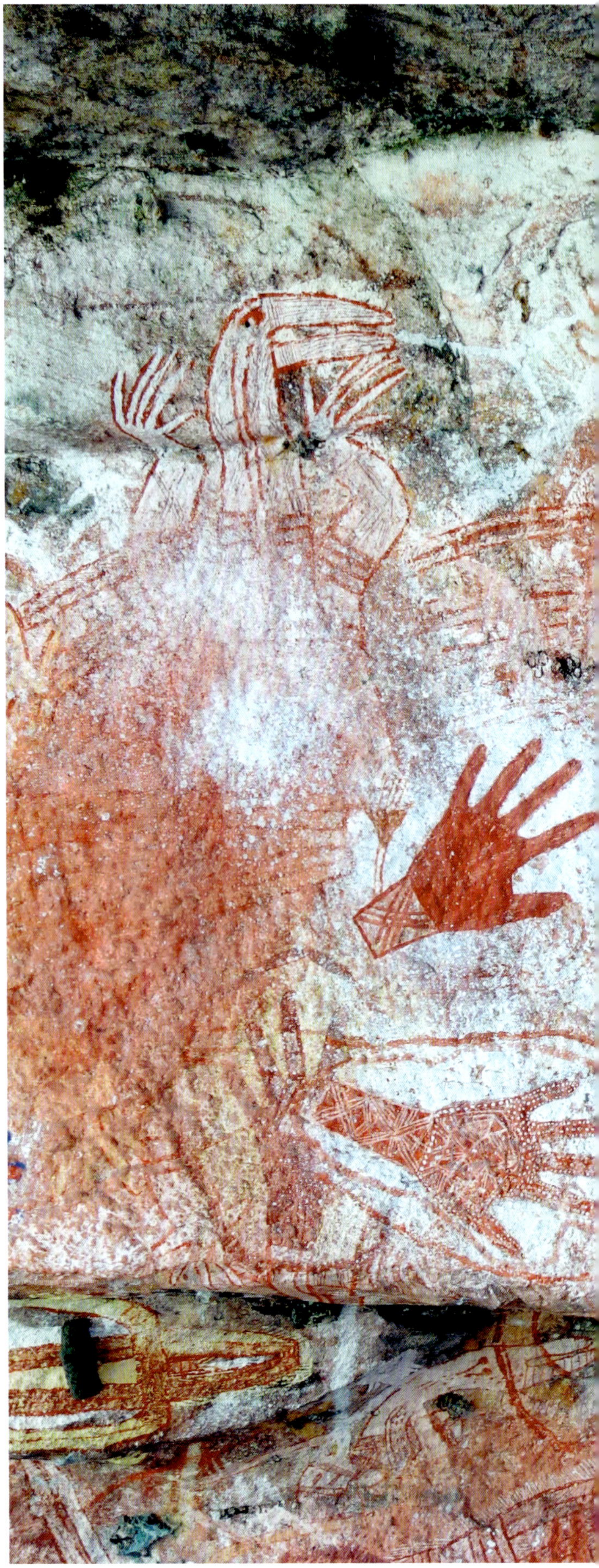

▶ **澳大利亚最早的岩画**，出自澳大利亚北方领地地区的阿翁巴纳［Awunbarna，即博拉戴尔山（Mount Borradaile）］，是自5万年前生活在该大陆的原住民的传统的一部分。

最早的澳大利亚人

人类从新几内亚岛出发，越过海洋，进入了澳大利亚。他们当时肯定是坐船前往的，因为澳大利亚和巽他古陆之间隔着一条至少宽达90千米的海峡。尽管北方领地地区的一些考古遗址，包括阿纳姆地（Arnhem Land）的麦杰德贝贝（Madjedbebe）岩屋在内，可能都始于6.5万年以前，但蒙戈湖（Lake Mungo）发现的脚印和人类遗骸（参见下图）却表明，澳大利亚原住民的祖先至少是在4.2万年前抵达这个大陆的。

澳大利亚的环境条件不同于东南亚。这里有体形硕大的巨型动物，包括食肉袋鼠和卷角龟（*Meiolania*），后者是一种长两米多的海龟。人类曾经猎杀这些动物，并且学会了利用受控焚烧来耕种土地的方法。他们还与环境形成了一种共生关系，从而滋养了种种关于“黄金时代”（Dreamtime）的精神信仰；在这个神话中的世界发端期，祖先的灵魂在这片土地上漫游并塑造了这里，而这一信仰就植根于史前这场跨海迁徙。

随着人类在日本、地中海地区和澳大利亚定居下来，世界上几乎所有的主要陆地都已有人类居住了。他们只剩下南、北美洲还没有抵达。

“蒙戈人”（Mungo Man）魂归故土

2017 年，人们用灵车将澳大利亚最古老的人“蒙戈人”送回了位于新南威尔士州西南部的蒙戈湖畔。陪同人员都是“蒙戈人”的后裔，即蒂尔坎迪-伊纳布尔拉土著舞者（Tirkandi Inaburra Indigenous dancers）。人们认为这具遗骸已有4.2万年的历史，自1974年被考古学家发现以来，它一直存放在堪培拉的澳大利亚国立大学。

大约 3 000 年前，非洲南部德拉肯斯（Drakensberg）山脉的桑人在岩石上所绘的**“行进者”**。图中描绘的，是冬季正在往东迁徙到沿海地区去寻找食物与资源的桑人。

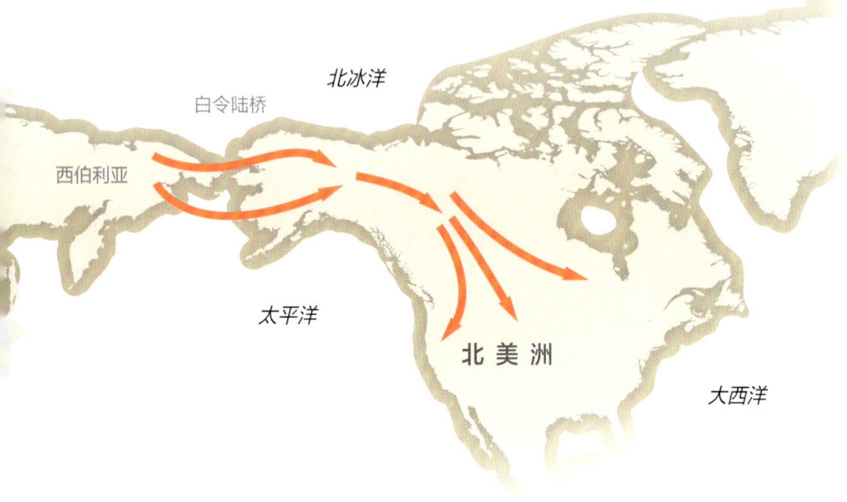

通往新大陆的桥梁

徙居美洲

▲ **白令陆桥**使得古代诸民族能够轻松从亚洲前往北美洲。有些民族可能还驾驶船只，沿着海岸线抵达了美洲大陆。

◀ **这件燧石矛尖**制作于公元前11000年左右，是克洛维斯文化诸民族所用的一种武器。仅在北美洲一地，人们就发现了1万多件此类矛尖。

数百万年以来，南、北美洲一直没有人类居住。它们在地理上过于偏远，意味着我们的智人祖先只有先抵达了西伯利亚东部，才有可能前往美洲拓殖；大约2.5万年以前，狩猎猛犸的马尔塔人（Mal' ta）便在西伯利亚东部定居了下来。当时，覆盖着北美洲大部分地区的劳伦（Laurentian）冰盖与科迪勒拉（Cordilleran）冰盖冻结了大量的水，因此海平面比如今低90米，从而在亚洲和北美洲之间形成了一座陆桥。这座陆桥被称为"白令陆桥"，让当时的人可以越过如今已是一片辽阔海域的地带进行迁徙。尽管是一片荒凉无树的平原，那里却是一群群大型食草动物的家园，比如猛犸、乳齿象和驯鹿，吸引着狩猎民族不断向东迁徙。

跨过白令陆桥

人类首次跨越白令陆桥的具体时间，我们如今不得而知。一种由来已久的假说认为，第一批拓殖者属于克洛维斯（Clovis）文化，这种文化以美国新墨西哥州的一处遗址命名，曾在1.15万年前至1.1万年前繁荣发展；不过，近期发现的更早迁徙的证据挑战了这一假说。一些文物，包括人们在育空地区蓝鱼洞穴（Bluefish Cave）里发现的双面石刀（制作于1.2万到1.5万年以前）在内，表明人类跨过白令陆桥的时间要更早。

▼ **巨型树懒**（右）与乳齿象（左）曾经是南、北美洲早期人类的食物来源，但到公元前9000年时，它们都已消失——可能是人类的捕猎导致灭绝的。

对白令海峡海底沉积物进行的放射性碳定年结果表明，这座陆桥在2.5万年前至1.8万年前的一个冰期里是可以通行的。接下来，在始于1.5万年以前的下一个冰期里，白令陆桥再度让人类通行了数千年之久。

跨过白令陆桥之后，一些规模很小的人类族群有可能为了寻找贝类和其他海洋资源，开始穿过冰盖上的间隙，沿着海岸向内陆推进。他们往南迁徙的速度似乎相对较快：在巴西西北部佩德拉富拉达（Pedra Furada）的一处遗址上，人们发现了一些已有1.2万多年历史的石器。智利南部的蒙特韦德二号（Monte Verde Ⅱ）遗址也有证据表明，人类早在1.45万年以前就曾居住于那里的一个洞穴里，并筑造了一座座小火塘，修建了一个个小木棚，采集过海藻，还曾以古骆驼（paleocamelid，美洲驼与羊驼的祖先）为食。

克洛维斯文化

到了大约公元前11500年，克洛维斯文化群落已经出现在北美洲。他们与此前那些定居者之间的关系，我们并不清楚；尽管他们有可能代表着新一波迁徙浪潮，但我们几乎可以肯定的是，克洛维斯诸族与此前的移民同样来自东亚地区。近期的研究将人们在西伯利亚发现的DNA单倍群与美洲原住民的DNA单倍群关联了起来，而语言学分析则表明，南、北美洲的主要原住民语族与西伯利亚的语言之间具有一些共同之处；这两个方面，都证实了克洛维斯诸族来自东亚地区的理论。遗传学还表明，克洛维斯诸族——他们适应了极端的气候变化和他们赖以为食的大型哺乳动物逐渐消失的现实——与如今北美洲、中美洲和南美洲的土著居民之间具有明确的联系。

石器时代的猎人抵达白令陆桥畔之时，并不知道［他们］凝视着的是一条通往新大陆的天然通衢。

——布莱恩·费根（Brian Fagan），《伟大的旅程：移居古代美洲》（*The Great Journey: The Peopling of Ancient America*），1987 年

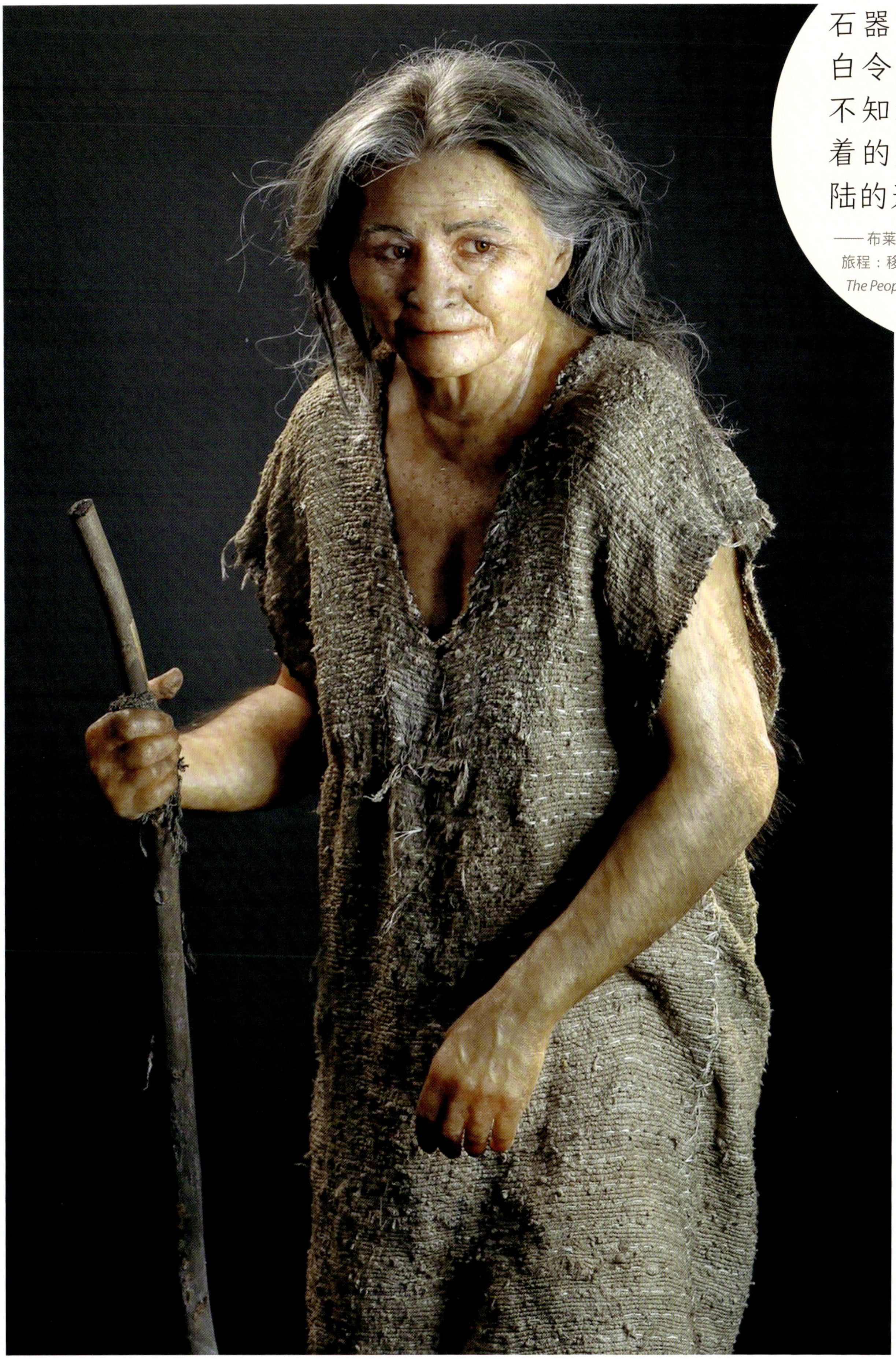

◀ **“棕榈树的女人”（La Mujer de las Palmas）**生活于 1 万到 1.2 万年前，是 2006 年人们在墨西哥图卢姆（Tulum）一个洞穴中发现的。对其容貌进行的重现，证实了抵达美洲的早期移民可能来自遥远亚洲的理论。

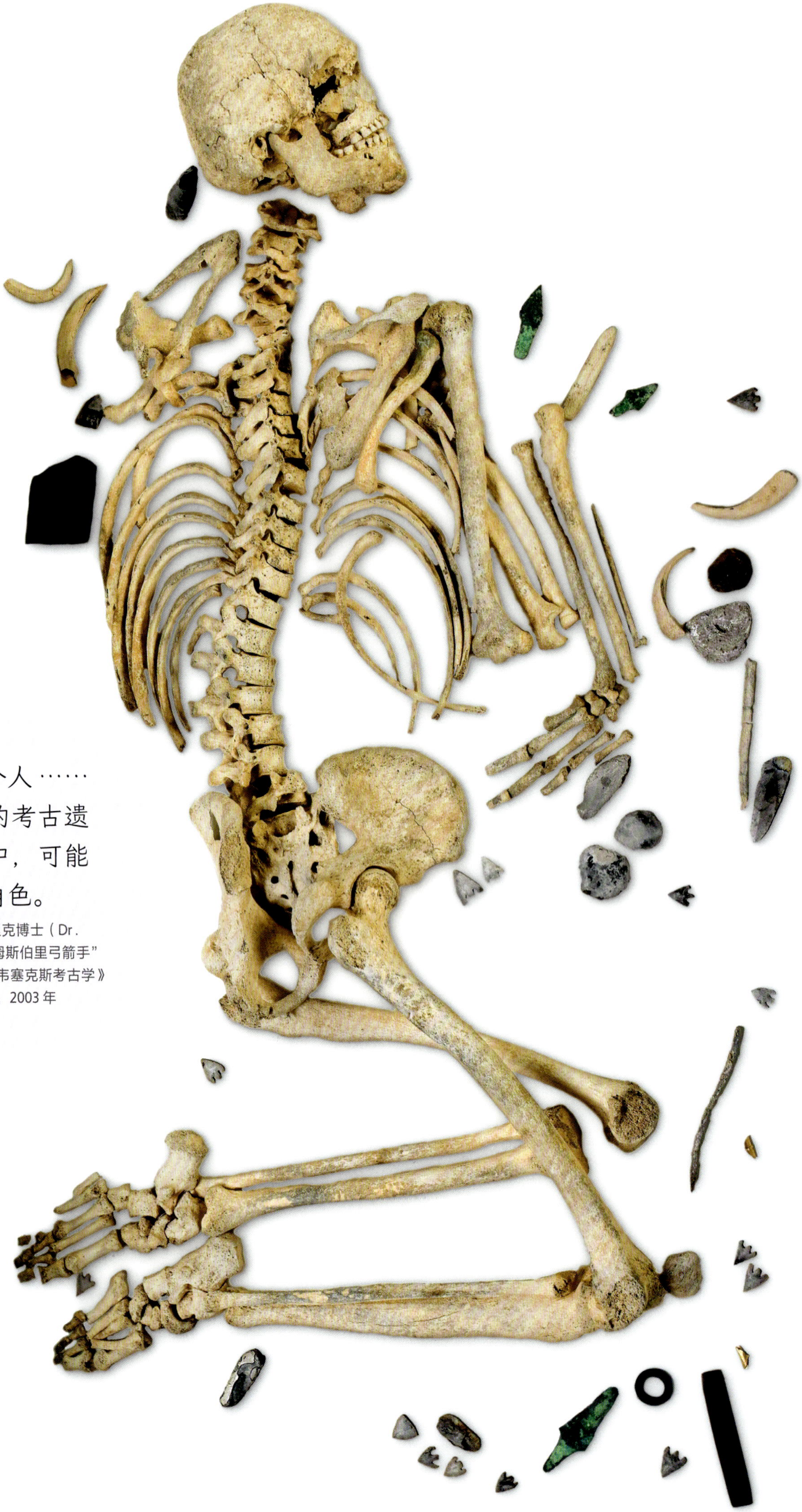

来自异域的某个人……在英国最著名的考古遗址的建立过程中，可能扮演过重要的角色。

——安德鲁·菲茨帕特里克博士（Dr. Andrew Fitzpatrick）谈“埃姆斯伯里弓箭手”（Amesbury Archer），见于《韦塞克斯考古学》（*Wessex Archaeology*），2003 年

▶ **“埃姆斯伯里弓箭手”**，人们在英国巨石阵附近发现了其墓穴。这是异域民族将钟形杯文化（Beaker culture）带到了不列颠的一个例证。这具遗骸有陶器陪葬，距今已有 4 000 多年；研究表明，此人是在阿尔卑斯地区长大的。

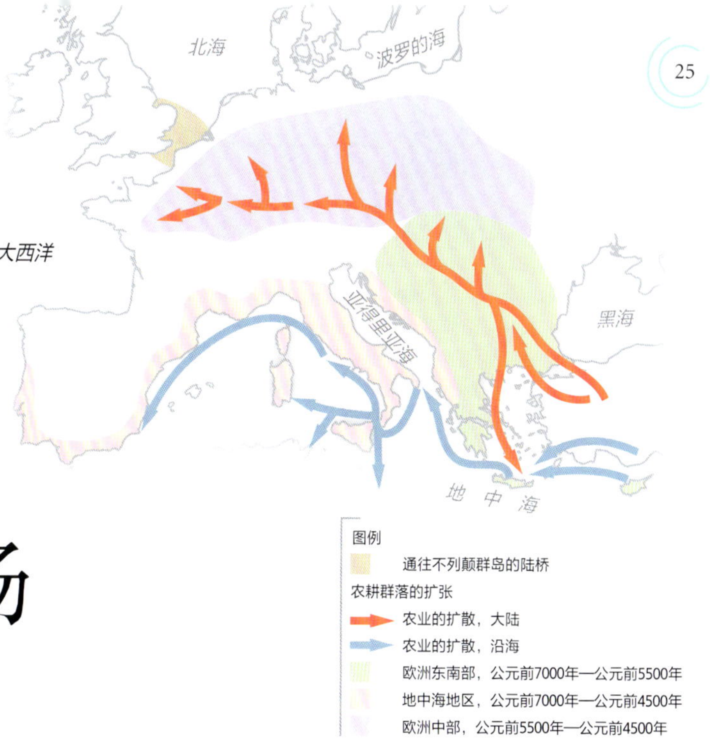

▲ **农业**经由陆路和沿海**传播到了欧洲**，先是抵达了欧洲东南部和地中海周边地区，然后扩散到了欧洲中部。

▼ **英国威尔特郡的巨石阵**是新石器时代的民族建立的。这是一项了不起的建筑壮举，尽管它明显与太阳的位置有关，但其建造目的尚不清楚。

欧洲最早的农场

农业在新石器时代的传播

始于公元前6000年的那个时期给欧洲带来了巨大的变化，因为一种新的生活方式即农耕传播到了整个欧洲大陆。新的民族即农耕民族带着畜群从亚洲西南部迁徙而来，取代了或者同化了中石器时代以狩猎为生的各个群落，并在从巴尔干半岛到不列颠的广大地区建立了新的村落。

农业传播到欧洲各地

虽然最后一个冰期在公元前9500年左右结束之后，较为温暖的气候条件曾让更多可食用的植物和海产变得丰富起来，但农业的出现却是一场革命。早期的农民带来了猪、牛、羊等家畜和作物种子（其中没有一种源于欧洲本土）；他们很可能是越过了爱琴海上的一座座岛屿，于公元前7000年左右到达了克里特岛，并在不久之后抵达了希腊本土。到公元前6500年之时，他们已经建立了许多带有台形土墩（或者说聚居土丘）的小村落，散布在土地肥沃的色萨利平原之上。这些农民在地中海沿岸地区迁徙，到公元前5700年时，他们已经在巴尔干半岛北部的萨瓦河谷（Sava Valley）和克罗地亚沿海定居了下来。接着，他们漂洋过海进入了意大利，并且一路向欧洲中部推进；最后，到公元前4000年的时候，农业便已传播到了不列颠、爱尔兰和斯堪的纳维亚半岛。

这些新来的民族通常定居在狩猎-采集人口很稀少的地区，比如色萨利。一些历史学家曾经认为，农业是借助思想观念的扩散才传播开来，而不是通过迁徙传播开来的，狩猎-采集群落不过是接受了这种新的生活方式而已。但DNA分析已经证实，以前确实出现过发源于亚洲西南部或者俄罗斯南部大草原的大规模人口流动，公元前5500年左右从匈牙利和波兰经由欧洲中部传播的线纹陶文化（Linearbandkeramik）等新型文化的出现也与人类的迁徙活动密切相关，而并非与既有群落采用了该文化的典型陶器这一点紧密相关。

钟形杯文化以人们掌握了金属加工和制作钟形陶器等新技术而著称，并且自公元前2400年开始，从葡萄牙和西班牙传播到了欧洲的大部分地区；这种文化，起初似乎是在没有迁徙活动的情况下传播的。但是，仅仅一个世纪之后，拓殖者便将它进一步带到了中欧地区，并且往北传播到了不列颠。与中石器时代的土著狩猎-采集民族相比，这些拓殖民族肤色较白、眼睛较蓝，头发的颜色也较淡，其DNA在现代不列颠人DNA中的占比高达90%。

迁徙的危险

当时的欧洲正处于新石器时代，是迁徙现象司空见惯的一个大陆：农民从地中海地区向北迁徙，从欧洲中部往西迁徙。他们可能与绰号“冰人”的奥兹（Ötzi）一样；此人死于公元前3300年左右，1991年人们在意大利和奥地利两国边境的一处冰川中发现了其冰冻的遗体。他在途经阿尔卑斯山高处时背部中箭身亡。对其牙釉质进行的分析研究表明，奥兹是在东南方向至少64千米以外的一座山谷中长大的。新石器时代的迁徙既给迁徙民族带来了机遇，也给他们带来了危险。

▼ **土耳其的加泰土丘**位于安纳托利亚，是新石器时代的一座农耕城镇。图中所示，为公元前7000年至公元前6000年镇里的一个礼拜场所。它没有门，人们从屋顶的一个开口出入。

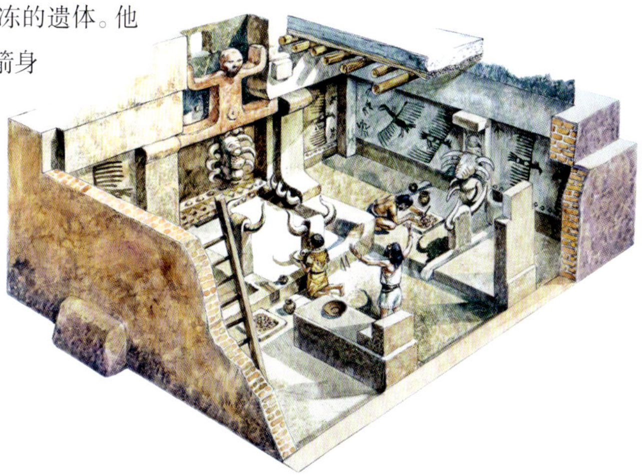

新月沃地周边

古代的近东地区

公元前1万年左右在近东和北非地区出现的农业，促使人们建立了第一批永久性的定居地。随着农业盈余不断积累，社会开始变得更加层级分明和复杂起来，出现了以神庙祭司、贵族和国王为首且极其严格的等级制度。然而，这种更偏向定居的生活方式并非意味着人们就不再迁徙了。相反，随着村落变成城镇，接着变成城邦，最终又变成帝国，各个群落都在努力获取更多的土地，故纷纷派人进行拓殖，常常导致原有的土著民族流离失所。反过来，这些新建的国家积累起来的财富，又吸引了那些渴望控制其资源的外来游牧民族。

近东地区的帝国

建于公元前8000年左右的耶利哥城墙，就是定居民族与新来民族之间关系紧张的第一种迹象。美索不达米亚（位于亚洲西部）的早期城市，比如乌鲁克，是苏美尔人（本身可能来自某个未知之地）在公元前4500年左右兴建的，它们对寻找定居之地的迁徙民族也具有很强的吸引力。其中的一个部落即阿卡得人在公元前2350年征服了苏美尔；结果，他们的领袖萨尔贡建立了一个疆域更加辽阔、一直延伸到叙利亚的帝国。尽管乌尔的舒辛（Shu-Sin，修建过城墙抵御外敌）国王等统治者付出了巨大的努力，但到了公元前2000年左右，苏美尔还是再度毁于一个新的游牧部落之手，后者就是从阿拉伯半岛往北迁徙而来的阿摩利特人。

古埃及起初成功地挡住了外来民族；那里的文明，很可能是为了逃离以前土地肥沃、后来却沙漠化的撒哈拉地区而往东迁徙的民族从公元前6000年左右开始建立起来的。接下来，公元前1650年左右古埃及遭到希克索斯王朝的入侵；入侵者说的是一种西方的闪米特语言，它可能发源于当今的叙利亚或者黎巴嫩；他们征服了埃及北部的大片领土，然后统治了一个多世纪之久。

战争与驱逐

近东地区从海上民族（参见下图所示）导致的分崩离析中恢复过来之时，公元前900年左右出现的一些新兴帝国继续经历了一轮又一轮的人口迁徙；只不过，这些帝国还采取了强制迁移的政策。亚述人建立了一个以尼尼微（今伊拉克的摩苏尔附近）为大本营的帝国，他们就残酷无情地使用了这种政策。公元前689年，亚述统治者辛那赫里布摧毁了古城巴比伦，并将城中的居民驱逐到了亚述帝国的其他行省。

巴比伦重建之后，变成了犹太人的新家园；因为公元前597年爆发一场起义之后，国王尼布甲尼撒二世摧毁了耶路撒冷，将那里的犹太人掳为“巴比伦之囚”。直到公元前538年波斯国王居鲁士二世攻占巴比伦，赐予犹太人重建犹太教圣殿的权利之后，他们才回到了耶路撒冷。居鲁士二世在阿契美尼德帝国所辖的20个行省都实施了怀柔政策，在各民族之间实现了平衡，暂时消除了困扰近东地区数个世纪之久、由迁徙与入侵构成的那种恶性循环。

▼ **这幅雕带细部图**出自伊朗苏萨（Susa）的大流士一世皇宫，其历史可以追溯至公元前510年的阿契美尼德帝国时期，该帝国由居鲁士二世在公元前550年建立。

海上民族

公元前1300年左右，海上民族组成的联盟袭击了地中海沿海城邦。尽管埃及法老拉美西斯二世起初击退了他们，但海上民族的袭扰还是持续了一个多世纪，舍尔丹人（Sherden）、卢卡人（Lukka）和派莱赛特人（Peleset）等民族摧毁了许多城邦。这种袭扰造成了全面的崩溃，使埃及和希腊陷入了数个世纪的政治与经济动荡之中。

强大的帝国

第一批城市定居地和有组织的社会催生了一些实力强大的帝国。凭借在新的地区拓殖、征服或者驱逐其他民族，它们发挥着各自的影响。

图例
- 阿卡得帝国，公元前2300年
- 巴比伦帝国，公元前1750年
- 埃及帝国，约公元前1300年
- 赫梯帝国，约公元前1300年
- 阿契美尼德帝国，公元前500年

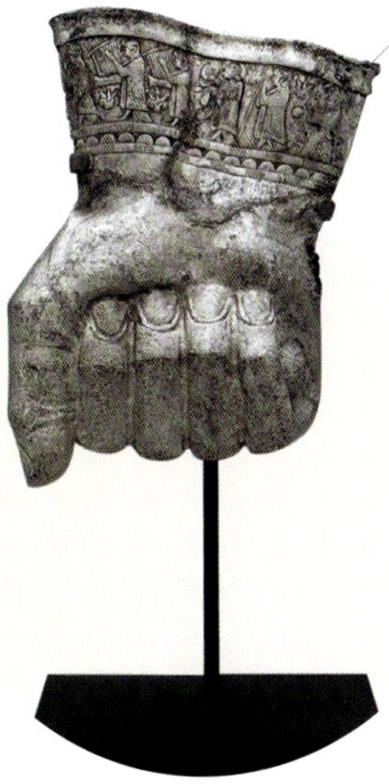

▲ **这种拳头状的酒器**由赫梯人制作而成，他们是迁徙到安纳托利亚的移民，曾经建立了一个庞大的帝国，其鼎盛期在公元前14世纪中叶。

▲ 埃及贝尼哈桑（Beni Hassan）一座陵墓的壁画中描绘了**叙利亚－迦南游牧部落**来访者抵达古埃及时的情形，其历史可以追溯到公元前1700年左右。

▲ 阿卡得国王**萨尔贡**（公元前2334年至公元前2279年在位）的一尊青铜头像。此人曾经采取武力驱逐被征服群落的措施，维持着对帝国的掌控。

▲ 这条**金项链**加上象征着神祇的吊坠，呈现了公元前18世纪至公元前17世纪古巴比伦社会的富庶和先进程度。

文化影响

希腊文化中心

亚历山大城变成了一座汇集希腊文化与希腊学术的**堡垒**。希腊人——其中很多是从地中海周边的其他地区来到这座城市的——在整个社会中占据着主导地位，但他们也吸收了埃及文化和犹太文化中的诸多方面。图中所示为希腊人设计的亚历山大灯塔，它建于公元280年前后，是“古代世界七大奇迹”之一。

犹太人聚居区

随着亚历山大蓬勃发展的经济吸引了大量移民，**此城的犹太人口**也在公元前3世纪有了增长。城中形成了一个犹太人聚居区，建造了“大犹太会堂”（Great Synagogue），一些重要的希伯来经文被翻译成了希腊语，还出现了许多著名的学者。这幅作于1672年的油画，描绘了托勒密王朝一位君主在亚历山大图书馆里与犹太学者交谈的情景。

罗马帝国第二大城市

罗马人吞并埃及之后，亚历山大变成了帝国疆域之内仅次于罗马的第二大城市和一座主要的粮食出口港。士兵、商贾和行政管理人员纷纷抵达，一系列公共建筑兴建起来。这具罗马大理石石棺出土于城内，目前陈列在该市的希腊－罗马博物馆（Graeco-Roman museum）里。

▲▲**2017年举办的“埃及艳后之梦”（Cleopatra's Dream）嘉年华**，纪念了亚历山大这座曾经的埃及都城在托勒密王朝著名的克娄巴特拉女王治下的那段历史。

▲ **新亚历山大图书馆（Bibliotheca Alexandrina）**复原了古代的亚历山大图书馆，其中藏有数千部希腊、希伯来和美索不达米亚典籍。

◀ **这幅彩色的街道镶嵌画**包含多重主题，包括罗马马赛克艺术、伊斯兰教的宣礼塔，还有埃及神灵——它们代表着在过去2 000年里塑造过这座城市的不同文化。

亚历山大城

地中海的新娘

亚历山大是埃及地中海沿岸一座重要的海港和工业中心，公元前332年由亚历山大大帝在征服波斯帝国期间所兴建。亚历山大大帝死后，托勒密一世成了埃及的统治者；而在托勒密王朝治下，亚历山大城变成了一个汇聚希腊学问与科学的中心，城中还建有一座著名的图书馆和灯塔。该市从一开始就具有国际性，曾是埃及人、希腊人和犹太人共同的家园。

扩张与现代化

公元前30年，罗马人入侵埃及，亚历山大变成了罗马帝国的一部分。尽管此城仍然是一座重要的贸易港口，但在公元4世纪和5世纪，基督徒对犹太人和异教徒群体进行了残酷的迫害。阿拉伯军队在公元7世纪征服了埃及（参见第78页—第81页），同时将伊斯兰教引入了亚历山大，导致许多希腊人逃离了该城。在穆斯林君主的统治之下，该城的思想与商业生活一直繁荣发展到了中世纪。

从16世纪起，由于瘟疫和行政管理上的疏忽，该城的人口不断减少，逐渐失去了往昔的辉煌；法国军队自1798年开始的一场短暂占领，又进一步破坏了城市居民的生活。但从1805年至1922年，在奥斯曼帝国派驻的埃及总督治下和英国人长达40年的占领期间，该城实现了现代化且变得更加西方化，给埃及人民和埃及文化都带来了不利的影响。

在贸易优惠措施的吸引下，来自农村的移民和来自地中海地区各国（比如希腊、意大利、叙利亚和法国）的定居者曾经导致亚历山大城人口猛增。尽管20世纪50年代外资企业被收归国有的时候大多数欧洲裔埃及人都移民海外了，他们的影响痕迹却依然存续至今。

> 亚历山大的市民满怀热情，蜂拥而至，咸来参加节庆，皆以希腊语和埃及语欢呼……可爱之景，令人心醉神迷。
>
> ——希腊诗人康斯坦丁·P. 卡瓦菲斯（1863—1933）描述公元前34年的“亚历山大馈赠”（指马克·安东尼在亚历山大城举行盛典，宣布将罗马东部领土赠予克娄巴特拉的子女——译者注）

伊斯兰文化

公元7世纪阿拉伯人攻入埃及之后，**伊斯兰教这种宗教信仰也传播到了亚历山大城**。在随后的数个世纪里，阿拉伯语和伊斯兰风格的建筑散布到了整座城市中——包括盖特贝依城堡（Qaitbay fort）里的清真寺，其中铺有几何图案的瓷砖地板（如下图所示）。穆斯林移民也纷纷从中东和北非各地来到了这里。

欧洲的商贾

在一个世纪的外国统治之下，此城凭借兴建一座新的港口、许多码头和一条连通尼罗河的运河，重新变得生机勃勃了。欧洲商贾建造了众多的宅邸和货栈，从“领事广场”［Place des Consuls，即如今的解放广场（Midan Tahrir）］一路往外延伸。法语曾经是城中10万外国人和受过教育的埃及人的通用语。

希腊的影响

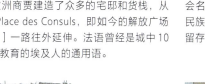

来到亚历山大城的希腊移民在城中开办了众多的咖啡馆、糕点铺和茶室。它们都是艺术家、作家和社会名流云集的时尚之地。1952年爆发革命和埃及民族主义兴起之后，有些店铺关门停业了，但那些留存下来的店铺如今依然广受欢迎。

2

古代帝国

约公元前2600年—公元375年

古代帝国

约公元前2600年—公元375年

自公元前2600年左右开始的3 000年，是一个属于伟大帝国的时期。人们随着他们的腹地家园逐渐扩张成面积辽阔的王国而迁徙，或者因为他们的土地被前来征服的帝国夺取而在新的疆域之内来去。中东地区的巴比伦王国和亚述帝国，曾将众多不同的民族汇聚于一个国家治下，偶尔还强制一些群落迁移，以便强化它们对边疆地区的控制。从公元前2500年起，埃及人将其疆域扩张到了南方的努比亚，努比亚人则往北迁徙到了埃及的南部。人类有史以来第一次开始在贸易的驱动之下进行迁徙，腓尼基人等民族从公元前1000年起在地中海周边地区建立贸易殖民地。大约两个世纪之后，希腊人兴建了城市，让希腊人和希腊文化横跨亚、非、欧三洲，扩散到了北非，以及如今的西班牙、法国和意大利等地。

中国的最初几个朝代从黄河流域的一个核心区域开始，将后来的汉文化传播到了整个华北和华中地区。其他一些民族则为了寻找土地而四处迁徙。班图人曾经从西非地区跨越整个大陆迁往东部和南部沿海，这一进程长达2 000年之久。自公元前450年起，凯尔特人从欧洲中部迁徙到了如今的德国和法国，最终又在公元前2世纪晚期越洋过

米诺斯商贾从一座沿海城镇启程时的情景（参见第 34 页—第 37 页）。

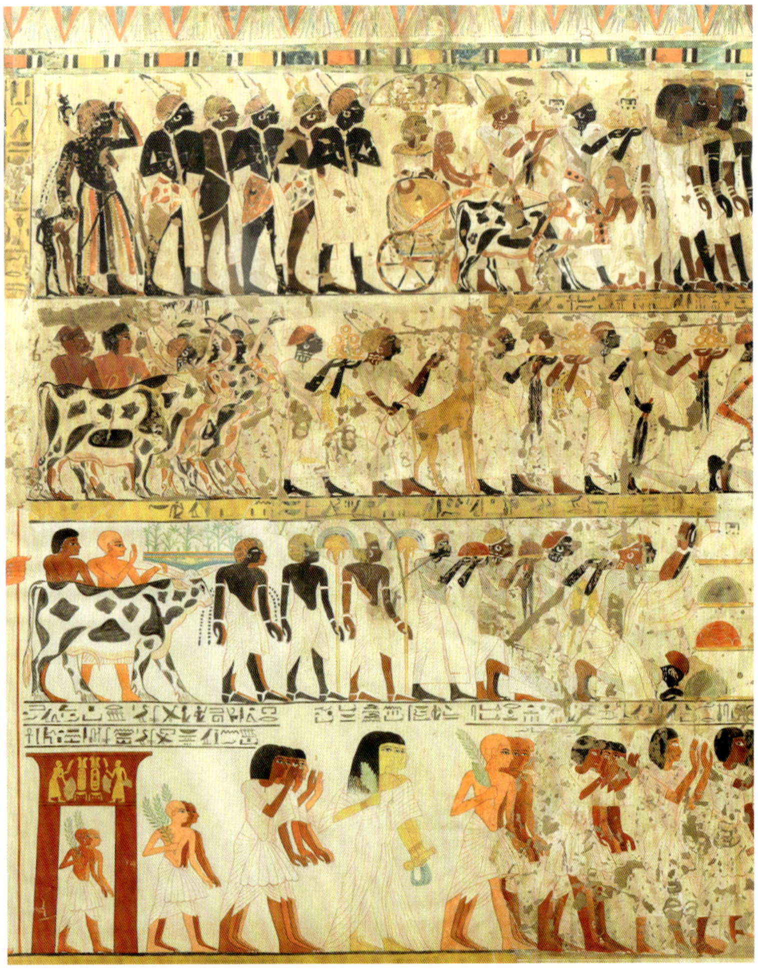

努比亚人正在北上，去向埃及法老进贡（参见第 50 页—第 51 页）。

吾非生当偏安于世界一隅；举世之地，皆为吾之故乡。

——卢修斯·阿内乌斯·塞涅卡（Lucius Annaeus Seneca，约公元前4年—公元65年），古罗马哲学家

海，抵达了不列颠和爱尔兰。

还有一些移民是经由海路迁徙的；比方说，波利尼西亚人的祖先就开始了一段向东迁徙，前往太平洋列岛的漫长旅程。从公元前1300年起，他们逐渐拓殖汤加、斐济、夏威夷，最终抵达了拉帕努伊（Rapa Nui，即复活节岛）；他们驾驶着带有舷外支架的独木舟越过一片片广袤无垠的水域，带着家畜和作物，在新的岛屿定居地进行饲养和种植。

此时的国家变得更有组织，帝国的疆域也变得更加辽阔，因此人们可以在国家或者帝国境内进行长途迁徙了；比如说，曾有罗马公民从北非和叙利亚等遥远之地迁徙到了不列颠北部，并在那里定居下来。尽管个人可以乘船或者（在罗马帝国、波斯和中国境内）经由陆路迅速来去，但一些较大群落的迁徙速度依然十分缓慢，历时多年，才能抵达新的土地。

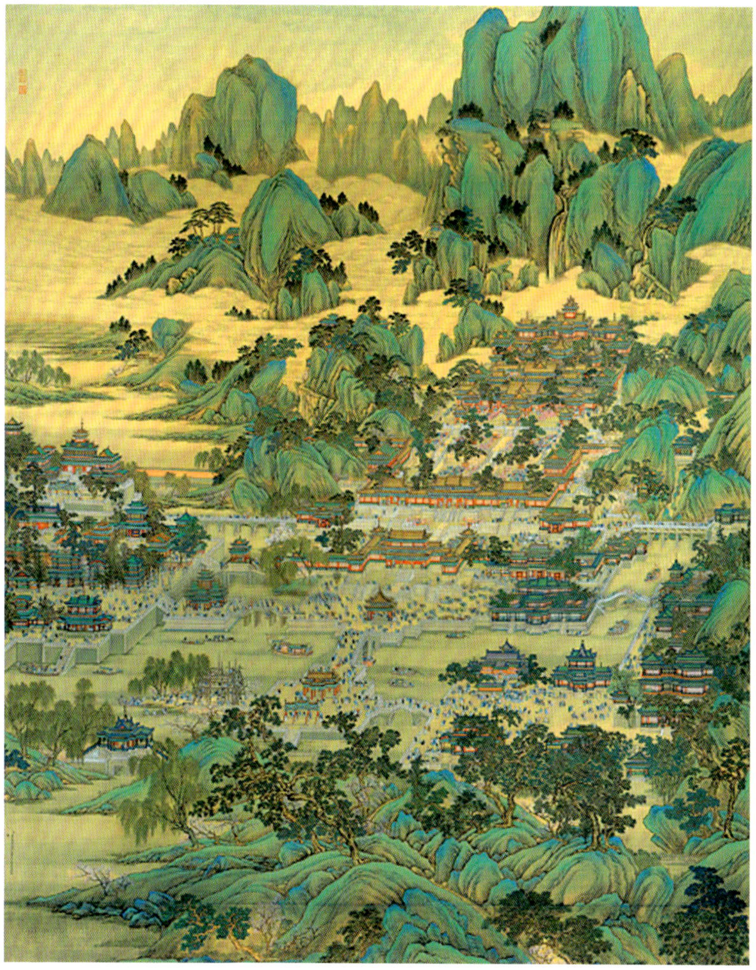

汉朝治下的**长安附近**，受到了丰邑建筑的影响（参见第58页—第59页）。

乌提纳（Uthina）曾是罗马的殖民地，位于今突尼斯（参见第60页—第63页）。

地中海文明

古希腊世界

▲ **古希腊曾是**黑海和地中海附近一个强大帝国的**中心**。此图所示，为公元前 600 年前后的希腊及其殖民地和主要的贸易路线。

▼ **这种银币**叫作德拉克马（dekadrachm），公元前 5 世纪发行于西西里岛的叙拉古这个希腊领地内。币中所铸为希腊神话中仙女阿瑞图萨（Arethusa）的头像。

人类的迁徙活动，塑造了古代的希腊。那里的平原和河谷土地肥沃，但面积不大，还被山脉分割开来，故随着人口不断增长，就没有充足的土地来养活所有人了。于是，不同的城邦政府便把民众迁往海外，去寻找新的土地。由于希腊人生活在一个拥有漫长海岸线的地区，所以海上旅行和贸易成了他们的第二天性。

米诺斯人与迈锡尼人

自大约公元前2000年起，米诺斯文明就在克里特岛上繁荣发展起来了。米诺斯人凭借贸易积累了巨额财富，与希腊确立了联系，在东地中海地区形成了一个贸易网络，不但覆盖了埃及和腓尼基，而且向西延伸，远达西西里岛。大约公元前1450年之后，在来自希腊本土的迈锡尼人发动的一次又一次入侵下，米诺斯文明走向了衰落。新来的人延续了贸易的传统，在西边靠近意大利南部的塔兰托和东边小亚细亚的西海岸一线建立了许多的卫星定居点。

公元前1100年左右，迈锡尼文明也土崩瓦解。像皮洛斯和迈锡尼之类的城邦，都被海上民族征服了；这些来历不明的海上掠夺者，对整个东地中海地区造成了巨大的破坏。新来的入侵者以其所说的方言为标志，被后来的希腊人称为多利安人；他们如入无人之境，很可能是从北方侵

入了希腊的中部和南部，征服了迈锡尼文明最后的残余部分。据称，这场入侵是在传说中大力神赫拉克勒斯的几个儿子的领导下进行的，因此该事件也被称为“赫拉克勒斯后裔的回归”。

◀ **这尊赤陶女像**在公元前640年至公元前625年间制作于克里特岛。它明显受到了埃及的影响，从而说明克里特岛与近东地区一直就有贸易往来。

城邦与殖民地

公元前1000年左右，一种新的政权开始兴起。城邦在希腊世界统治了差不多千年之久，其中最著名的例子就是雅典、斯巴达和科林斯。这些城邦生产的原始几何陶器（以陶器上饰有醒目的几何图案而得名），在地中海东部各地（包括叙利亚）都有发现，说明希腊此时已经恢复了与这个地区的贸易联系。希腊殖民者开始往回迁徙，回到了迈锡尼衰亡之后人们曾经逃离的那些地区；到公元前850年时，塞浦路斯和东爱琴海上的许多岛屿再度开始说希腊语了。小亚细亚西部沿海出现了一些重要的希腊殖民地（比如以弗所和米利都），成了爱奥尼亚地区的主要中心；直到20世纪20年代，这个地区都是大量希腊语族群的家园。有些较为偏远的小殖民地，比如位于叙利亚北部、居住着来自埃维亚岛（Euboea）的希腊商贾的阿尔米纳（Al-Mina）贸易基地，则处在亚述帝国等实力较强大的政权阴影之下。但是，希腊世界的真正扩张此时尚未到来。

从公元前8世纪30年代起，希腊诸城邦便派出殖民者前往各地；他们兴建了一些新的城市，且起初都是建在西方，比如西西里岛、意大利南部、今法国南部和西班牙。他们这样做的原因有很多：随着人口增长过快，超出了较小城邦的容纳能力，新生的一代代年轻人几乎没有了独立谋生的机会；城邦之间持续不断的战争和城邦内部的派系斗争，迫使其他人去寻找一种更加安全的生活；贸易机会则为那些追求财富的人提供了动力。

希腊诸城邦进行的殖民活动，一般始于宗主城市（metropolis，它在希腊语中指“母城”）请求神谕批准其殖民计划，然后选定一位创始人即“首领”（oikistes），由其负责确定新城市的位置，并且制定法律，在殖民者之间分配土地。实力最强大的希腊城邦，并不一定就是那些建立了最多或者最大殖民地的城邦。例如，斯巴达曾经属于实力最强的城邦之一，却只在公元前706年建立了他林敦（今意大利的塔兰托）这一个殖民地。来自小镇埃雷特里亚（Eretria，位于希

> 离开涅琉斯的高城皮洛斯后，我们踏上了向往已久的航程，前往亚细亚，…… 奉诸神之意，我们占领了伊奥利亚人的士麦那。
>
> ——希腊诗人弥涅墨斯（Mimnermus），《残篇9》，公元前7世纪

◀ **这幅米诺斯壁画**出土于锡拉岛［Thera，即桑托林岛（Santorini）］上的阿克罗蒂里（Akrotiri），描绘了一次海军远征的情景。约公元前1650年至约公元前1550年的一场火山喷发，曾将该定居地掩埋于灰烬之下，这幅壁画却留存了下来。

我们环绕大海而居……如同青蛙环绕水塘而栖。

——柏拉图，《斐多篇》第 109 节，约公元前 360 年，描述了希腊世界聚集于地中海沿岸的情况

希腊殖民者在大希腊（Magna Graecia，即如今的意大利南部）兴建了帕埃斯图姆（Paestum）这座海滨城市兼重要的古希腊文明中心，并在公元前 450 年左右建造了图中的神庙。

腊的埃维亚岛上）的拓殖者则被肥沃的火山灰土及铁矿所吸引，于公元前775年左右在那不勒斯北部的皮瑟库斯（Pithecusae，今意大利的伊斯基亚）建立了一个贸易站。

希腊殖民地最大的集中区域，就是意大利的南部和西西里岛；这个地区被希腊的殖民活动与希腊文化深入渗透，故古罗马人曾称之为“大希腊”（也就是“新希腊”的意思）。尽管不得不与迦太基人共有西西里岛，但该地区的希腊城邦却一直保持着独立，直到罗马人在公元前212年占领了叙拉古。即便到了如今，意大利南部一些地区的方言也依然受到希腊语的影响。

位置与挑战

尽管当地的许多居民融入了新的殖民地，但在其他一些地方，他们却奋起抗争。因此，殖民者选择的往往是容易防守的沿海之地，比如西西里的奥提伽岛（Ortygia），后来那里变成了公元前733年兴建的叙拉古城的中心。他们还选择了一些战略要地，比如拜占庭，它控制着从爱琴海进入黑海的赫勒斯滂海峡（达达尼尔海峡的古称——译者注），或者是他们可以获得货物来进行贸易的地方，比如克里米亚半岛上的潘提卡彭（Panticapaeum），因为他们可以从那里运送大批粮食去供应希腊本土。

最早的希腊殖民者常常面临着危险的生存局面。他们的人数往往不多；例如在公元前600年左右，伊利里亚的阿波罗尼亚（Apollonia，位于今阿尔巴尼亚境内）就是由来自科林斯的区区200人建起来的。其他殖民者则面临着当地居民的反抗，比如西西里岛上的原住民西库尔人（Sicels）；或者被迫与一些敌对的殖民势力作战，比如腓尼基人（他们来自如今的黎巴嫩）。有些人属于非自愿殖民者；比方说，锡拉岛（今桑托林岛）上遭遇大旱之后，该岛的总督曾经征召民众去开辟一个新的殖民地，并在公元前630年建立了昔兰尼（在今利比亚境内）。拒绝前往的人会被判处死刑，但若该殖民地未能成功建立，5年之后他们就可以返回家园。

向东迁徙

希腊人的移民活动从意大利和北非地区一路往西，扩张到了马萨利亚（Massilia，今法国的马赛）——那里在公元前600年左右建立了一个希腊殖民地——以及始建于大约公元前575年的恩波里翁［Emporion，位于西班牙的赫罗纳（Gerona）附近］。两地后来都成了希腊商贾的重要贸易站点。不过，迦太基人和伊特鲁里亚人的实力日益强大起来，阻遏了希腊人的进一步扩张。从公元前7世纪初开始，希腊人的殖民活动便转而集中到了更加遥远的东方，并在黑海沿岸建立了许多新的殖民地。

希腊人凭借迁徙塑造了地中海世界，对包括罗马人在内的不同民族产生了影响。不过，这些移民的后代也影响了希腊的文化。比方说，叙拉古的数学家阿基米德在公元前3世纪取得了卓越的成就，而希腊哲学的根基也在很大程度上归功于爱奥尼亚的米利都的泰勒斯（Thales of Miletus）等思想家的思想。

▲ **这幅表现三列桨战船（trireme）的镶嵌画**位于法国马赛的守护圣母圣殿（Notre-Dame de la Garde Basilica）里，三列桨战船是古希腊人一种划桨驾驶的船只。

◀ **这尊“里亚切武士”（Riace Warrior）**塑像是一对等身青铜塑像中的一尊，1972年发现于意大利南部的里亚切海滨。它是大约公元前460年至大约公元前450年间铸造的，说明古希腊文化已横跨地中海传播到很远的地区。

越过辽阔的海洋

南岛语系族群的扩张

大约3 000年前，如今波利尼西亚人的祖先跨过了大海。他们乘坐大型的双体独木舟远航，到达了太平洋上几乎所有的岛群并进行拓殖，甚至越过了浩瀚无际的大洋，远达夏威夷、复活节岛和新西兰等地。

波利尼西亚人是一个更大的语言群落的组成部分；这个语言群落称为“南岛语系族群”，如今在新几内亚和太平洋西南端的一些岛屿（美拉尼西亚）、其东北部的群岛（密克罗尼西亚）以及太平洋上位于所罗门群岛以东的大部分地区（波利尼西亚）都有分布。

拉皮塔人的探索

在南岛语系族群开始进行重大扩张以前，太平洋的西部地区早已有人居住了：至少在3.5万年之前，人类就在新几内亚岛的北部沿海定居了下来，并且在2.8万年前抵达了所罗门群岛中的布卡岛（Buka）。

为了到达这些岛屿，他们必须有某种水上交通工具才行，或许是竹筏（因为用树皮造出的独木舟不够结实，只能越过一小片水域）。然而，比新几内亚东北部的俾斯麦群岛更远的岛屿上，当时还无人居住。接下来，公元前1500年左右出现了一个新的族群。DNA证据和他们沿途留下的语言痕迹都表明，这些如今被称作“拉皮塔人”的族群很可能发源于中国的台湾岛或东南亚的沿海地区。到达俾斯麦群岛之后，他们逐渐形成了一种文化，其特征包括饰以几何图案的陶器、石锛，以及沿着海岸线修建的矩形吊脚楼。然后，拉皮塔人开始向东扩散，到公元前1300年已经抵达汤加，并在大约700年之后到达了萨摩亚和斐济。拉皮塔人前往这些岛屿的原因，我们并不清楚；没有确凿的证据表明当时人口过多，也许是当时各个亲族群落中的年轻人一直都在寻找一片能够让他们摆脱束缚的新天地吧。

朝新大陆进发

他们之所以能够在海上远航，得益于大型双体独木舟的发明；这种独木舟带有斜挂的三角帆和舷外支架，使得它们更加平稳，并且能够逆风航行。每条独木舟可载30人左右；当时通常是整个家庭带着各家饲养的畜禽（狗、猪和鸡）起航，从而将畜禽（还有藏身于独木舟里的老鼠）引入他们发现的岛屿。他们带去了芋艿、番薯、面包果、香蕉和椰子树，以及铁树这种据说具有神力的神圣植物。他们还带着各种各样的工具和祖先的塑像，带着他们在新的家园生活所需的一切。在大部队动身之前，他们很可能会先派侦察人员去寻找合适的定居地点。拉皮塔人并无指南针之类的导航设备可用，而是依靠观察星辰、注意风浪模式和发现海鸟等手段，来获悉不远处可能有新的陆地。

▼2002年，人们根据一具保存完好的骸骨重建了**3 000年前斐济一位拉皮塔女性的面容**。科学家称之为“玛娜”（Mana），它在所罗门群岛的拉乌（Lau）方言中是“真相”的意思。

▼马马拉霍亚小径（Mamalahoa Trail）上的**岩画**，位于夏威夷柯哈拉海岸（Kohala Coast）的威可洛亚（Waikoloa），可能是记录人口出生情况的一种方式。其中绘有人物、动物和独木舟，以及其他图案和符号。

太平洋诸岛

广袤无垠的太平洋上，众多岛屿构成了波利尼西亚。尽管相距遥远，这些岛屿却由共同的祖先联系了起来；他们曾经往来于岛群之间，进行拓殖或者贸易。

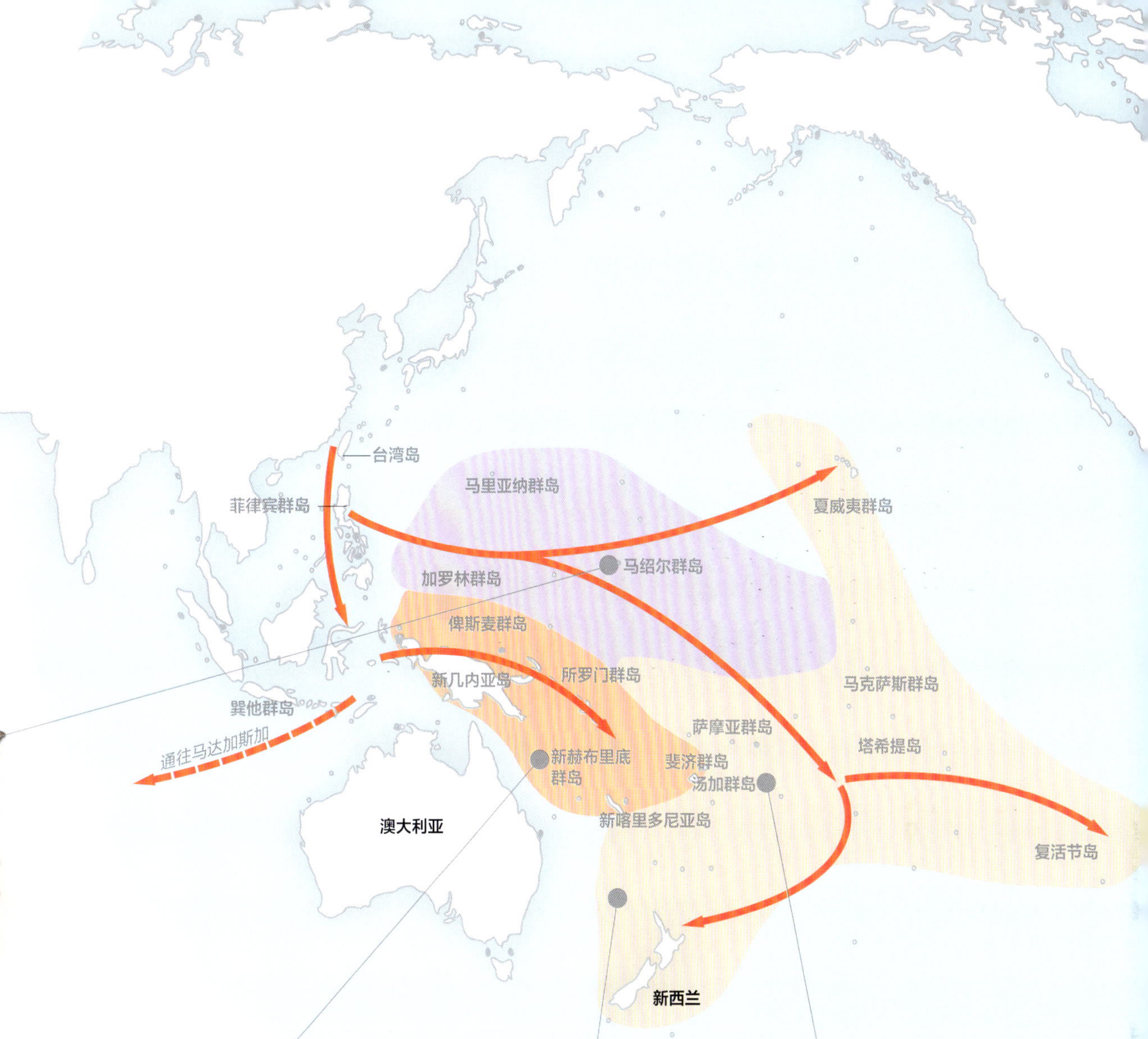

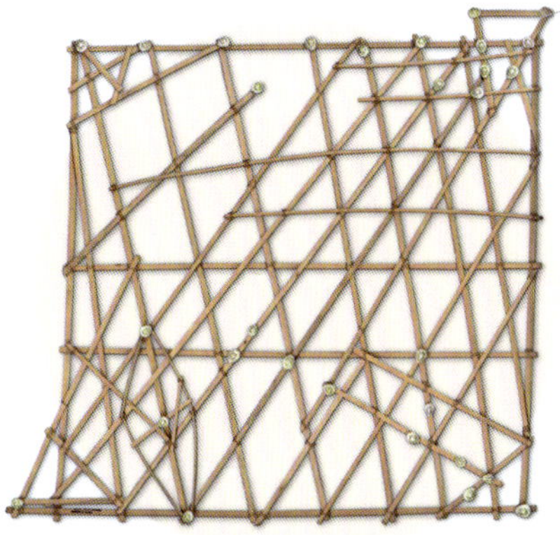

▲ **马绍尔群岛的棍棒海图（stick chart）**曾被用于航海，比如制作于1920年的这一张。图中标明了岛屿之间的洋流与海浪模式，上面的贝壳代表岛屿。

▲ 人们在瓦努阿图的墓葬区发掘出了饰有精美的几何图案、用锋利的齿状工具制作而成的**拉皮塔陶器**。

▲ **波利尼西亚带有舷外支架的独木舟**可以在海湾或者岛屿之间短途航行。后来双体独木舟的航行距离就要远得多了。

▲ **塔帕（Tapa）树皮布**已有数百年的生产历史。这种布由构树的树皮制成；树皮经浸泡后捣制成布，然后可以染色。

▲ 描绘加罗林群岛中的普尼佩特岛［Puynipet Island，即波恩佩（Pohnpei）］的一幅19世纪插画，显示了岛民乘坐带有舷外支架的**独木舟航行**，试图找到一条航道穿过该岛周围珊瑚礁的情景。

抵达萨摩亚之后，拉皮塔人便停下了脚步，南岛语系族群的扩张进程也出现了一个长达千年的间隔期。这种情况，可能是因为再往东去的岛群当时都与世隔绝。它们之间横亘着一片辽阔无垠的大洋，使得拉皮塔人根据推测进行的侦察远征变得危险重重。到公元300年前后人们再度开始迁徙的时候，拉皮塔文化已经式微了——比如说在汤加和萨摩亚两地，制作陶器的习俗已经彻底消失。DNA证据和来自东波利尼西亚的文物，包括几乎没有随着时间推移而出现实质性变化的石锛和渔具，都表明在此期间几乎没有什么先民进行过迁徙。

拓殖东波利尼西亚

到公元400年左右之时，波利尼西亚人已经在马克萨斯群岛上定居下来了；他们在公元650年左右抵达夏威夷，又在公元750年前后来到了库克群岛和塔希提岛。一两个世纪之后，他们抵达了智利近海的复活节岛。他们发现了丰富的当地动物；虽然大量的海鸟和海龟很快就被消耗殆尽，这一发现却为他们航行到更偏远的岛屿上去提供了部分动力。

在他们到达的每一座新岛屿上，殖民者都能够充分利用海中与岸边丰富的鱼类和贝类资源，并且开垦农田来种植作物。他们依据最先驾驶独木舟抵达一座岛屿的祖先，确定了不同的世系群落——因此过了数个世纪之后，这些先民的名字仍然为后人所铭记。尽管这些赫赫有名的旅行家大多为男性，但其中也有一些是女性：据说，最先拓殖加罗林群岛东部波恩佩岛的那条独木舟上载有16人，其中就有9人是女性；后来一艘独木舟上的女性，还带来了种植新作物所需的香蕉和参薯的珍贵种子。

为了生存而进行交易

波利尼西亚诸民族甚至有可能已经到达了比复活节岛更远的地方，因为他们种植过一种自己并未带去的作物——原产南美洲的甘薯。他们很可能与南美洲进行了某种形式的接触，从而获得了这种作物（一些历史学家曾经认为，波利尼西亚人本身就是南美洲人的后裔）。

在波利尼西亚，这种作物对当时脆弱的、建立在交易基础之上的岛屿生态系统发挥了助益作用。有些岛屿无法生产出居民所需的一切，因此人们开始从事交易，以便弥补不足。芒阿雷瓦（Mangareva）、皮特凯恩（Pitcairn）和亨德森三岛之间，逐渐形成了一种三方交易的局面：芒阿雷瓦岛的牡蛎壳销往皮特凯恩岛，皮特凯恩岛的黑曜岩玻璃销往亨德森岛，芒阿雷瓦岛制作炉子所用的玄武岩石材也销往亨德森岛。

可接下来，这种贸易却在公元1500年前后停止了。波利尼西亚诸岛的人口不断增长，对环境造成了破坏。在芒阿雷瓦岛上，乱砍滥伐让土地变得贫瘠起来，导致了饥荒与内战。他们没有更多的资源与亨德森等较小岛屿继续进行交易。虽然人们仍在那里努力挣扎，用蛤蜊壳取代石头制作锛具，但岛上的生活依然变得难以为继；于是，到了公元1600年，定居者便弃亨德森岛而去。不同地区的岛民对丧失贸易这一点做出了不同的反应，新的酋长阶层崛起，夏威夷岛上则形成了一个高度分层的社会，有了国王、贵族，甚至有了奴隶。最初移民建立的那个人人平等的社会，就此不复存在。

文身艺术

波利尼西亚人曾用精雕细琢的骨制“梳子”和用煤烟或灰烬调制的颜料来给已届成年的人文身。在萨摩亚，男子从膝盖直到腰部都有文身，女子的文身有时是从膝盖到大腿根部，有时只是膝盖后部有。文身图案表明了血统及文身者与整个群落的联系；文身的痛苦过程强化了身份，说明文身者已经成年。

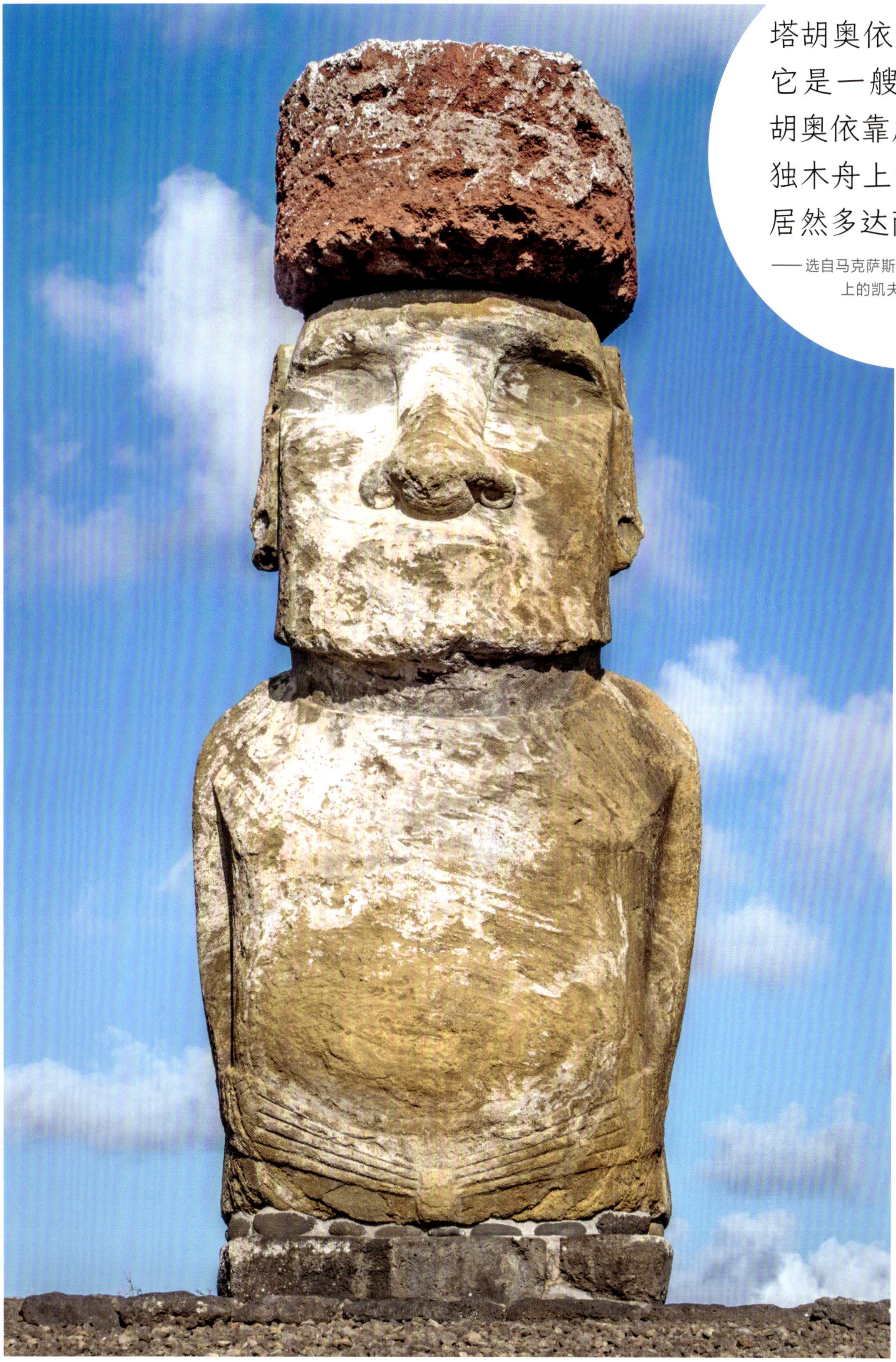

塔胡奥依是艘独木舟！它是一艘独木舟。塔胡奥依靠岸了！这艘大独木舟上的人下船了！居然多达两百人！

——选自马克萨斯群岛塔瓦塔岛（Tahuata）上的凯夫（Kave）颂歌

◀ 今智利拉帕努伊岛（即复活节岛）上屹立着的**巨型石像，或称摩艾石像（moai）**。其中有些石像安放在台座（ahu）之上，很可能描绘了先人活生生的面容，人们对这些石像都毕恭毕敬。

牧马之王

印度–雅利安人和印欧人

如今，全球大约有32亿人说的都是印欧语系诸语言，从而让印欧语系变成了使用人数最多和地理分布最广的语系。这些语言的发源地，集中在俄罗斯大草原上的一小块区域里；大约5 000年以前，说盖尔语、德语、俄语、波斯语和印地语等多种语言的人类先辈就是从那里开始，踏上了一段漫长的迁徙旅程。

语言分支

19世纪，研究人员首次发现了这些距今久远的印欧先辈进行迁徙的线索，注意到了某些古代语言（比如梵语和拉丁语）的词汇之间，以及某些现代语言（比如英语和俄语）的词汇之间，都具有一些相似之处。他们由此形成的理论认为，这些语言都起源于一种叫作原始印欧语的原始语言。

在很多印欧语言中，都有描述车轴和车轮的类似词语，表明最初的印欧人已经有了轮式车辆和马匹；其他的相似词汇则表明，他们都属于牧民，曾经在草原上放牧牛羊，并且拥有关系紧密的亲族群落和首领。这些古代牧民的故土，很可能位于俄罗斯大草原上；分析DNA单倍群的现代遗传学研究则表明，他们都属于"颜那亚"（Yamnaya，即"穴墓"）文化中的群落。这些民族在公元前3000年左右曾经统治着黑海以北的地区，但不久之后可能就带着他们的技术和语言，开始往西和往南迁徙了。

不久之后，在公元前2200年左右，一个单独的群落即辛塔什塔（Sintashta）文化离开故土，开始向东迁徙，接着又转而南下。有一个群落［即后来所称的"印度–伊朗人"（Indo-Iranian）］在伊朗定居下来，另一个群落［即"印度–雅利安人"（Indo-Aryan）］甚至继续南下，进入了南亚次大

◀ **丹麦出土的特伦霍姆太阳战车（Trundholm sun chariot）**，制作年代是公元前1400年左右。由马匹拉动的轮式交通工具是印欧文化传播到了那里的证据。

▼ **这些青铜时代的墓碑**，由吉尔吉斯斯坦境内的颜那亚人所立。他们迁徙到了欧洲和亚洲的部分地区。

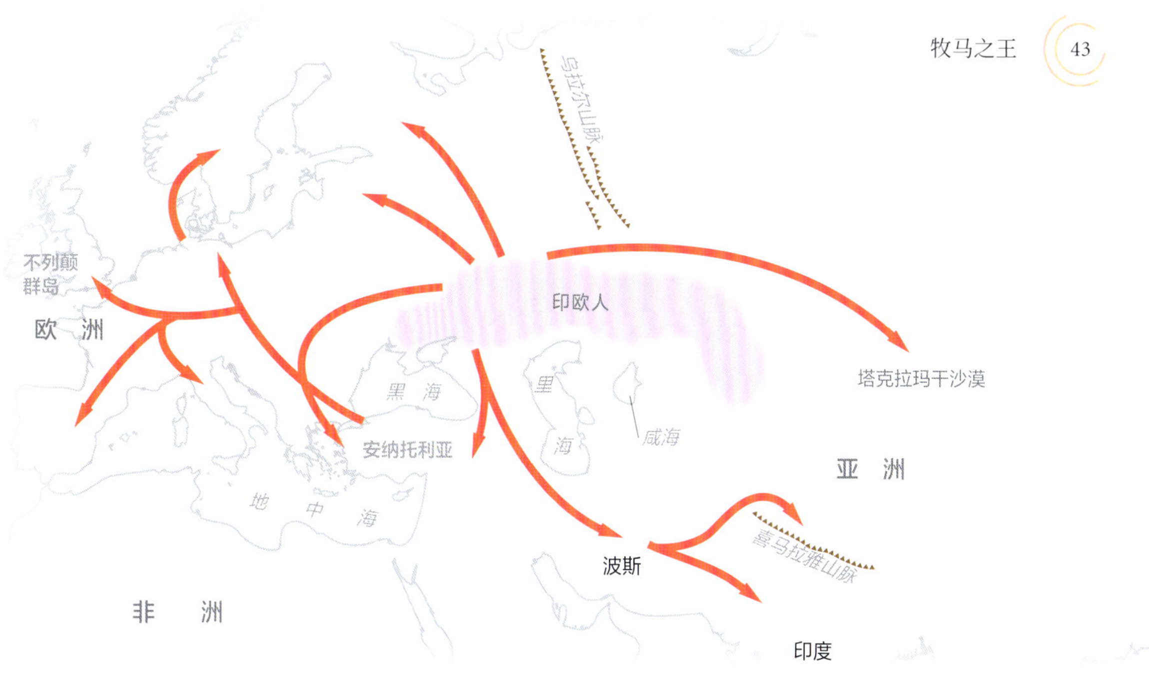

▲ **印度-雅利安人的迁徙**属于印欧诸民族东迁过程的一部分，其中有些民族留在了伊朗，逐渐形成了印度-伊朗文化。

陆。如今，他们的后裔说着多种语言，如印地语、乌尔都语、孟加拉语和旁遮普语。

文化与遗传特征

关于印度-雅利安人的起源问题，长久以来都颇具争议。许多历史学家认为，古代印度教经典“吠陀”中描述的那种文化，是随着这些移民传入印度的；还有一些历史学家则持相反的观点，认为那种文化逐渐形成于当地的原住民群落之中。然而，现代的南亚人口与印欧人的祖先有关的DNA标记却进一步证实了这种观点：印度-雅利安人是从遥远的北方大草原迁徙到印度的。

在迁徙过程中，印欧民族曾经迫使说其他语言的民族离开或者取而代之，比如（近东地区的）胡里安人（Hurrian）和（意大利的）伊特鲁里亚人，导致西班牙北部的巴斯克语（Basque）成了他们到来之前人们所说的语言中唯一的幸存者。随着岁月流逝，他们的文化也开始分化，产生了希腊的城邦，还有罗马和波斯等伟大的帝国，以及日耳曼人和凯尔特语地区的首领制度。然而，无论他们拓殖到哪里，数量庞大的印欧人和印度-雅利安人的语言依然与居住在大草原上的祖辈保持着割不断的联系；其中有些民族至今仍是游牧民族，生活在最初的印欧故土之上。

▼ 古代史诗**《摩诃婆罗多》**中的这个场景，描绘的是印度教神灵黑天和阿周那王子（Prince Arjuna）。这部史诗，是一种不断发展演变、其历史可以追溯到印度-雅利安移民的宗教传统的组成部分。

▲ 亚述国王萨尔贡二世（约公元前 721 年至约公元前 705 年在位）宫殿中的**这幅墙顶雕带画**，描绘了腓尼基水手拖曳船只并从船上卸下黎巴嫩雪松原木的场景。

▶ **迦太基城**由腓尼基人建造而成，但罗马人后来将其夷为平地，并在原址兴建了一座新的迦太基城。公元 7 世纪，此城毁于阿拉伯军队之手。

紫色民族

腓尼基人与地中海

▲ **腓尼基人发源于**如今的黎巴嫩沿海。他们驾船西行，在地中海周边兴建了许多殖民地，创立了一个令人钦佩的贸易网络。

▼ **这块象牙牌**雕刻着有翼的斯芬克司，是腓尼基艺术（约公元前900年—约公元前700年）中的典型例子。它是在如今伊拉克境内尼姆鲁德的撒缦以色堡（Fort Shalmaneser）里发现的，而尼姆鲁德曾经是那里的一座主要城池［古称卡拉赫（Kalhu）］。

腓尼基人是一个贸易民族，兴起于公元前1500年左右，曾以一些沿海城市为大本营，比如比布鲁斯（今朱拜勒）、推罗（今苏尔）、西顿（今赛达）和贝罗特（今贝鲁特）。他们属于伟大的航海家和造船者，凭借着木材（尤其是雪松）、纸莎草和奢侈品出口而逐渐富甲一方。他们出口的奢侈品中，还有玻璃珠子和从海螺中提取的一种紫色颜料染色的著名纺织品。

腓尼基人向西扩张

腓尼基人经历了一次又一次袭击——这种局面始于公元前1100年左右海上民族的进袭（参见第26页）——之后在其故土的实力日渐衰弱下去，他们便在地中海地区开启了一场大规模的殖民活动。一路上，他们设立了许多贸易站［即“商业中心”（emporia）］，其中有些贸易站后来还逐渐发展成了大型的城市。他们的殖民地通常坐落于岛屿或者海角上，要么是在一条主要商路的沿线，要么就是位于容易获得矿产资源的地方。到公元前10世纪中叶时，他们已经在塞浦路斯岛上的基提翁（Kition，今拉纳卡）建立了一个殖民地，并在希腊的罗得岛和克里特岛上兴建了一些较小的定居点。

然而，腓尼基人的主要舞台却是地中海西部，因为他们在地中海西部与其他势力的竞争没有在东部那么激烈。公元前8世纪左右，那里出现了乌提卡（Utica，在突尼斯）、莫蒂阿（Motya，在西西里岛上）和诺拉（Nora，在撒丁岛上）等殖民地；诺拉附近产银、金、锡，腓尼基人将这些矿产开采出来，用于金属加工业和进行贸易。公元前750年左右，他们越过直布罗陀海峡，建立了加第斯［Gades，今加的斯（Cádiz），位于西班牙西部］来出口内陆地区的银和锡，还建立了利克苏斯（Lixus，今摩洛哥的阿拉伊什）。到了公元前6世纪，一些航海家［比如汉诺（Hanno）］开始前往西非地区和伊比利亚半岛探险，可能还到达过不列颠群岛。

迦太基的发展

腓尼基人的所有城市中，最大和最富庶的一座当数迦太基（位于如今的突尼斯境内）。此城建于公元前814年；亚历山大大帝在公元前332年入侵推罗，导致大量腓尼基难民涌入这里之后，迦太基城便迅速发展起来。这个腓尼基殖民地非同寻常的地方，就在于迦太基后来统治过北非一个面积辽阔的内陆地区，并且完全凭借自身的实力，最终变成了一个帝国。迦太基帝国曾经与土著的柏柏尔诸族进行贸易，还曾招募后者入伍从军——主要是当骑兵，因为柏柏尔人是赫赫有名的骑手。

腓尼基人与罗马帝国进行了三次战争（参见第60页—第63页），最终迦太基城在公元前146年被罗马人摧毁之后，腓尼基人便丧失了自己的实力基础，他们的殖民时代也结束了。然而，腓尼基商贾继续在整个地中海地区进行贸易，而他们的艺术品——比如精雕细琢的象牙牌、印章、珠宝、玻璃器皿和金属碗，也继续受到人们的高度青睐。

腓尼基字母

腓尼基人最经久流传的遗产之一，就是他们的文字系统。这个系统部分源自原始迦南文字和乌加里特文字，是世界上最早的字母文字之一。其完整形式到公元前1000年左右已经形成，然后由那些定居于欧洲南部和北非地区的腓尼基商贾传播到了整个地中海地区。它是希腊字母和拉丁字母的基础。

冈德斯特拉普银锅（Gundestrup Cauldron，约公元前 100 年）是一只装饰绚丽的金属锅，以拉腾文化（La Tène）风格制作，上面刻有凯尔特神灵科尔努诺斯（Cernunnos）的形象。

整个高卢呈三分之势，一为比利其人［Belgae］所占，一为阿基坦人［Aquitani］所持……高卢人亦据其一。

——尤利乌斯·恺撒（Julius Caesar），《高卢战记》（*The Gallic Wars*），公元前 58 年—公元前 49 年

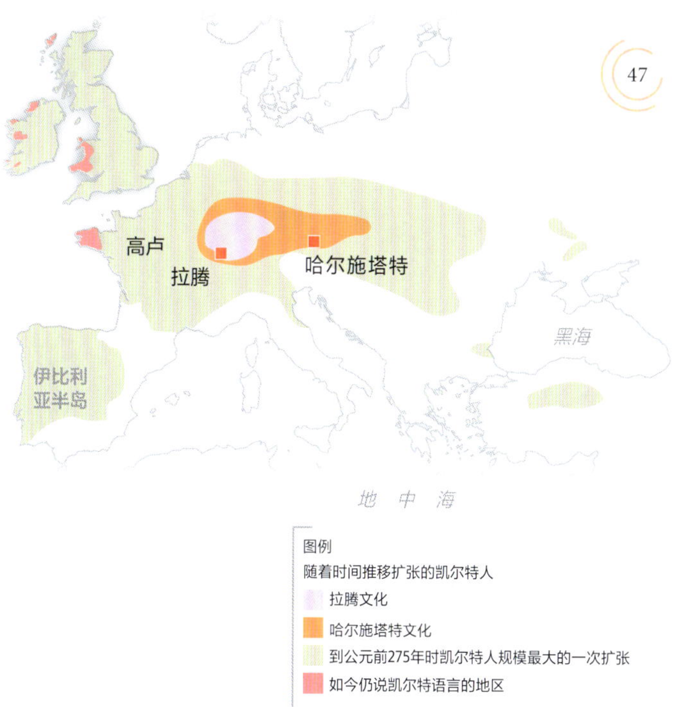

刀剑与螺旋

凯尔特人遍布欧洲

凯尔特诸民族一度统治着欧洲大陆上的广大地区。尽管他们在政治上没有统一，曾经被同时期的希腊人和罗马人分别称为“凯尔托伊人”（Keltoi）和“高卢人”（Galli）——二者都指“野蛮人”——但这些部落却拥有一种丰富多彩的，由武士贵族、山丘堡垒、精美的金属制品及凯尔特语言构成的共同文化。

凯尔特人的起源

关于凯尔特人究竟是一个单一群体，还是由一些除了语言以外就没有什么联系的不同部落所构成的问题，考古学家的意见并不一致。人们传统上认为，一种共同的凯尔特文化——包括原始凯尔特语，它后来在欧洲大陆演变成了“大陆凯尔特语”，而在不列颠群岛和法国的布列塔尼则演变成了“海岛凯尔特语”——发源于欧洲中部。公元前1100年左右，那里兴起了哈尔施塔特文化（以奥地利的一座村庄命名），其墓穴中葬有用于砍削的长剑和装饰华丽的四轮马车。有证据表明，一些凯尔特群体曾在公元前500年左右向北迁徙，形成了较新的拉腾文化（以瑞士的一处遗址命名）；这种文化的特点，就是金属制品上经常饰有螺旋形的图案。

有些考古学家则认为凯尔特文化发源于钟形杯文化（参见第24页—第25页）；钟形杯文化中的钟形陶器，在公元前2800年左右似乎已经从伊比利亚半岛往北和往西传播了。然而，我们并不清楚当时的钟形杯文化诸民族本身是否曾迁徙。还有一些考古学家则认为，凯尔特人发源于后来在大约公元前1000年定居于西班牙东北部的凯尔特伊比利亚人（Celtiberian）。

DNA证据表明，从俄罗斯大草原往西迁徙的民族与凯尔特人的世界之间有所关联。公元前3千纪中叶之后，凯尔特人的祖先有可能曾在他们拓殖的地区（比如今天的西班牙和葡萄牙）与当地民族通婚。

迁徙时代

公元前450年左右，可能是在斯堪的纳维亚半岛日耳曼语民族（比如汪达尔人）带来的压力之下，凯尔特人开始迁徙。首先，拉腾人迁往了莱茵兰（即德国西部）和法国的马恩地区。其他凯尔特人则南下迁徙到了巴尔干半岛，并在公元前279年洗劫了希腊境内的德尔斐。然后，他们跨过海峡进入了小亚细亚；凯尔特人在那里留下的后裔，被称为“加拉太人”。凯尔特人还越过阿尔卑斯山进入了意大利北部，然后在公元前390年攻占了罗马。最后，公元前2世纪晚期比利其人从高卢地区越过英吉利海峡，在不列颠群岛上定居了下来。

很快，欧洲各地便纷纷出现了山丘堡垒和供奉“野兽之王”科尔努诺斯、“连帽斗篷精灵”（Genii Cucullati）等神祇的圆形神殿。不过，尽管凯尔特人都是孔武有力的战士，他们却无法击退罗马人；不久之后，伊比利亚半岛、高卢和不列颠的大部分地区便落入了罗马人的手中。只有苏格兰北部和爱尔兰没有被罗马人征服，因而两地留下的凯尔特文化痕迹，包括像爱尔兰语和盖尔语之类的凯尔特语言，就一直存续到了如今。

▲ **凯尔特人的语言和文化**一度传播到了欧洲的广大地区。如今，却只剩下6种凯尔特语言仍在使用，即爱尔兰语、苏格兰盖尔语、威尔士语、马恩语、康沃尔语和布列塔尼语。

▼ 这是中世纪爱尔兰的**《凯尔斯书》**（*Book of Kells*，公元800年前后）中所录《马可福音》的开篇经文随附插图。《凯尔斯书》是福音书的一种彩绘版，其中附有许多精美的凯尔特图案。

▼ **凯尔特伊比利亚人建造的这座房屋**位于西班牙的努曼提亚（Numantia），已经用石墙和编条夹泥屋顶进行过重建。这种屋顶，是用泥巴或者黏土抹在相互交错的细小树枝上制成的。

圣特克拉山（Santa Tecla）位于如今西班牙的加利西亚（Galicia），山上有一座凯尔特营地（castro）的遗址——这是一种建有圆形房屋、没有笔直道路的村落（凯尔特人认为交叉路口可以困住恶灵）。他们的营地都建在战略要地，且常常位于高处。

这件黄金护身符很可能是库施王朝一位国王所戴项链的一部分。公羊与阿蒙神（Amun）有关，后者是努比亚人也曾崇拜的一位埃及神灵。

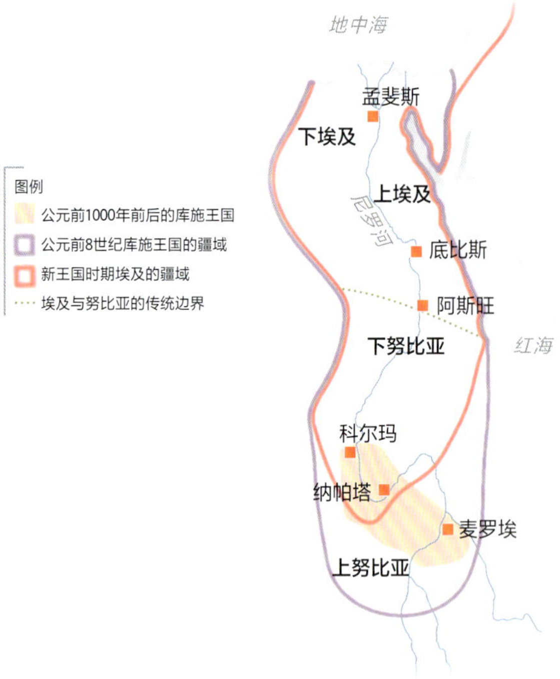

这幅地图显示了库施领土从公元前1000年左右横跨尼罗河一段的库施王国（Kingdom of Kush）往北扩张到努比亚和埃及的情况。

黑法老之国

古埃及与库施王国

公元前3100年左右，大批人类离开了日益干旱的撒哈拉地区，迁徙到了埃及与努比亚（即如今的苏丹北部和埃及南部），在土地肥沃的尼罗河两岸定居下来。两地之间逐渐形成了一种贸易关系：努比亚用象牙和黑边陶器换取埃及的粮食与其他商品。

埃及入侵努比亚

从公元前2500年起，埃及（当时是法老治下的一个统一国家）开始扩张，进入了努比亚的领土，在其北部的布亨（Buhen）等地建立了一些要塞。差不多就在此时，一个新的群落也在努比亚定居了下来——他们有可能是从埃及的西部沙漠迁徙过来的游牧部落。到公元前2040年左右（即埃及中王国时期伊始之时）在努比亚兴起的文化，史称科尔玛文化（Kerma culture）。科尔玛人主张努比亚摆脱埃及的统治获得独立，但他们继续与埃及人进行贸易，用牛和埃及人非常珍视的黄金等奢侈品换取埃及商品。

在新王国时期（约公元前1567年—公元前1085年），埃及对努比亚采取了一种更加咄咄逼人的立场，不断往南扩张，占领了更多的领土，并将整个地区分成了南、北两个行政单位。南部称为“上努比亚”（或称库施），其首府位于

纳帕塔（Napata，在今苏丹境内）；北部则称为“下努比亚”［或称瓦瓦特（Wawat）］，其主要聚居地位于阿斯旺（在今埃及境内）。

库施王朝的扩张

公元前1000年左右，努比亚人建立了独立的库施王国。这一时期的库施人，吸纳了埃及文化中的诸多方面——包括在官方文件中使用象形文字和崇拜埃及的一些神灵，尤其是崇拜太阳神阿蒙。库施王室与埃及王室之间也有通婚的记载。然而，埃及和库施一直保持着各自的特点。库施人描绘的自身形象，都身披兽皮斗篷和饰有图案的织物，戴着巨大的耳环；而在埃及人的画作中，他们皮肤较黑、剪着短发。与埃及画作不同的是，库施人的画作中还描绘了撒哈拉以南地区的一些动物，比如大象和长颈鹿。

公元前8世纪，双方的实力对比发生了转换。接连数位库施国王（即“黑法老”）开始掌管埃及，并在随后统治了一个世纪之久。塔哈尔卡（Taharqa，公元前690年—公元前664年在位）可能是其中最具权势的一位库施法老，他开始在埃及和库施各地大兴土木，建造了许多奢侈华丽的神庙和纪念碑。也正是在这一时期，尼罗河流域出现了中王国时期以来第一次大规模建造金字塔的现象（其中许多都位于如今的苏丹境内）。

▲ **古代库施王国的麦罗埃城**及其用埃及风格建造的金字塔（建于公元前300年左右至公元400年间），表明了这两个敌对王国之间的文化融合。

公元前7世纪，亚述帝国将库施人赶出了埃及。库施人往南撤退到了麦罗埃，把那里定为新的都城，他们的王国继续繁盛发展到了公元4世纪。然而，这个王国不再与埃及有任何密切的联系。埃及不再有库施法老，而麦罗埃人也摒弃了埃及的象形文字，改用他们自己的文字了。

◀ 古埃及驻库施总督胡伊（Huy）墓中出土的**一幅壁画的摹本**，描绘了胡伊向埃及法老图坦卡蒙（约前1333年—约前1323年在位）进贡时的情景。

遍布非洲

班图人的扩张

◀ **这块黄铜牌**源自16世纪，上面雕刻的是贝宁的国王（Oba）。贝宁王国由班图语民族构成。

如今世界上有3亿说班图语的人，他们构成了非洲最大的语言群体，有500多种不同的语言，分布在非洲的大部分地区。然而，班图语民族最初的故土却是一个相对较小的地区，位于如今喀麦隆和尼日利亚两国间的曼比拉（Mambilla）和贝曼达（Bemanda）高原上；这些语言从那里开始，散播到了范围极其广阔的非洲各地。

迁徙的证据

公元前2500年左右，班图语民族开始往南迁徙；他们可能是在气候变化的驱使下，为了寻找更好的生存条件才进行迁徙的。他们的迁徙进程，可以借助多种证据描绘出来，比如各种班图语、有特点的陶器（边沿为斜面，底部有很浅的凹印）、铁器的使用和DNA证据，它们全都说明了班图人的迁徙路线和迁徙速度。

班图人的扩张并非持续不断，而是在抵达中非雨林这道屏障后就停下了脚步；直到公元前500年左右，班图语民族才完全越过了中非雨林。一些群落从中非雨林沿着西海岸缓慢南迁，还有一些群落则往东推进，朝着东非的大湖地区而去，并在公元前1000年左右抵达了那里。到公元1世纪时，西面的班图语民族已经抵达了当今南非的边境地区，而东面的班图语民族则朝着坦桑尼亚的沿海地区前进，然后进入了南非，在公元500年之前抵达了北德兰士瓦的林波波河地区。

尽管班图语民族起初并不擅长农耕，但他们在迁徙过程中习得了农业知识，开始种植高粱、花生和小米（发现于刚果民主共和国，其历史可以追溯到公元前200年）；当时，赤道中非地区的气候进一步变化，使得传统的林产品采集变得更加困难了。他们还拥有了铁器制造技术；这种技术似乎是公元前500年左右在大湖区的乌勒维（Urewe）地区开始的，后来变成了班图语民族在非洲大陆各地充分加以利用的一种技能。

从村落到国家

班图人都居住在一座座小村落里。每隔10年左右，他们就会放弃原有的田地，以免耗尽土壤的肥力，然后在进一步向非洲大陆腹地迁徙的过程中，于森林里开垦出新的田地。然而，他们的迁徙导致了一些原有民族流离失所，比如非洲南部的科伊科伊人和桑人，这些民族的后代被赶进了纳米比亚沙漠和其他一些生产力较为低下的地区。

站稳脚跟之后，班图语诸族便开始将小部落合并为酋邦，然后组成更大的国家。从11世纪到15世纪，一个个实力强大的班图王国相继崛起，比如安哥拉的刚果王国、大湖地区的布尼奥罗基塔（Bunyoro Kita）和莫诺莫塔帕（Monomotapa）；大津巴布韦那些宏伟壮观的建筑，就是莫诺莫塔帕的统治者兴建的。如今，从喀麦隆到肯尼亚，甚至包括非洲大陆南部，人们说的都是班图语。

▼ **大津巴布韦的卫城（Great Enclosure）**。自公元1100年起，大津巴布韦就是一座富庶之城。它曾是班图族绍纳人（Shona）那个繁荣兴旺的贸易帝国的都城。

班图语民族的迁徙

从曼比拉和贝曼达两座高原上的故土出发，班图语民族分散到了非洲大陆各地。向东迁徙的班图语民族远至大湖地区，向西迁徙的班图人则抵达了如今的南非。

▲ **这尊风格独特的人像身上的精美金属工艺**，表明巴科塔族［Bakota，亦称科塔族（Kota）］掌握了精湛的技艺；巴科塔族是加蓬的一个班图语民族。这种圣物箱守护神像可以拆下来，用于宗教舞蹈。

铁器制造

人们在中非的一些遗址上（包括乌勒维）发现了早期的炼铁炉，其历史至少可以追溯到公元前 500 年。炼铁炉由炉坑和炉坑上方用黏土砖建造的锥形炉体构成；在炉坑中，铁矿石会被加热到很高的温度。铁被用于制造更加坚硬和耐用的工具，班图语民族曾用铁制工具清理茂密的灌丛、开垦土地来播种作物。铁还让班图人能够制造武器，使他们在该地区的土著民族面前获得了一种优势。

▲ **这面用于宗教仪式的盾牌**由刚果的松耶族（Songye）制作，上面有一个齐弗维贝（Kifwebe）面具。松耶族每逢重要仪式都会戴上这种面具。

▲ **这只木杯**由中非地区（很可能来自刚果）的班图人制作而成，其手柄雕成了人头的形状。

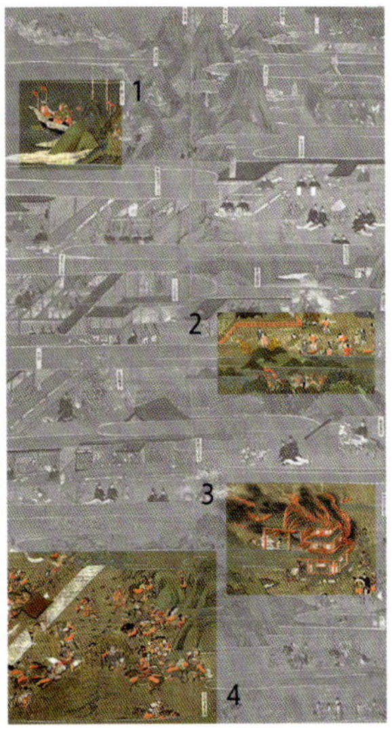

1 **圣德太子派遣**过一位使节前往中国。他的国书中首次提到日本是“日出处”。

2 **年幼的太子**正在跟其他孩子玩耍，表现出了他的勇猛非凡。

3 **太子与其家族**（苏我氏）**一起**，击败了排斥佛教的敌对氏族物部氏。

4 物部守屋的**复仇之魂**，摧毁了太子那座宏伟的佛教寺庙四天王寺（传说物部守屋化身为啄木鸟，啄击四天王寺的柱子——编者注）。

▶ **这幅 14 世纪的卷轴画**，描绘了大力支持佛教的圣德太子（公元 574 年—622 年）的生活场景。许多寺庙和神社中都装饰着描绘圣德太子生平片段的画作，他促进了佛教在日本各地的传播。

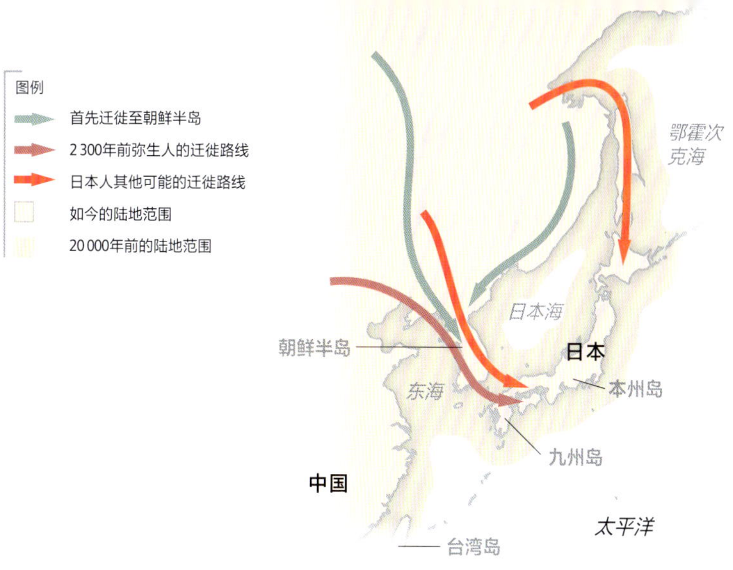

穿过陆桥

拓殖日本和朝鲜半岛

如今日本所在的土地上，直到公元前3.5万年左右才有人类居住。率先抵达这里的人，是西伯利亚东部以狩猎和采集为生的游牧部落；他们很可能是经由一条曾将日本与亚洲大陆相连的陆桥，从北方进入日本的。后来，这些早期的拓殖者被称为“绳纹人”；此名源自他们制作的绳纹陶器，其历史可以追溯到公元前1.3万年左右。绳纹族往往定居于海岸或者河流附近，住在半地下的穴屋中，通过狩猎、捕鱼和采集来获取食物。一些考古学家认为，如今日本的一个土著少数民族虾夷人，就是最初这些绳纹殖民者的后裔。

弥生人来到日本

大约在公元前300年，一个新的群落即“弥生人”来到了日本。他们发源于东南亚地区，然后经由如今的中国北上，最终很可能从朝鲜半岛越过日本西南的一条陆桥来到了这里。他们引入了水稻栽培（这是他们在中国发现的），以及用于制作铜镜的冶金术。弥生人与绳纹人融合起来，成了现代日本人的祖先。

“弥生时代”的日本，曾对来自附近国度的文化影响和移民都持开放态度。公元1世纪的中国古代典籍《汉书》中首次提到了日本人。他们用石板建造支石墓的传统，可能源自朝鲜半岛。“弥生时代”之后，就是“大和时代”和“飞鸟时代”（公元250年—710年）；日本诸民族融合起来，建立了一个中央集权的帝国。

高丽诞生

如今的朝鲜人，很可能是公元前6000年左右从东南亚、西伯利亚东部、蒙古和黄河流域等地迁徙至朝鲜半岛的不同民族融合之后留下的后裔。一种蓬勃繁荣的文化，在史称“栉文陶器”（Chulmun，亦拼作Jeulmun——译者注）的那个时期里逐渐发展起来，形成了用梳状图案装饰陶器的传统。到公元前3500年和公元前1500年的时候，“栉文陶器”时代的人已经分别开始种植小米和水稻了——这两种作物，都是从中原引入的。

公元前1千纪中叶，朝鲜半岛北部出现了古朝鲜政权。这个政权逐渐发展起来，变成了一个实力强大的国家，直到公元前108年中国的汉朝将其征服。古朝鲜灭亡之后，朝鲜半岛南部出现了较小的王国，即（东部的）新罗和（西部的）百济，中国东北兴起的高句丽后来控制了半岛北部。7世纪，百济和高句丽相继灭亡，新罗则在10世纪为王氏高丽所取代。

在这个“三国”时期，朝鲜半岛曾经与日本有着紧密的联系。公元552年，百济将佛教引入了日本（晋朝已经在公元4世纪将佛教引入了高句丽）。百济和高句丽灭亡之后，难民纷纷流亡日本。许多人都在“大和时代”日本的都城奈良附近定居下来，并且开始与日本的贵胄家族通婚。

▲ 这幅地图显示了**日本人的祖先**从西伯利亚和东南亚出发，越过一度将日本与亚洲大陆相连的陆桥进行迁徙时的可能路线。

▼ 这件新石器时代的陶制容器（制于公元前3500年左右到公元前2500年之间）上的**绳纹装饰**，就是“绳纹时代”陶器的典型特征。

▼ **图中这座穴屋（pit-house）**是一种掘入地下且带有稻草屋顶的居所，它重现了公元前1千纪朝鲜半岛史前房屋的典型模样。

大秦王朝

中国人早期的迁徙

在新石器时代，如今既占中国人口中的绝大多数也属于全球最大民族群体的汉族的祖先，还是黄河流域一个规模很小的民族。时光流转，他们的人数日益增加，逐渐扩展到了其中央腹地以外的遥远之地。与此同时，一批又一批从北方入侵中原的游牧民族改变了原有的生活方式，逐渐与他们融合了。

汉族发源于数个不同的文化群落，却形成了一个具有凝聚力、由一些共同价值观——包括尊崇中央权威和家庭的价值观——凝聚起来的文明社会。这种单一民族的思想，曾经助力秦始皇击败了各个敌对王国，并在公元前221年统一了全国。

双向迁徙

为了巩固这个新王朝的疆域，秦始皇往南、北边境地区派遣了100多万人。在驻军的保护之下，徙居边境的人开垦出了农场，开始栽种小米和水稻。汉朝（公元前206年—公元220年）和唐朝（公元618年—907年）还在西域设置了驻军，使得士兵们与边疆游牧民族有了接触；这些游牧民族时而与汉族军队交战，时而与汉族军队结盟。由此形成的一些基地，比如敦煌，后来就成了“丝绸之路”上的重要中转站；商贾沿着这条道路，带着中国的丝绸与香料，到西方遥远的国度换取棉花、象牙和白银。一些旅行家也利用了这条路线，比如公元412年将佛教典籍从印度带回中国的僧人法显就是如此。

移民还在中国的腹地进行开拓。有些人是被迫迁徙，其中就包括秦始皇下令迁到都城咸阳（在今陕西省的西安附近）的数以万计的地方贵族；秦始皇这样做的目的，是削弱地方贵族的权力基础。还有一些人是出于经济原因而迁徙，曾导致唐朝的都城长安变成了一个多元文化交融的中心，其人口超过100万。北方的游牧民族也相继到来——他们向中原进发，定居下来，建立了新的王朝，比如女真族建立的金朝（1115年—1234年）。

接纳汉族文化

当时，中国边疆的人口迁徙规模最大。像滇国（位于今云南省境内）之类的王国里，汉族移民越来越多——其中有些属于获得了承诺、可以得到田地的农民，还有一些则是被流放到边境地区的犯人。到公元1世纪的时候，滇人已经吸纳了汉族的一些传统，比如用镜子、钱币和弓弩为死者陪葬，而不再像以前一样用鼓和产自东南亚的玛瑙贝壳给死者陪葬了。然而，当地居民并没有因此而流离失所。与中国的其他各地一样，滇国也变成了一个由新来者和采用汉族生活方式的土著民族构成的混居之地。

▼ **铜镜**于中国诸侯争霸的战国时期（公元前475年—公元前221年）流行起来。这件铜镜的一面雕有兽纹。

◀ 盛放玛瑙贝壳的**青铜容器**，滇人曾经把贝壳当成货币。随着他们日益接触汉族文化，钱币取代了贝壳，这种罐子也逐渐废弃了。

◀ 6 世纪和 7 世纪修建了运河将粮食从南方运往北方之后，中国的**水稻种植**范围扩大了。这幅壁画作于公元 650 年前后。

◀ 这幅图显示了几个中原王朝的形势范围。

文化影响

新丰街道

汉高祖建立了汉朝（公元前 206 年 — 公元 220 年），定都长安。这位皇帝是农民出身，生于沛县的丰邑（在今江苏省境内），曾为思乡心切的父亲仿照丰邑的式样在长安附近改建城市，称为新丰（如画中所绘）。他还把丰邑百姓迁往了新丰。

丝路旅人

从 7 世纪到 10 世纪，**“丝绸之路”**为长安带来了各种各样的商贾和移民。其中，还有来自伊朗粟特文明的人。粟特人往往会说多种语言，在商品交易和思想交流中发挥着中介者的关键作用。他们还是金属工匠，为中国同行带来了新的款式风格。

佛教教义

公元 1 世纪或者 2 世纪，**佛教**经由“丝绸之路”**从印度传播到了中国**。公元 4 世纪，一些学者型僧人曾经前往印度研习佛教，然后将经书带回了国内翻译成中文。长安城中用于存放佛经的大雁塔建于 652 年；此塔赫赫有名，公元 704 年武则天对其进行了扩建。

西安

具有多种宗教信仰的城市

▲▲ **这幅现代壁画**颂扬了唐朝的盛世繁华。其中描绘了长安城中的重要建筑和唐朝宫廷中的仕女。

▲ 中国第一位皇帝秦始皇陵寝中陪葬的**兵马俑**由大约8 000个仿佛整装待发的陶塑士兵组成。秦朝的都城，就在如今西安西北的咸阳。

◀ **西安的回族聚居区**位于汉、唐时期的外国人聚居区，如今这里生活着6.5万多位回族居民。游客们拥到人头攒动的北院门回民街，在大排档和餐馆里品尝美味佳肴。

在中国历史上长达千年的时间里，如今位于陕西省中部的西安（原名长安）都是一个商业和文化的交汇之地，是具有众多民族身份和信仰体系者的家园。西安加上洛阳、南京和北京，就是中国古代的四大都城（在帝制时期，实施统治的王朝常常选择不同的都城来作为它们的权力基地）。

长安始建于汉初，地处“丝绸之路”的东部起点；“丝绸之路”是一个范围广袤的贸易线路网络，将中国与西方连接了起来。往来于“丝绸之路”上的商贾不但把外国商品带到了长安，而且从亚洲各地带来了新的文化、行业和信仰；有些人还在长安定居了下来。

一座国际化的大都市

唐朝（公元618年—907年）治下的都城长安，逐渐发展成了当时世界上最大和人口最多的城市。到公元8世纪的时候，城中已经生活着来自中国和“丝绸之路”沿线各地的100万人口。这是一个交流知识和文化的地方，是学者、学生、教师和哲学家的圣地。来自中亚各个王国的乐师和舞者曾在宫廷里献艺，而突厥民歌则对中国的诗人产生了影响。

宗教宽容政策是唐朝统治的一种标志。曾经有成千上万的佛教僧侣生活在这座城市里，使得长安成了一个汇集佛教知识的中心。波斯商贾和因为阿拉伯人入侵而纷纷逃离的波斯难民，曾在这里的琐罗亚斯德教祆祠里做礼拜；而公元742年，穆斯林商贾也在城中建造了化觉寺。

随着唐朝在公元907年灭亡，这座城市的黄金时代也告结束了；不过，此后的长安城仍然是一个贸易中心。它在明朝（1368年—1644年）治下经历过一次复兴，当时城中的穆斯林人口出现了增长，并且更加紧密地融入了汉人社会。

> 阓城溢郭，旁流百廛。
>
> ——班固，《西都赋》，公元1世纪

穆斯林后裔

公元7世纪，**伊斯兰教**经由中东地区的使节**传入了中国**。来自波斯和阿拉伯半岛的穆斯林商贾在长安定居下来，他们被视为回族的先民。如今回族是中国的56个民族之一。

基督教传教士

景教是发源于叙利亚的一个**基督教派别**，公元635年由叙利亚教会的传教士阿罗本（Alopen）传入了长安，此人还获准在城中修建了一座教堂。尽管信徒们在后世遭到迫害，基督教还是在中国存续了下来；如今，中国的天主教徒和新教徒共有4 000多万人。

明朝的城防工事

长安曾是13个朝代的**都城**，为了应对不断变化的形势，历朝曾在周边地区对此城进行过数次搬迁、重建和扩建。明朝当局修建了新的城墙，来保护这座此时已经变得比唐朝治下小了许多的城市。这些明朝的城防工事如今仍然完好无损。

罗马帝国

鼎盛时期的罗马帝国幅员辽阔，横跨整个欧洲，并且越过了巴尔干半岛，远至中东和北非地区。此图显示了罗马人修建的主要道路和贸易路线。

▲ **古罗马时期这尊**希腊女神阿尔忒弥斯的**雕像**出土于以弗所，故称“以弗所的阿尔忒弥斯”，它证明了古希腊与古罗马之间的文化融合。

▲ **墓葬肖像画**是古埃及人的一种丧葬习俗，一直延续到了古罗马时期。这种栩栩如生的肖像画，曾经用于盖住木乃伊的头部。

▲ **这件古罗马时期的指甲修理套装**发现于英格兰的巴斯，可能是用于修剪、清洁指甲和给指甲定形的。古罗马时期的女性曾将这种工具挂在腰带钩上随身携带。

▲ **这块布匿石板**出自公元 1 世纪至 2 世纪，它将北非地区古代布匿文化中的要素与罗马时期迦太基的影响结合了起来。

▲ **这幅圆形画描绘的是塞维鲁王朝**皇帝塞普提米·塞维鲁一家。塞维鲁来自北非地区，娶了叙利亚的朱莉娅·多姆娜（Julia Domna）为妻。

条条大路通罗马

罗马帝国境内的生活

从传说中公元前753年始建的那个时候起，罗马就是一个依赖移民的社会。罗马的缔造者兼首任国王罗慕路斯，曾被一些爱国作家称为埃涅阿斯的后人；埃涅阿斯就是在特洛伊之劫中幸免于难的那位英雄人物。早期的罗马接纳了附近各个民族的移民，比如伊特鲁里亚人；罗马初期的一些国王，就曾由伊特鲁里亚人充任。从这种毫不起眼的局面开始，罗马逐渐发展成了一个拥有7 000万人口的强大帝国，将遥远北方的凯尔特人与东方的希腊人、阿拉伯人以及遥远南方的努比亚人归于一统。这些民族虽然继续使用各自的口语，却因处在一个皇帝治下，有着共同的律法和使用拉丁语而得到了联合。

帝国境内的众多行省和形形色色的民族，都由罗马帝国的公民身份维系起来了；这种身份不但赋予了那些生来就是罗马公民的少数精英更大的权利，而且给其他人带来了他们也可以获得那些权利的希望。生活在帝国某个行省境内的人，可以因忠于或者服务于帝国而获得奖励，被授予公民身份；比方说，在雇佣军中服役25年之后，退伍士兵就可以获得公民身份。当时的退伍老兵还会获得一种刻在铜板上的证书，然后带着证书前往获授的农场或者土地——这是退伍军人的另一项特权。

罗马士兵与当地神灵

兵役制度导致了大规模的人口流动——仅在不列颠一地，罗马帝国就部署了5.5万名士兵，其中许多人来自后来的德意志、尼德兰，甚至有一支来自遥远之地伊拉克的水兵部队。还有一个驻扎在不列颠的兵团，则由来自北非地区的奥勒良摩尔人（Aurelian Moors）组成。许多士兵都娶了当地女子为妻——尽管当局并不允许他们结婚。帝国的占领带来了文化融合，包括罗马神灵与（不列颠、高卢以及凯尔特人的）当地神灵相融合。例如，苏利斯（Sulis）本是巴斯的治愈之泉守护神，可人们后来认为，此神就是罗马的智慧女神密涅瓦（Minerva）。

身居高位的移民

当时在各地来去的，并非只有士兵。1901年，考古学家在英格兰的约克城［时称埃伯拉肯（Eboracum）］发掘出了一具年轻女子的骸骨。考古证据表明，此女生于北非地区。她被安葬在一具硕大的石棺（sarcophagus）里，有一些价格昂贵的物品陪葬，其中包括一对象牙手镯。很显然，她曾经是一位重要人物，公元4世纪来到了不列颠并在这里去世。到了此时，罗马帝国的一些最高职位已经向移民敞开了。早期的所有皇帝，全都出自如今的意大利；但

▼ **这面罗马盾牌（scutum）**是古罗马士兵所用盾牌唯一的一件存世样品。盾牌上绘有体现古罗马人胜利标志的一些元素，其中包括苍鹰和雄狮。

▼ **古罗马时期的提姆加德遗址**位于今阿尔及利亚境内。它们由图拉真皇帝建造于公元100年，是古罗马网格式城市布局的典范。当时修建的道路都呈直线，以便迅速抵达。

在公元98年，来自意大利迦（Italica，位于今西班牙南部）的图拉真成了帝国首位不是出身意大利的皇帝，而在公元193年至211年间统治帝国的塞普提米·塞维鲁（来自今利比亚），是第一位非洲裔罗马皇帝。后来还有统治者来自如今的英国、土耳其、保加利亚和约旦等地。

贸易提供了另一个机会，让当时的人可以在帝国内部进行游历和文化交流。古罗马人曾用大型贸易帆船将他们出产的葡萄酒运往地中海各地，而罗马城本身也进口过大量橄榄油，以至于泰斯塔乔山（Monte Testaccio）主要由当时盛放橄榄油的陶罐残存下来的碎片组成——这座人工山丘至今仍然保存于罗马市中心。

虽然大多数商贾都返回了他们的原籍港口，但也有一些人定居了下来。在英格兰东北部的南希尔兹（South Shields），来自遥远之地帕尔米拉（Palmyra，位于今叙利亚境内）的商人巴拉特斯（Barates）曾为其爱妻蕾吉娜（Regina）立了一座墓碑；蕾吉娜本是英格兰东南部的一名女奴，巴拉特斯让她获得了自由之身。碑文是用巴拉特斯的母语帕尔米拉语写的，内容为：“蕾吉娜，巴拉特斯的自由之妻，呜呼！”

那些被奴役者的生活与士兵、元老院议员或商贾的生活截然不同。战争中的俘虏常常被派到矿山或者大型农场去从事繁重的劳动。他们几乎没有机会返回家乡，因此有些人便与其他奴隶通婚，然后逐渐融入了罗马文化当中——比方说，来自希腊的医生就是如此；其中的许多人，都能够出钱买来自由之身。有些外国人群体，比如信奉女神伊西丝（Isis）的埃及祭司或者犹太人，却由于宗教信仰不同而始终游离于古罗马的主流社会之外，并且保持着他们自己的传统和语言。

基础设施和消遣娱乐

随着罗马帝国日渐发展壮大起来，已有的城镇也开始呈现出更多的罗马特色，它们兴建了一些罗马式的法院大楼、聚集在一座广场周围的长方形会堂、用于角斗表演的圆形竞技场，以及进行马拉战车比赛以供大众消遣的露天赛场。有些角斗士原本是奴隶，为了获得自由之身而战，还有一些角斗士则是希望赢得钱财的自由移民。战车车手盖乌斯·阿普莱厄斯·迪奥克莱斯（Gaius Apuleius Diocles）来自卢西塔尼亚（Lusitania，即如今的葡萄牙）；在20年的时间里，此人至少在竞技场上赢得了1 400场比赛，斩获了相当于今天1亿多英镑的奖金。

在气候较为炎热的东部，罗马人则修建了许多带有柱廊的街道来遮阴，比如在阿帕梅亚（Apamea，位于叙利亚

▲ **这幅公元2世纪描绘乡村生活的镶嵌画**出自乌提纳，那里曾是古罗马的殖民地，位于如今的突尼斯。乌提纳地处非洲西北部，出产小麦、橄榄油和葡萄酒并向罗马帝国部分地区出口。

◀ **这幅双层桨座船**（bireme，古代一种战船）的**细部图**，出自尼洛特人描绘埃及尼罗河泛滥场景的一幅镶嵌画。图中显示了一支具有多元文化特点的军队，由不同肤色的士兵组成。

境内）就是如此。他们还建造了一些供奉当地神灵的庙宇，比如贝尔（Bel）神庙（位于帕尔米拉）和朱庇特（Jupiter）神庙，以及供奉波斯神灵密特拉神（Mithras）的圣殿。

帝国的衰落

随着凯尔特部落入侵罗马（并在公元前390年洗劫了此城），随着达契亚人（Dacians）从如今的罗马尼亚发起一场场袭击并侵入帝国境内，早期的罗马经历了多次大规模的人口迁徙。然而，到公元3世纪的时候，这种入侵变得更加危险了；于是，罗马军队招募了大量的日耳曼雇佣军，以便防范后者的同胞越过多瑙河与莱茵河前来侵犯帝国。一些罗马公民变成了难民，纷纷抛下他们在各个行省的庄园宅第，回到了相对安全的意大利，或者迁往了帝国东部一些较为安全的省份。公元5世纪，一些群体为了躲避蛮族的进击而建立了威尼斯，在远离本土、有如迷宫一般的岛屿上找到了安全感；而在其他地方（比如不列颠），许多城镇则被彻底遗弃，人们也重新过上了古罗马时代以前的那种乡村生活。

公元476年，西罗马帝国土崩瓦解，帝国以前的行省落入日耳曼入侵者的手中之后，罗马的公民身份也终结了。这个幅员辽阔的帝国，曾经有无数士兵、商贾和朝圣者自由往来，将他们的文化、宗教和语言融合起来，如今已不复存在；不过，帝国的模式却存续了下来，启迪着未来的时代。

▲1942 年在英国萨福克郡米尔登霍尔附近出土的**“大盘子”**。它是公元 4 世纪米尔登霍尔珍品中的一部分，也是最宝贵的古罗马银器藏品之一。

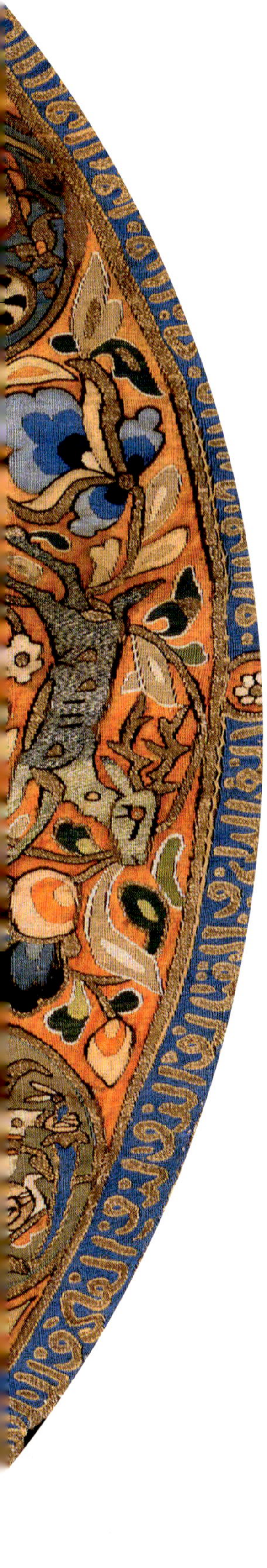

3

洲际接触

公元375年—1400年

洲际接触

公元375年—1400年

在公元375年到公元1400年的那一千年里，随着政权的兴衰更迭和人们长途跋涉于各个大洲之间，迁徙也以新的方式塑造了世界。中国的晋朝之所以在公元4世纪衰败，西罗马帝国之所以在公元5世纪崩溃，部分原因都在于它们无力吸纳一批又一批涌入的移民。在中部美洲（Mesoamerica），玛雅诸城邦被人们遗弃，出现了一种不稳定的局面，直到公元14世纪墨西加人（即阿兹特克人）以特诺奇蒂特兰为大本营建立了一个新的帝国才告结束。在欧洲，从公元8世纪起，来自斯堪的纳维亚半岛的诺曼武士便利用船只（和马匹），对罗马帝国灭亡之后兴起于欧洲的中世纪诸王国发动了长途奔袭。

在这一时期，随着犹太人遭到迫害和驱逐，被迫穿越众多国家，在东欧地区定居下来，宗教信仰也成了人们迁徙的一种动力。伊斯兰教在公元7世纪开始从阿拉伯半岛扩张之后，缔造了一个庞大的帝国，从亚洲中部一直延伸到了伊比利亚半岛。这种扩张将阿拉伯语和伊斯兰文化传播开来，促使移民与朝圣者在远至非洲西部、近至（一直延伸到了撒哈拉沙

东哥特国王狄奥多里克王宫里描绘的**拜占庭船只**（参见第 68 页—第 71 页）。

图为正在前往麦加的**马里君主曼萨·穆萨**（参见第 72 页—第 75 页）。

[他] 与所有同行者上了岸。然后他说："这里真美，我想在这里安家。"

—— 关于托瓦尔德·埃里克森（Thorvald Eriksson）的探险，《格陵兰人传奇》（*The Saga of the Greenlanders*），见于《平岛之书》（*Flateyjarbók*），约 1387 年

漠边缘的）马里等帝国的整个伊斯兰世界里不断迁徙。

许多群体曾经跋山涉水，长途迁徙。有些群落的迁徙过程和平无事，比如（波利尼西亚的）毛利人就是如此，他们在12世纪左右定居新西兰；还有（最初来自印度的）罗姆人，他们在15世纪到达了欧洲西部。其他一些群落的迁徙方式则较为暴烈，比如蒙古人；他们通过征伐建立了一个辽阔的多民族帝国，横跨亚欧大部分地区，用一支支由弓骑手组成的军队维系着统治。

到这一时期结束之时，商贾、移民和纯粹的游历者都往来于一条条完善的贸易线路之上，比如"丝绸之路"，而文化影响与人口也沿着这些商路传播了开来。一千年以来，人类的迁徙速度并没有出现太大的变化，人们的出行方式也是如此。然而，接下来的数个世纪却将开启一个规模空前的迁徙新时代。

维京人驾船越洋过海，前往不列颠群岛（参见第 88 页 — 第 89 页）。

基督徒在"第一次十字军东征"期间**屠杀犹太人**的情景（参见第 94 页 — 第 95 页）。

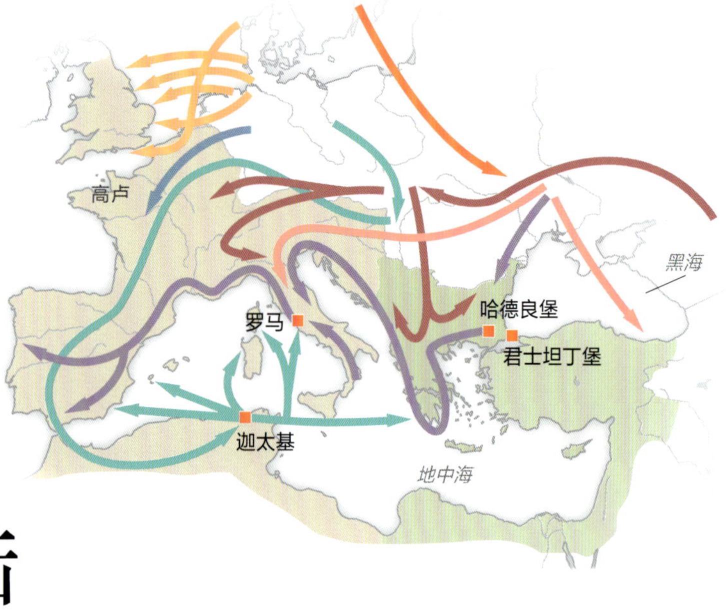

重塑欧洲大陆

大迁徙

在公元300年至公元700年的数个世纪里，欧洲大陆得到了重新塑造；当时，一批又一批迁徙部落从欧洲北部和俄罗斯大草原前来，在昔日的罗马帝国土地上定居。接下来，这些民族建立了一个个王国，奠定了后来欧洲各国（包括法国和西班牙在内）的基础。

进入帝国

从公元3世纪起，罗马人与帝国边疆的汪达尔人和哥特人等许多日耳曼部落缔结了条约。自公元1世纪以来，罗马军队一直在这些部落中征募士兵，条约则规定后者必须靠作战来换取食物和钱财。罗马帝国在公元4世纪开始陷入经济困境之后，那些士兵就获准在罗马帝国的土地上定居，以此来代替向他们支付报酬。随着罗马逐渐丧失政治掌控力，并且日益倚赖其军队，日耳曼士兵也发挥了越来越重要的作用。

沿着多瑙河定居在罗马帝国边境上的日耳曼诸族，很可能发源于斯堪的纳维亚半岛南部或者波罗的海沿岸地区。他们住在林中空地上建起的农耕小村落里，然后逐渐合并成了一些更大的部族联盟，比如阿勒曼尼人（Alemanni，意指“所有人”）和法兰克人。尽管日耳曼部落与罗马人缔结了条约，他们之间偶尔还是会爆发冲突。接下来，到公元4世纪70年代时，一种新的威胁又从东方而来：匈人是一群骑马的游牧勇士，他们进击日耳曼诸部族，将后者赶往了南方。哥特人是这些被迫迁徙的部族中的先头部队，他们越过多瑙河，向罗马帝国当局请求庇护。虽然获准进入帝国境内，但他们与罗马帝国地方官吏的关系却日益恶化，导致移民于此的哥特人爆发了起义。他们朝着君士坦丁堡挺进，公元378年在哈德良堡（Adrianople，今土耳其埃迪尔内）击溃了罗马军队，然后散布到了整个巴尔干半岛。公元410年，他们又在亚拉里克的率领下洗劫了罗马。后来，入侵意大利的这支哥特人被称为东哥特人，而继续西行进入今法国南部和西班牙的那一支，则被称为西哥特人。

罗马帝国边境的崩溃

到了此时，其他部落已经突破了罗马帝国的边疆。公元406年12月，日耳曼人中的苏维汇人、汪达尔人以及伊朗的阿兰人越过封冻的莱茵河，横扫整个高卢（即如今的法国、比利时、德国西部和意大利北部），进入了罗马帝国治下的西班牙。最后，8万汪达尔士兵及其家属又越过直布罗陀海峡进入了北非，在那里建立起了他们自己的王国。

由于此时已经不可能再固守边境，罗马人便开始允许以前被他们视为野蛮人的民族在帝国境内定居下来。通过一种叫作“客居法”（hospitalitas）的制度，西哥特人在高卢南部获得了土地，可他们的迁徙却并未就此停止。法兰克人征服了罗马帝国残余的高卢地区，将西哥特人赶过了比利牛斯山脉，导致后者进入了西班牙。

在意大利，统率罗马军队的日耳曼人奥多亚塞于公元476年自立为王，废黜了西罗马帝国的最后一任皇帝罗慕路斯·奥古斯都路斯。不过，此人在位的时间很短暂，不久之后就败于东哥特人的首领狄奥多里克之手；后者本是一位国王的儿子，曾

图例
向昔日的罗马帝国领土上迁徙
盎格鲁人、撒克逊人和朱特人
法兰克人
哥特人
东哥特人
西哥特人
匈人
汪达尔人
西罗马帝国
东罗马帝国

▲ **公元300年至公元700年间**，昔日的罗马帝国遭到了来自欧洲北部和俄罗斯大草原的日耳曼部落及其他民族的入侵。

▼ **西哥特人**在迁徙过程中，采用了罗马帝国的雄鹰标志。这枚西哥特胸针是用青铜和彩色玻璃制成的。

> 今汪达尔人……既为饥荒所迫，遂徙入［法兰克人之］国。
>
> ——普罗科匹厄斯，《汪达尔战记》（*De Bello Vandalico*），Ⅲ 3—7，约公元550年

◀ 这幅 19 世纪的木版画，描绘了**日耳曼部族法兰克人**在公元 5 世纪越过莱茵河进入高卢时的情景；当时的高卢是日渐衰落的西罗马帝国的一部分。

▼ 这幅 1873 年的木版画，描绘的是**汪达尔人、阿兰人和苏维汇人**为了找到肥沃的土地和更好的生活而在公元 5 世纪迁徙到罗马帝国治下的西班牙。

这是**公元 6 世纪**拉韦纳的新圣阿波利奈尔大教堂（Basilica of Sant' Apollinare Nuovo）里**的一幅镶嵌画**；该教堂由东哥特国王狄奥多里克修建，是其王宫里的礼拜堂。

在帝国东都君士坦丁堡做人质，并在那里接受了罗马式的教育。狄奥多里克试图将罗马的传统与东哥特文化融合起来，以便巩固他在意大利的权力，并且同化其手下的东哥特臣民。他还任用罗马官吏来掌管政府，比如哲学家波伊提乌。

新的文化

虽说在昔日的罗马帝国行省内定居之前日耳曼部族都住在小村落里，可此时他们开始喜欢上城市生活了。尽管哥特人和汪达尔人最初信奉阿里乌派——一种被主流基督徒视为异端的基督教派——但许多人都皈依了天主教。

在寥寥数代人的时间里，这些部落就开始同化了。他们皈依了正统的基督教信仰，他们的日耳曼语开始被罗马行省所说的一种拉丁语取代，后来这种拉丁语又逐渐演化成了西班牙语、法语和意大利语。然而，不列颠的情况却不一样。到公元5世纪中叶，当一船又一船盎格鲁人、撒克逊人、朱特人和弗里西亚人越过北海来到不列颠的时候，罗马帝国对那里的掌控早已土崩瓦解。随着新来的民族不断推进，罗马帝国治下的城镇几乎被彻底废弃了。拉丁语在这里成了纯粹的宗教和学术用语，而最终发展演变成英语的，则是新来民族所说的一种语言。

继续迁徙

欧洲西部刚刚开始形成一种由日耳曼与罗马文化相融合的新文化，就面临着一批又一批新移民带来的挑战。

东部的入侵者

公元 626 年，波斯人、阿瓦尔人和斯拉夫人围攻拜占庭帝国（东罗马帝国）的君士坦丁堡，但正如下面这幅 16 世纪的壁画所示，君士坦丁堡成功地守住了。其他游牧部落，包括保加利亚人和马札尔人，随后从东部草原进入中欧。马札尔人横扫欧洲，直到公元 955 年在莱希菲尔德（Lechfeld）大败。他们随后在如今的匈牙利定居下来。

▲ 公元 6 世纪，为了躲避阿瓦尔人，日耳曼部族**伦巴德人**往南逃到了意大利。国王阿吉卢夫（Agilulf，公元 590 年—616 年在位）头盔的这块碎片上，描绘了他坐在王座之上的情景。

在这批移民中，斯拉夫人是一个非日耳曼民族，很可能发源于今俄罗斯南部；他们在公元6世纪初开始越过多瑙河沿岸的边境地区，对东罗马帝国发动袭击。他们之所以能在公元6世纪初抵达伯罗奔尼撒半岛，是因为公元6世纪40年代一场瘟疫导致了帝国境内大片地区的人口锐减。尽管后来他们被击退了，但其他一些斯拉夫部族却在中欧和东欧的广大地区定居下来，包括如今的波兰、俄罗斯、克罗地亚和塞尔维亚。阿瓦尔人的到来，又加快了他们的扩散速度；入侵的阿瓦尔人是一个骑在马背上的游牧武士部族，他们在欧洲中部建立了一个帝国（以如今的匈牙利为中心），从公元560年开始，存续了大约250年之久。

意大利因为罗马再度被征服而承受了20年的战争，繁荣局面也遭到了重创；公元568年，当躲避阿瓦尔人进击的伦巴德人涌入这里时，意大利便经历了一场新的日耳曼人移民大潮。日耳曼人在那里建立了自己的伯国和公国；这一次，他们的统治者并没有试图采用昔日罗马帝国的统治方法。其间的延续性来自基督教会，因为教会为极具多样化的部族带来了一种团结意识；这些部族建立的国家，都随着迁徙时代在9世纪结束而发展起来了。

东哥特人凭借武力，侵入罗马帝国，占领了西班牙全境……

——普罗科匹厄斯，《哥特战记》（*De Bello Gothico*），Ⅲ 3—7，约公元 550 年

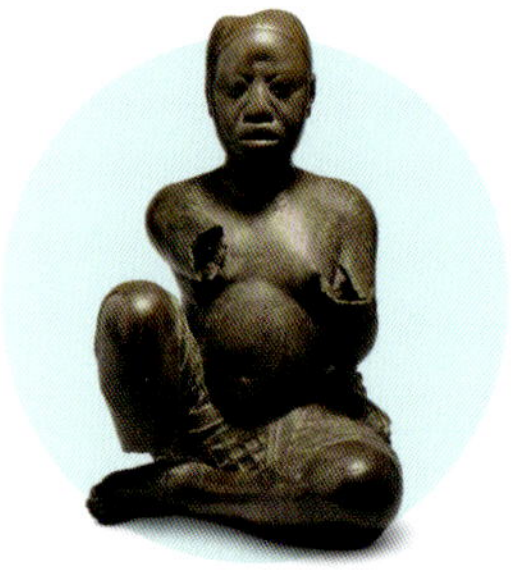

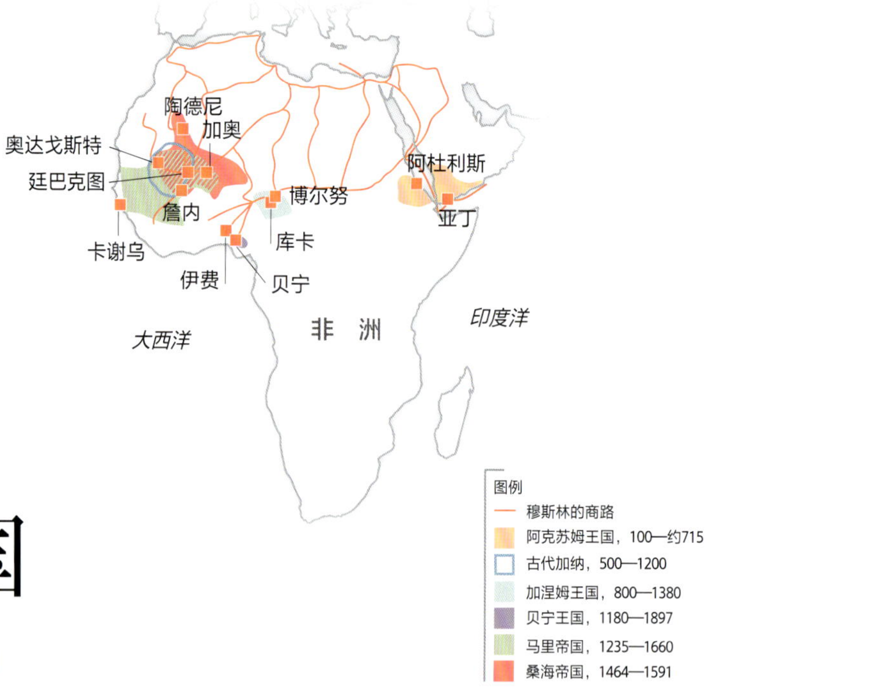

财富王国

中世纪非洲的帝国

▲ **这幅中世纪的非洲地图**，显示了主要王国和帝国的疆域和重要城市，包括早期的阿克苏姆王国和后来的马里帝国。

▼ **这尊雕像**源自13世纪末至14世纪，很可能产于尼日利亚的王城伊费。它是用法国运到非洲的粗铜制作而成的。

非洲撒哈拉沙漠以南多变的地形地貌，见证了无数帝国的兴衰沉浮。其中，许多王国都是由迁徙至非洲大陆各地的外来民族建立的，他们征服当地已有的族群，并且常常将其纳入王国的版图之内。这些实力强大的国家，几乎全都依靠与非洲大陆的丰富资源（包括金、盐和象牙）相关的贸易来支撑。各种各样的商贾群体，也给非洲大陆带来了新的思想，其中就包括传播到了非洲大部分地区的伊斯兰教。

权力、贸易与思想

阿克苏姆王国因其位于埃塞俄比亚高原上的都城而得名，到公元1世纪已是一个强国。它是地中海地区与印度之间那条商路上的一个文化交汇之地和贸易中心，出口的象牙、河马皮、金粉和乳香让王国的统治者变得富甲天下，建造了许多巨大的石柱。公元4世纪，阿克苏姆王国皈依了基督教。这种宗教沿着一条条商路从东罗马帝国传播而来，为阿克苏姆王国团结各个民族提供了一种手段；即便在公元6世纪末这个王国衰落之后，基督教也仍以埃塞俄比亚正统教会的形式存续了下来。

再往西去，以乍得湖为中心的加涅姆（Kanem）王国在公元9世纪之时正在繁荣发展着。这个王国由一个游牧民族联盟构成（其中有些民族是在公元8世纪撒哈拉地区变得干旱之后迁徙到该地区的），凭借着控制具有战略意义的贸易路线，以及控制奴隶（参见第84页—第85页）、可乐果与象牙等的出口而积聚了大量的财富。统治王国的塞法瓦王朝（Saifawa Dynasty）在公元11世纪皈依了伊斯兰教，后者是北非和中东地区的穆斯林商贾和传教士引入的。加涅姆王国内的大多数人纷纷效仿，到13世纪时也都皈依了伊斯兰教。该国的扩张时期在14世纪末结束了，当时内战与外族入侵迫使加涅姆王国的朝廷和民众都迁徙到了乍得湖的西部边缘。他们在新址上建立了

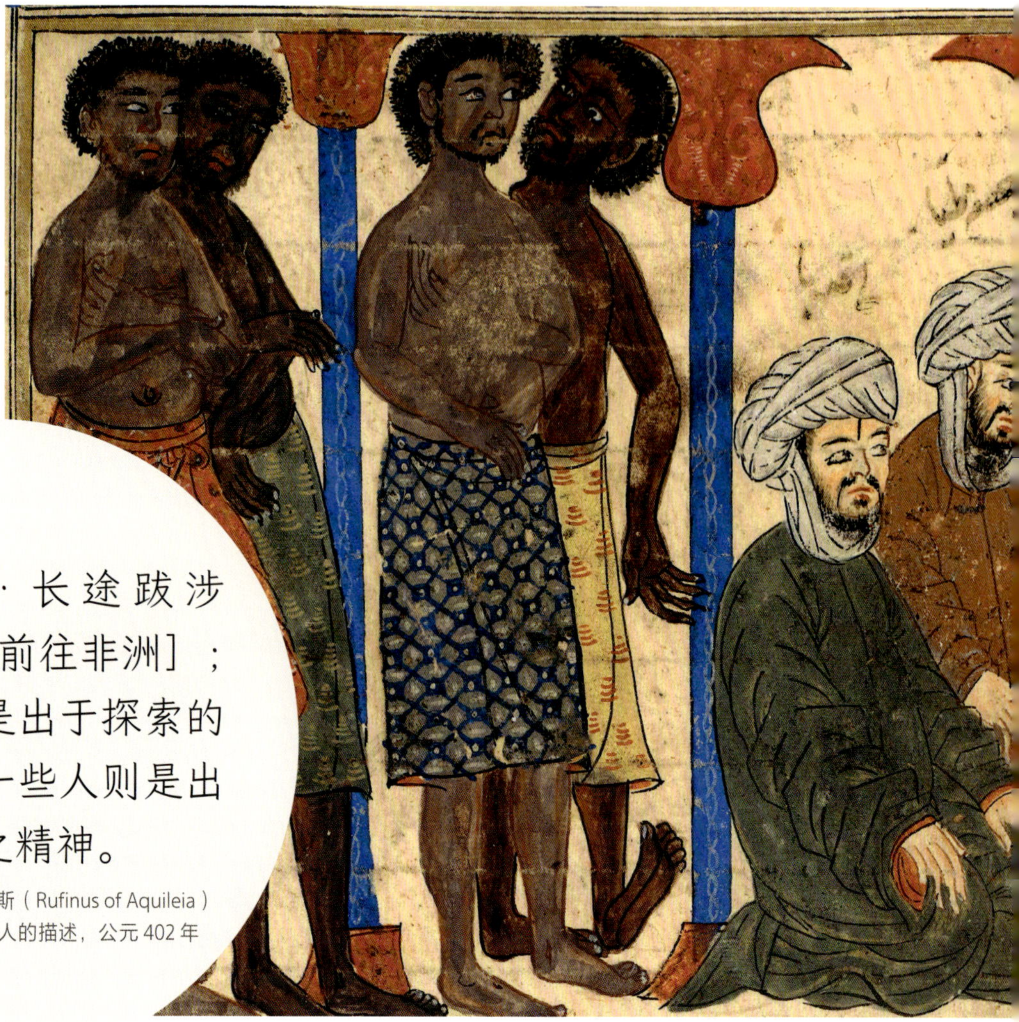

许多人……长途跋涉［从罗马帝国前往非洲］；其中有些人是出于探索的欲望，还有一些人则是出于商业进取之精神。

——阿奎莱亚的鲁菲努斯（Rufinus of Aquileia）对前往埃塞俄比亚的旅人的描述，公元402年

博尔努（Bornu），这个国家一直存续到了19世纪。

西非诸帝国

跨越沙漠的贸易（参见第84页—第85页），也在西非瓦加杜帝国（Wagadu Empire，位于今毛里塔尼亚、马里和塞内加尔境内）的建立过程中发挥了作用；该国根据君主的头衔，被称为“加纳”。这个帝国由索宁克人所建，他们在公元500年前后被柏柏尔游牧部落赶到了撒哈拉地区的西南边缘。它曾被公元770年前后的穆斯林天文学家法扎里（al-Fazari）称为“黄金之国”，后来发展成了一个实力强大的帝国，而其都城库姆比萨利赫（Kumbi Saleh）也逐渐被结成商队前来的穆斯林商贾伊斯兰化了。

到13世纪初已经成为该地区一个主要政权的马里帝国，也依赖于黄金贸易。该国位于南方的热带雨林和北非地区的伊斯兰国家之间，历代“曼萨”（mansa，即马里君主）对经过该国领土的货物征税，并且利用境内的加兰（Galam）和巴马科（Bambuk）等黄金矿藏丰富的地区来获利。商贾把北方的盐和奢侈品带到了他们的土地上，同时还带来了文化影响和伊斯兰教。

▶ **这件饰坠**由一只小鸟和两个鸟蛋组成（公元8世纪—11世纪），是尼日利亚伊博乌库（Igbo Ukwu）的能工巧匠用当时非洲、欧洲和中东地区商路上流通的金属和珠子制作而成的。

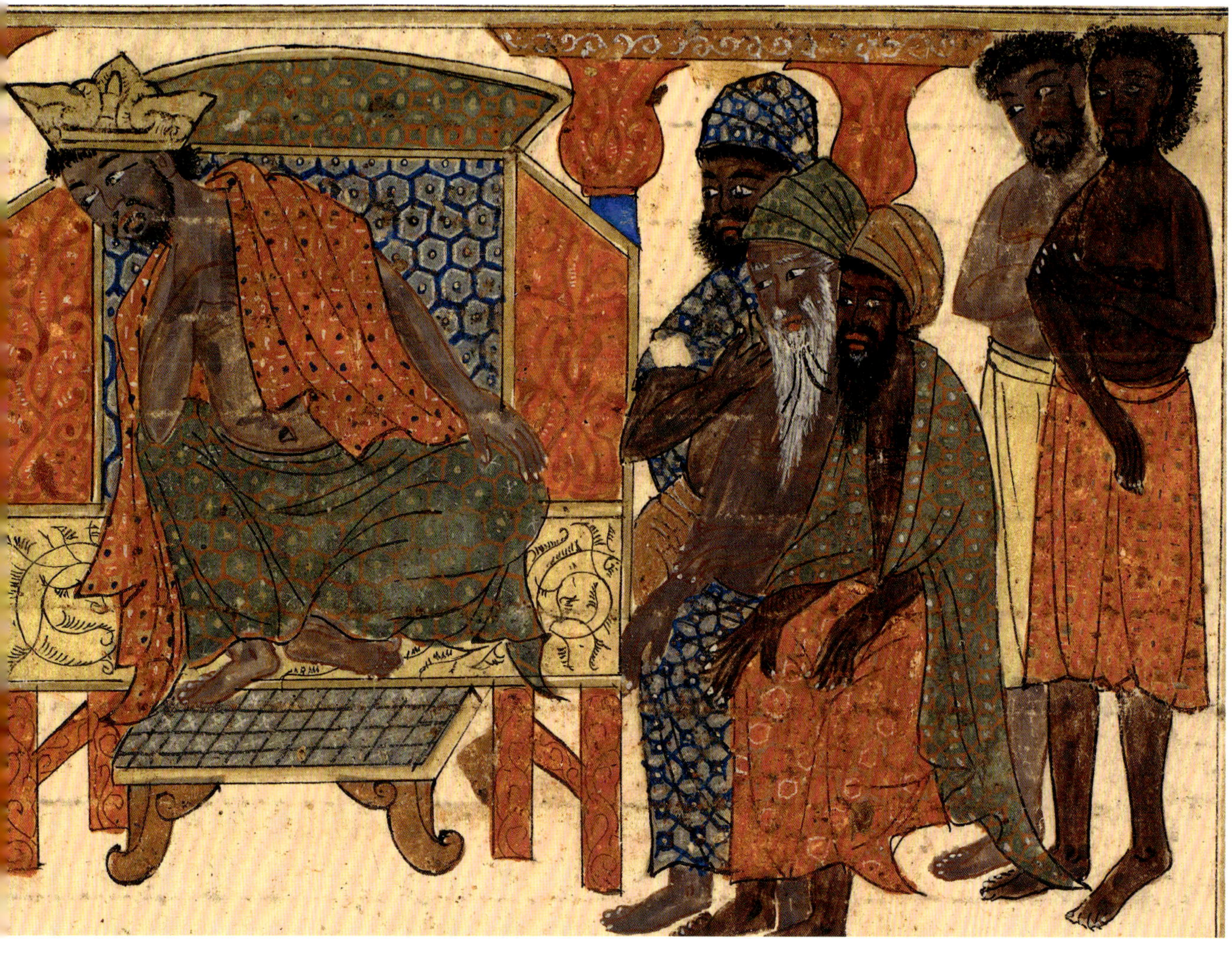

◀ **阿克苏姆国王**接纳了穆罕默德及其信徒，让他们在这个信奉基督教的王国里获得了庇护。此图出自拉施德丁（Rashid ad-Din）一份带有插图的手抄本，描绘了迫害者要求将他们交出来时遭到国王拒绝的情景。

市集以前位于比鲁［Biru］……来自各个部落和国家的精英学者、虔诚而富有的人都曾住在那里……后来，这些人都迁往了廷巴克图。

——阿拉伯穆斯林学者兼旅行家伊本·白图泰，《游记》（*Travels*），第4卷，第20页，约1354年

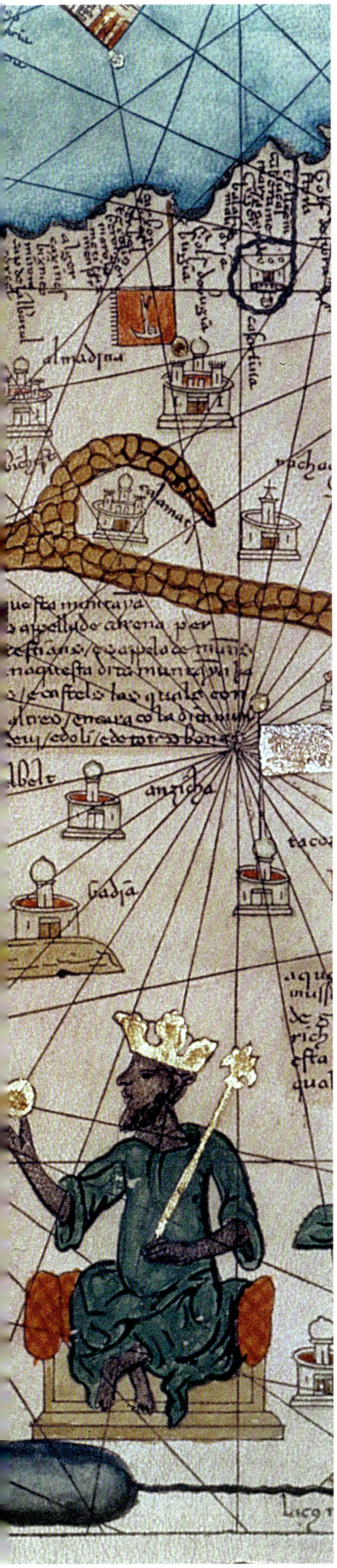

◀ **曼萨·穆萨**（1312年至1337年间的马里君主）前往麦加朝圣时炫耀过奢华无比的财富，给人留下了深刻的印象，因此1375年亚伯拉罕·克雷斯克斯（Abraham Cresques）在其《海图图集》（*Atlas of Maritime Charts*）中记录了这趟旅程。

▶ 建于贡贾（Gonja）王国（在今加纳境内）的**拉拉班加清真寺（Larabanga Mosque）**是西非最古老的清真寺之一。传说该寺是一位阿拉伯商人在1421年修建的。

北非地区的穆斯林学者和旅行家［比如1352年造访过这个帝国的伊本·白图泰（1304年—1369年）］对马里帝国的描述，透露出了该地区的贸易、人口和思想流动，以及廷巴克图作为一个伊斯兰学问中心和贸易中心的发展情况。马里最伟大的统治者曼萨·穆萨（约1280年—1337年）是一位虔诚的穆斯林，曾在1324年前往麦加朝觐，回国时不但带来了穆斯林学者、许多“圣裔”（先知穆罕默德的后裔）、诗人、建筑师，还带回了数千部书籍。

桑海帝国的首领们在15世纪从马里帝国中独立出来，继承了曼萨·穆萨在贸易和外交关系、宗教信仰以及学术方面的遗产。到16世纪时，廷巴克图已有多达2.5万名学者与弟子；他们来自中东、北非和西非地区，从事着宗教和世俗方面的研究。桑海帝国还利用一种新兴和不断发展的手稿与书籍贸易，将知识传播到了整个伊斯兰世界。

尼日尔河沿岸

跨越撒哈拉地区前往西非诸王国的贸易线路继续往南延伸，沿着尼日尔河，一直抵达了森林地区的各个帝国。在这里，贝宁王国等实力强大的国家和像伊费、伊博乌库之类的城市为跨越撒哈拉地区的贸易网络供应着象牙、玻璃珠子及复杂精巧的金属制品，而盐、铜和其他重要商品则源源不断地输送到了这些地方。

1489年葡萄牙商人到来之后，贝宁王国也开始开发海上商路，并且与欧洲国家建立了外交关系。贝宁商贾控制着从内陆到沿海地区的商品流通，用象牙、胡椒、艺术品——后来还有从敌对部落俘获的奴隶——交换枪支和贵金属等资源，尤其是换取黄铜与紫铜。这些金属都是以“曼尼拉”（manillas，一种手镯）的形式进行交易，变成了当时一种重要的国际货币。贝宁的金属工匠对“曼尼拉”的需求量很大，他们将“曼尼拉”熔化，然后铸造成精美的牌匾和雕塑。

改变均势

随着各国经由西非沿海与欧洲的联系日益增加，凭借跨越撒哈拉地区的贸易来支撑帝国的原有模式也开始改变。其中一个主要的因素，就是大西洋上的奴隶贸易增长了（参见第124页—第127页）；葡萄牙商贾在15世纪开启了这种贸易，打破了长久以来的均势。奴隶贸易让欧洲人和非洲一些帝国变得富裕起来，同时摧毁了其他的帝国；它催生了新的贸易路线，将大量的非洲奴隶劳动力和财富输送到了海外。

贝宁的铜匾

贝宁的宫殿中装饰着许多用黄铜和青铜制成的牌匾，讲述了这个王国逐渐发展的历史。许多铜匾上描绘的都是国王（Oba）及其随从。它们后来都被英国人从贝宁偷走了。

“大清真寺”遗址如今仍然屹立在基卢瓦（Kilwa），那是非洲东海岸昔日的一个斯瓦希里城邦。从公元9世纪前后开始，阿拉伯殖民者建立了这些沿海贸易中心，并且兴建了许多宏伟壮观的石屋和清真寺。

传播信仰

阿拉伯帝国

公元7世纪初，一群游牧部落和定居部落杂居在横贯阿拉伯半岛和叙利亚沙漠的广大地区，夹在西方日益没落的拜占庭帝国和东方的波斯萨珊王朝之间。这些部落并未形成中央政权，却因阿拉伯语以及他们拥有共同祖先的观念而团结在了一起。随着先知穆罕默德的影响和新兴的伊斯兰教传播到整个阿拉伯半岛，阿拉伯帝国开始形成，而到了公元750年，这个帝国便已横跨三个大洲。

伊斯兰教崛起

穆罕默德在公元610年前后首次获得了安拉的启示，并且开始在家乡麦加城（位于如今的沙特阿拉伯境内）附近传教。但结果表明，穆罕默德的布道在崇拜偶像的麦加并未受到人们的欢迎，因此公元622年，他便带着信徒迁徙到了“绿洲之城”麦地那。抵达之后，伊斯兰教开始在那里确立起不容置疑的权威，穆斯林与麦加人进行斗争，并且结成了部族联盟。

通过结合运用军事本领与外交手段，穆罕默德的信徒网络迅速壮大，而伊斯兰教随之传播开来。虽然社区中的民众并非必须皈依，成为穆斯林群体“乌玛”的一员，但人们都深为它提供的令人激动的机会所吸引。他们往往是以个人而非部族的形式成为穆斯林的。有些部落的标志（比如姓名）延续了下来，但其他一些方面，尤其是那些与穆罕默德的教义不符的方面，则逐渐消失了。

公元632年穆罕默德死后，称为“哈里发”的继任领袖将伊斯兰教的统治扩展到了今天的伊拉克、伊朗、叙利亚和埃及等地。经过一场战役之后，征服者定居下来，他们的家人不久后也加入进来，从阿拉伯半岛移居到新的领土之上。

文化融合

在叙利亚，穆斯林与当地人口比邻而居，二者说的都是阿拉伯语。大马士革在公元661年左右成了帝国的都城，而叙利亚的既有传统也与伊斯兰文化一起蓬勃发展。大马士革的倭马亚清真寺（亦称大清真寺，参见第80页）带有基督教建筑特征，就是这种文化融合的一个例证。

与此形成鲜明对比的是，伊拉克的穆斯林士兵及其家属却生活在巴士拉与库法两座驻军城市里，与当地居民不相往来。士兵们都有薪水可领，故他们没有去夺取当地居民的土地。埃及的情况也是如此：为了避免与当地精英阶层发生冲突，前去征伐的军队都兴建了驻军城镇。其中最著名的一座就是福斯塔特（Fustat），其遗址如今是开罗老城区（Old Cairo）的一部分。与伊拉克的情况不同的是，阿拉伯人在埃及一直属于少数民族，而伊斯兰教与阿拉伯语传播得也很缓慢。这个行省在早期的帝国里发挥的作用很有限。

随着穆斯林继续往东推进到伊朗高原，夺取了原本属于萨珊王朝的土地，波斯统治阶层中的一些人纷纷逃

▲ 穆罕默德死后，**伊斯兰世界**迅速从阿拉伯半岛扩张开来。帝国的发展，主要发生在四大哈里发（公元632年—661年）治下。

▼ **星盘**曾是伊斯兰天文学家普遍使用过的一种工具，主要用于航海。人们认为，这件“凯尔德星盘”（Caird Astrolabe，约1300年）是在法国按照伊斯兰天文学观念制作而成的。

▼ 公元636年，**穆斯林军队**在“耶尔穆克河战役”（Battle of Yarmouk）中获胜，从拜占庭帝国手中夺取了叙利亚，并将伊斯兰教带到了这个以前信奉基督教的地区。

凡皈依伊斯兰教者……当［如其他穆斯林］享同等之权利与义务，彼等亦须……视之为自身之一员。

——倭马亚王朝哈里发欧麦尔二世（公元717年—720年在位）

◀ 图中描绘的是**波斯科学家**纳西尔丁·图西（Nasir al-Din al-Tusi）在马拉盖（Maragheh，位于今伊朗西北部）天文台工作时的情景；这座天文台，是他在蒙古人的支持之下设计和建造而成的。

亡,令波斯的语言、文化与传统宗教得以存续下来。然而,在他们以前的领土上,伊斯兰教开始占据统治地位。

繁荣发展的帝国

在倭马亚王朝(公元661年—750年)治下,阿拉伯帝国的疆域达到了最大范围;倭马亚王朝的军队征服了北非,并且挺进到了伊比利亚半岛(参见第86页—第87页)。伊斯兰教的各种机构,都输出到了帝国的每一个角落。其中最重要的就是医院,它们多属非宗教机构,许多医院都对所有人开放。(伊拉克的)巴格达、(叙利亚的)大马士革和(埃及的)开罗等地都兴建了大医院,让伊斯兰医学知识得以传播开来。

其他的伊斯兰教机构,也随着伊斯兰教的传播而扩展到了帝国疆域之外。其中,就包括了“学习圈”(halqah,即围成半圆形的教学场所)和“经堂”(madrasa,即正规学校)。帝国境外的一些城市,比如西非地区的廷巴克图,则是声名赫赫的伊斯兰教育中心,吸引着帝国各地的学者前来。

就在学者们走出帝国边境的同时,许多人却从相反的方向前来。这些人都属于战俘,是在不断扩张的帝国边缘地区被俘的,然后被卖为了奴隶。许多人都被送到了阿拉伯半岛的中部,然后在奴隶市场上转卖。非洲一些非穆斯林地区的奴隶也源源不断,其中许多奴隶都被贩卖过了撒哈拉沙漠(参见第84页—第85页)。

▲ 人们在阿拉伯帝国各地都发现了**《古兰经》的早期抄本**。图中这一份出自公元9世纪末的埃及。它是用库法体(Kufic script)这种早期的书写形式抄写而成的。

奴隶对伊斯兰教的历史进程产生了重大影响,因为自穆罕默德那个时代以来,他们就是伊斯兰军队的一部分。公元9世纪,统治着帝国的阿拔斯王朝开始严重依赖于奴隶士兵,穆塔西姆哈里发甚至曾用奴隶组建自己的私人卫队。这些士兵大多来自突厥语游牧部落,被称为“马穆鲁克”,是在中亚的干旱草原上长大的。他们一般是被其他突厥语游牧部落俘虏,沦为奴隶,并被贩卖给了一些穆斯林头领。

突厥语民族接管

结果表明,使用受到奴役的突厥语士兵这种做法让阿拔斯王朝付出了高昂的代价。身为异族的马穆鲁克,除了彼此,对谁也不效忠;他们常常建立自己的王朝,掌管着自治程度日益增加的一些省份。伽色尼和马穆鲁克两个王朝都是这样开始的。随着突厥人不断入侵,阿拔斯王朝的威权逐渐衰落,最终在1258年蒙古人将其都城巴格达洗劫一空之后丧失了政治控制权(参见第96页—第99页)。

入侵的游牧民族虽然造成了大规模的破坏,但他们也对被征服民族的文化和宗教进行过保护和资助,建造了一些清真寺、宫殿和陵墓。比方说,蒙古人重建了城市,修复了灌溉工程,并且鼓励农耕。他们还兴建了天文台和图书馆。即便如此,他们也没有抛弃自己的游牧文化。在蒙古人的统治之下,畜牧业得到了促进,突厥语成了帝国军队所用的语言,而札撒(蒙古人的传统法令)也发挥着重要的作用。

◀ **这幅镶嵌画**出自大马士革倭马亚清真寺藏经堂的穹顶。这座清真寺建在一座基督教大教堂的旧址上,内部饰有拜占庭工匠制作的镶嵌画。

在这幅作于13世纪的细密画中，**一位阿拉伯医生正在为病人治疗**。它出自伊斯兰学者哈里里（al-Hariri）以阿拉伯帝国各地城市为背景创作的故事集《玛卡梅》（*Maqamat*）。

▲▲ **卡兹米耶清真寺**（Al-Kadhimiya Mosque）是16世纪初萨法维王朝的沙阿伊斯玛仪（Shah Ismail）下令建造的。奥斯曼帝国的苏丹苏莱曼大帝（Suleiman the Magnificent）在1534年后为这座清真寺增添过装饰。

▲ **流动咖啡摊**在巴格达随处可见；那里的第一家咖啡店，开设于奥斯曼帝国治下的1586年。图中用于给客人提供咖啡的金属阿拉伯壶（dallah），就起源于巴格达。

▶ **这幅巴格达地图**由生于16世纪的波斯尼亚博学大师马特拉奇·纳苏赫（Matrakçi Nasuh）绘制，此人以描绘当时奥斯曼帝国诸城和风景的精美细密画而著称。这种艺术形式，受到了波斯以宗教或者神话为主题的绘画的影响。

巴格达

伊斯兰黄金时代的瑰宝

到公元750年阿拔斯王朝从倭马亚王朝手中夺取了控制权的时候，阿拉伯帝国的权力中心已经转移了数次。此前的统治者将帝国疆域向西扩张到了整个北非地区，并且进入了欧洲，但军队主要由波斯人组成的阿拔斯王朝却将目光投向了东方。公元762年，阿拔斯王朝的第二任哈里发曼苏尔（al-Mansur）在美索不达米亚（今伊拉克）建立了一个叫作“马迪纳萨拉姆”（Madinat al-Salaam，即“和平之城”）的新都城，后来它被称为巴格达。

曼苏尔从阿拉伯帝国各地征召了10万名建筑师、工程师、测量员和工人，建造了这座城高墙厚的都城。巴格达刚好位于连接亚、欧两洲的“丝绸之路”上，因而很快变成了一个全球性的贸易中心。商贾们带着货物从亚洲各地来到这里，有些商人（包括印度的香料商、木材商和布匹商）则留在了巴格达。

学问中心

在阿拔斯王朝治下，巴格达变成了一个汇集伊斯兰学问的中心。穆斯林、犹太人和基督徒曾在“智慧宫”（Bayt al-Hikmah）里携手工作，研究数学、天文学、医学、地理和艺术，撰写学术著作，并且将希腊和罗马典籍翻译成阿拉伯语。由于有了造纸术，他们才能进行这种学术活动；造纸术是中国人发明的一种技术，波斯人将其传播过来，然后由阿拉伯人在巴格达进行了改良。

公元1258年，来自中亚地区的游牧民族蒙古人洗劫了巴格达，屠杀了大量市民之后，这座城市的“黄金时代”便告结束了（参见第96页—第99页）。1534年奥斯曼帝国入侵，拆毁了巴格达剩下的圆形城墙，后来对其中的建筑进行了现代化。

第一次世界大战期间，英国人从奥斯曼帝国手中夺取了控制权，并在1921年将巴格达定为新成立的国家伊拉克的首都。随着人们为了改善生活而从农村涌入，巴格达的人口曾急剧增长。到了20世纪，巴格达的犹太人口大幅减少，而在海湾战争开始之前，许多外籍阿拉伯人也离开了巴格达。由于伊拉克战争，巴格达的大部分城区都被毁掉了，但目前人们正在努力修复那里的基础设施，恢复那里的秩序。

文化影响

波斯移民

巴格达因为建有环形的防御城墙而一度被称为“圆城”（the Round City）。这种布局源自萨珊王朝，表明了波斯人对阿拔斯王朝的影响。波斯的许多穆斯林在朝圣期间都曾在此城逗留，其中有些人变成了城中的居民。波斯人还修建了连接底格里斯河与幼发拉底河的运河系统。

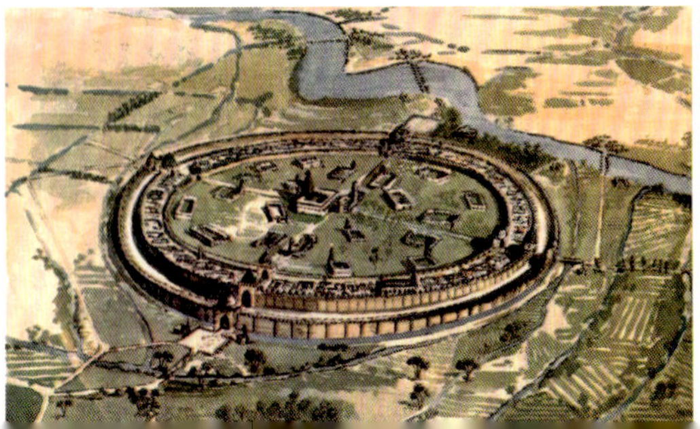

犹太社群

巴格达大犹太会堂（Great Synagogue of Baghdad）是世界上历史最古老的犹太会堂之一。曼苏尔哈里发把其新城建在一个有几座犹太村落的地方，并且允许犹太定居者留下来。到11世纪时，巴格达的犹太区（Dar al-Yahud）生活着大约4.5万名犹太人。自20世纪50年代以来，该城的犹太人口已经逐渐减少。

东方基督徒

侯纳因·伊本·伊斯哈格（Hunayn ibn Ishaq）是公元9世纪一位博学多才的景教基督徒，堪称阿拉伯医学的鼻祖。他将许多重要的希腊典籍（其中包括柏拉图的著作）翻译成了叙利亚语和阿拉伯语。阿拔斯王朝的历代哈里发，也曾雇用景教基督徒当他们的私人医生。东方基督教派信徒也是如今巴格达一个重要的宗教少数群体。

> 巴格达居伊斯兰教之中心，乃一座幸福之城……城中所见，皆为世间之至善……
>
> ——阿拉伯地理学家穆卡达西（al-Muqaddasi），《地域知识》（*The Best Divisions for Knowledge of the Regions*），10 世纪

印度学者

巴格达“智慧宫”里的学者当中，曾有阿拔斯王朝历代哈里发邀请来的印度人，他们将梵文典籍——尤其是医学、算术和天文学领域的典籍——翻译成了阿拉伯语和波斯语。阿拔斯王朝还招募了一些印度医生，在他们的医院里践行阿育吠陀（Ayurvedic）医学（一种传统的治疗学）。

奥斯曼土耳其区

位于巴格达市中心的**拉希德街**（Al Rasheed Street）上有该市的金融区、众多的政府大楼，以及出售铜、纺织品和黄金的市场。1916 年甫经奥斯曼土耳其人建成，它就成了巴格达老城区里第一条现代化的街道。4 年之后，那里又成了人们举行抗议活动反对英国占领的地方。

亚美尼亚人的信仰

这座教堂位于巴格达的卡拉达（Karrada）区，那里是一个亚美尼亚基督徒和穆斯林的混合聚居区。亚美尼亚人自该城始建以来就居住在城中，但如今的亚美尼亚人大多属于 1915 年亚美尼亚大屠杀之后的移民留下的后裔。

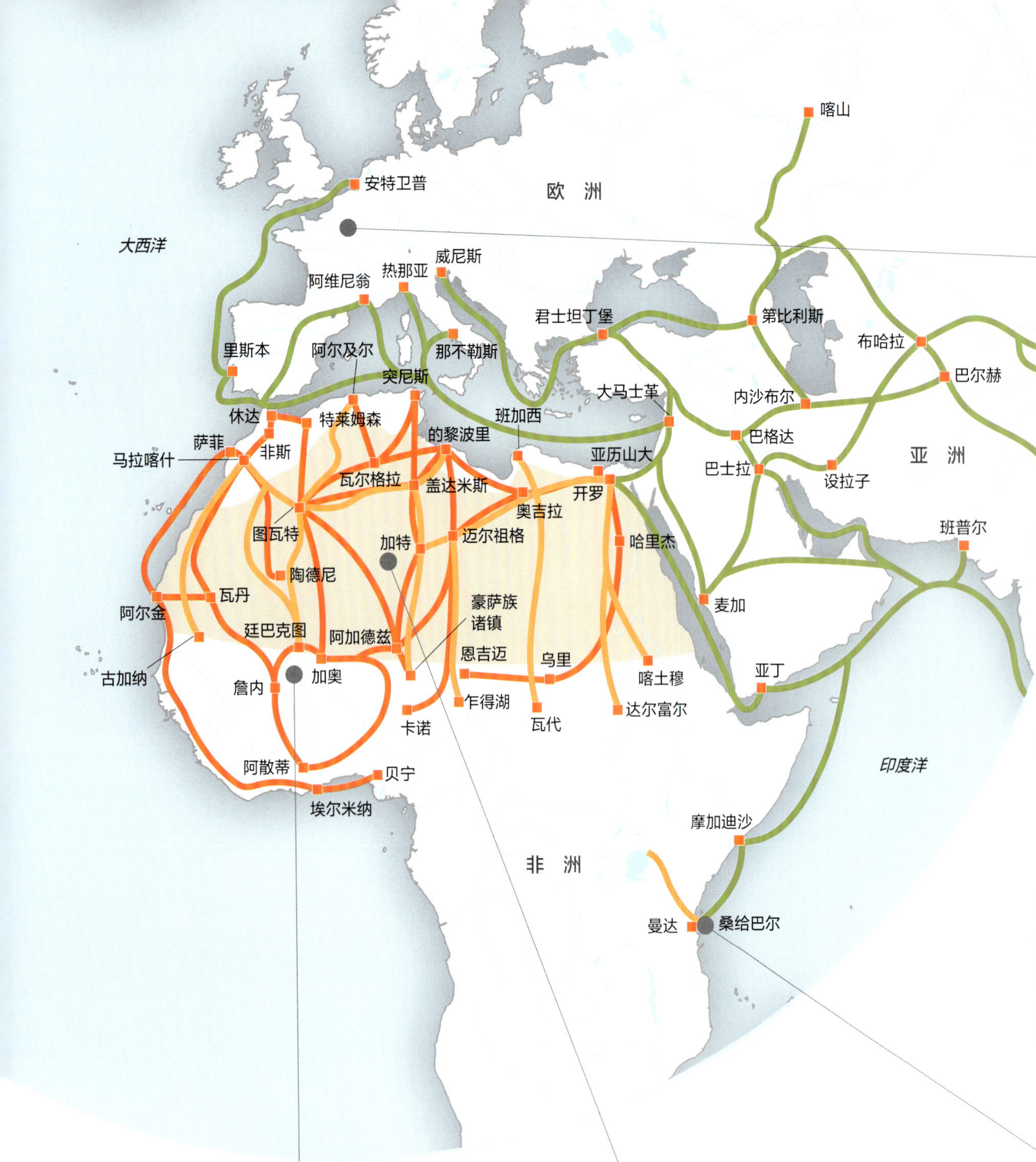

▲ **非洲的象牙**曾被售往欧洲国家，用于制作钢琴琴键、装饰品和雕像，比如图中法国人雕刻的这尊圣母马利亚像。

穿越沙漠的商路

商贾们曾经从西非地区启程，带着黄金、盐和其他商品穿越撒哈拉沙漠。其中还有非洲奴隶，他们被送到阿拉伯人统治的地区，然后被带到沿海贩卖给欧洲人，再被运往欧洲人的殖民地。

▲ **产自西非地区的第纳尔（dinar）金币**曾经跨越撒哈拉沙漠，用于交换盐和其他需求量大的商品。

▲ **图阿雷格族艺术家会制作精美的骆驼鞍座**，比如图中的这一件。自公元200年以来，骆驼的广泛使用促进了撒哈拉地区内外的贸易。

▲ **桑给巴尔岛**曾是东非地区最大的奴隶市场所在地。这座受害者纪念碑坐落于以前的奴隶市场旧址上。

越过大沙漠

跨越撒哈拉沙漠的贸易

自史前时期开始，货物、人口和文化就越过环境恶劣的撒哈拉沙漠而流动了。来自北非地区的民族，包括柏柏尔人和图阿雷格人，以及富拉尼人、班巴拉人和索宁克人等来自西非地区的民族，曾经率先在这一地区进行贸易。公元7世纪阿拉伯人为了传播伊斯兰教而进入北非之后，贸易活动也随之增加了。当时，阿拉伯人还在寻找西非沿海地区蕴藏的大量黄金。

穿越撒哈拉沙漠的迁徙

为了垄断贸易，阿拉伯商人和柏柏尔商贾曾在萨赫勒安顿下来。比如说，许多商贾都迁往了加纳帝国的首都库姆比萨利赫（参见第72页—第75页）。他们在那里远离当地居民，住在专门的商业区里。尽管如此，他们还是让许多当地人接受了伊斯兰教，并且在加纳帝国皈依伊斯兰教的过程中发挥了关键的作用。从7世纪到11世纪，跨越撒哈拉沙漠的贸易既把黄金带给了地中海上的欧洲商贾，也带回了撒哈拉地区的盐（它是一种重要的防腐剂）。

随着贸易线路逐渐发展起来，商贾就不再是越过撒哈拉沙漠进行迁徙的唯一群体了。犹太人大力投资于贸易，也从摩洛哥来到了萨赫勒。还有来自伊斯兰世界的学者，比如安达卢西亚建筑师阿布·伊沙克·易卜拉欣·沙希利（Abu Ishaq Ibrahim al-Sahili），则在廷巴克图这个赫赫有名的学术中心定居了下来。

人口贸易

迄今为止规模最大的跨沙漠移民，无疑与跨越撒哈拉沙漠的奴隶贸易有关；为了满足北非、中东地区以及欧洲对劳动力的需求，奴隶贸易应运而生。随着非洲诸部落被撒哈拉沙漠以南一些实力更加强大的帝国征服，许多部落成员也被掳走并被贩卖给了阿拉伯或者非洲的商贾，以换取黄金、盐、象牙或其他商品。对于那些奴隶而言，穿越撒哈拉沙漠是一趟致命的旅程。这趟旅程需要差不多70天，其间饮水稀缺。有四分之三的奴隶，都因口渴、饥饿、患病或者体力不支而死在了途中。幸存下来的奴隶则被带到伊斯兰地区中部的市场上，再在那里被转手卖掉。

年少的男性奴隶还面临着更多的危险。由于当时太监被广泛用于行政管理和监管后宫（或者说女性的私密生活区域），而太监的售价也很高，所以少年奴隶有可能遭到阉割。有高达九成的人因阉割手术不成功而死去。女性奴隶的需求量最大，她们常常变成了家仆，也可能被选去后宫当娼妓或者小妾。这种情况，有时会让女奴及其子女在伊斯兰社会中获得一定程度的接纳和社会流动性。例如，开创了“伊斯兰黄金时代”的哈伦·拉希德（Harun al-Rashid）哈里发的母亲就曾是一名女奴，但她后来能对国家事务施加重要影响。

在公元650年至1600年间，约有500万人口经由6条主要路线被贩卖，也就是平均每年约5 000人。在接下来的3个世纪里，有250万名奴隶跨越撒哈拉沙漠，被贩卖到了阿拉伯半岛，直到20世纪奴隶贸易才彻底终结。

▼ **骆驼运送着盐等商品**穿越撒哈拉沙漠。盐曾是北非地区一种珍贵的商品，因而很值钱。骆驼是沙漠地区理想的运输工具，因为它们可以在不喝水的情况下坚持数天之久。

▼ 这幅19世纪的画作，描绘了**奴隶**被押送着穿越撒哈拉沙漠时的情景。这趟旅程既漫长，又危险重重。

《国际象棋、骰子与桌面游戏之书》（*The Book of Chess, Dice and Board Games*）成书于 13 世纪的西班牙，描绘了基督徒、阿拉伯人与犹太人和平共处的情景。

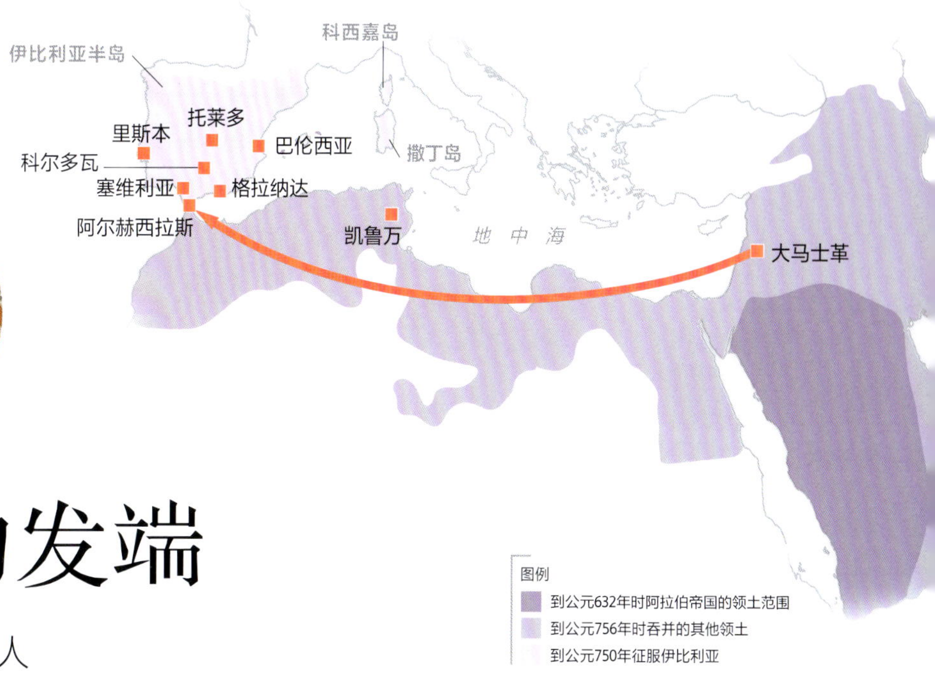

黄金时代的发端

安达卢斯的摩尔人

公元711年，倭马亚这个来自叙利亚的阿拉伯帝国王朝越过直布罗陀海峡，侵入了位于伊比利亚半岛上的西哥特王国。他们不久后就杀死了该国的国王，并且到公元720年时已经征服了半岛上的大部分地区。他们把自己即将统治的这个地区称为安达卢斯（即安达卢西亚）。

阿拉伯人率领的这支穆斯林军队，主要由北非民族柏柏尔人组成。征服了西班牙之后，这些入侵者（被称为“摩尔人”）便在那里定居了下来。起初，穆斯林只占安达卢斯人口的1%，但他们属于少数民族之列的时间并不久。公元740年，1万多名叙利亚人来到了此地，而从8世纪到12世纪，柏柏尔人也从北非地区源源不断地涌入了这里。

摩尔人统治之下的生活

安达卢斯的社会，根据宗教信仰分成了不同的层级。穆斯林属于最高阶层，尽管并非所有穆斯林都受到平等的对待。阿拉伯人地位最高，接着是柏柏尔人，然后是“穆瓦莱敦”（muwalladun，即皈依了伊斯兰教的基督徒）。最底层的则是“受保护民”（dhimmis，包括犹太人和基督徒），他们被当成二等公民。尽管如此，伊斯兰教对待宗教少数群体其实是非常宽容的。只要接受穆斯林的统治，“受保护民”就可以保有自己的宗教信仰，可以接受教育，并且可以从事任何职业。还有证据表明，当时政府允许他们跟穆斯林结婚。穆斯林统治开启的那种多元文化主义，也对伊比利亚半岛上仍然处于基督教控制之下的部分地区产生了影响。

科学与艺术在安达卢斯蓬勃发展了起来。征服者带来了阿拉伯数字、几何学、希腊哲学和乌得琴（oud，一种类似于琵琶的乐器）。他们优先考虑培养民众的读写能力，修建了许多公共图书馆；据称，科尔多瓦的图书馆曾经藏有60万份手稿。摩尔人还吸取了西班牙文化中的一些元素，科尔多瓦附近的皇城麦地那扎赫拉（Madinat Al-Zahra）以精细的编织技术生产的丝绸就证明了这一点。

基督教卷土重来

从11世纪初开始，相互敌对的穆斯林派系之间的内战让安达卢斯变得四分五裂了。到1031年的时候，安达卢斯已经分裂成了好几个半独立的国家。由此带来的动荡局面，导致边界不断地变化。穆斯林突然发现，他们竟然生活在一座座信奉基督教的城市里；而那些从北方基督教地区而来的人，则开始定居于原来所属国家边境以外的地区。在这个动荡不安的时期里，穆斯林统治者废止了“受保护民”一度拥有的许多权利，有些穆斯林还对犹太人进行过迫害。1066年，一群摩尔人曾经大肆屠杀格拉纳达的大部分犹太人，受害者约有4 000人。

到了15世纪，基督徒已经重新获得了伊比利亚半岛的控制权。摩尔人被赶出了半岛，但他们的影响延续了下来。如今，像阿尔罕布拉宫之类丰富多彩的建筑，位居西班牙最重要的遗产之列。穆斯林引入的甘蔗、无花果和巴旦杏等已经成为那里的重要作物，而西班牙语也吸收了阿拉伯语中的4 000多个单词和短语。

▲ **摩尔人**曾经席卷北非地区的马格里布，然后越过直布罗陀海峡，扩散到了伊比利亚半岛各地（即如今的西班牙和葡萄牙）。

▼ **科尔多瓦清真大寺（后来的基督教升天圣母大教堂）**本是一座清真寺，建于公元785年，它将摩尔人建筑中的显著元素（如图中这些马蹄形拱顶）与早期罗马和西哥特建筑遗留的特点结合了起来。

▼《圣母马利亚歌曲集》（*Cantigas de Santa Maria*）中的一幅插图，描绘了**穆斯林征服者**（骑着马）和戴着镣铐徒步前行的基督教战俘；此书是13世纪的一部歌曲集，据说由卡斯蒂利亚与莱昂国王阿方索十世所撰。

掠夺者、商人与殖民者

欧洲和北大西洋上的维京人

诺曼人是生活在斯堪的纳维亚半岛上的一个民族。其中有一部分人的本职是农民，可他们的举止却像是士兵，这就是“维京人”。他们并不自称“维京人”，是后来自公元8世纪末开始遭到他们袭击的其他民族那样称呼他们的。维京人起初是一个从事农耕和捕鱼的民族，斯堪的纳维亚半岛蜿蜒曲折的海岸线和众多岛屿让他们变成了十分专业的水手，建造了一艘艘长船；这种船吃水浅，能够在浅水区航行并且溯河而上。

随着部落合并成了一个个王国，斯堪的纳维亚半岛上的政局很不稳定；随着人口增长，那里的土地开始变得不足；欧洲富庶的西北部极具吸引力，为那些雄心勃勃的商贾和投机取巧的劫掠者提供了目标。这些因素导致维京人勇敢地走出了斯堪的纳维亚半岛。

从劫掠到殖民

维京人的第一次小规模袭击发生在公元793年，针对的是英格兰东北部那座富有的林迪斯法恩（Lindisfarne）修道院；但自此以后，维京人便开始大批前来，不但在那里过冬，还将他们的劫掠范围扩大到了苏格兰、爱尔兰和法国。自9世纪40年代和60年代起，他们分别开始在爱尔兰和英格兰定居下来，瓜分土地、建立农场。虽然我们并不清楚当时有多少维京人来到了这里，但在英格兰北部与苏格兰部分地区的人口中，斯堪的纳维亚人DNA的占比却相当高（在奥克尼群岛竟然高达30%），从而说明随着时间的推移，可能有2.5万至3万名维京人在不列颠定居了下来。DNA分析还表明，建立定居地之后，抵达这里的维京人中可能就有妇女儿童了。

从苏格兰诸岛和法罗群岛出发，维京人深入北大西洋进行探险。公元874年前后，诺曼领袖英格尔夫·阿尔纳尔松率领一支船队抵达了冰岛。由于那里没有土著人口，他们就沿着土地肥沃的沿海地区自由定居了下来。

深入北大西洋

不到30年，冰岛的优质土地就被瓜分一空。各个家族之间经常因为边界争端而爆发冲突。在公元980年左右发生了这样的一场冲突之后，“红发埃里克”率领一些船只继续往西航行。他一路来到了格陵兰岛，在那里建立了一个小小的维京人殖民地。埃里克的儿子莱夫从那里出发，抵达了北美洲；尽管传说他在那里建立了一个小定居点，可他后来却返回了格陵兰。

维京人在格陵兰岛上建立的那个殖民地，最终也消失不见了——究竟是因为疾病还是因为遭到了土著民族袭击，我们如今不得而知。在其他地方，维京移民则留了下来，他们的后代也逐渐融入了英格兰北部、苏格兰、爱尔兰和法国诺曼底等地区的人口之中。在以“-by”结尾的英国地名、源于诺曼语的“天空”（sky）等单词以及现代居民的DNA当中，都可以看到维京人存在的证据。在冰岛，他们建立了一个新的诺曼社会。直到最近，那里大多数人的血统都可以追溯到《殖民之书》（*Landnámabók*）中的人物身上；这本书是记载最初那些维京殖民者经历的早期文献。

▼ **这顶维京头盔**的历史，可以追溯到10世纪。维京人作战时，都披着坚固的铁制盔甲来保护自己的身体。

▼ **这幅中世纪的维京船只画作**绘制于大约公元1130年，描绘了维京人对不列颠发动的一次袭击。维京人驾驶着坚固的、能够经受狂风巨浪的长船来去。

维京人的世界

有了可以在大洋上航行的船只之后，维京人就能够为了寻找新的土地和贸易机会而远航了。起初，他们控制了波罗的海沿岸，征收琥珀、蜂蜡、鱼类、象牙和毛皮等贡品。丹麦人和挪威人则凭借快速和操作灵活的长船，充分利用了法国、英格兰和爱尔兰的弱点对其发动进攻。

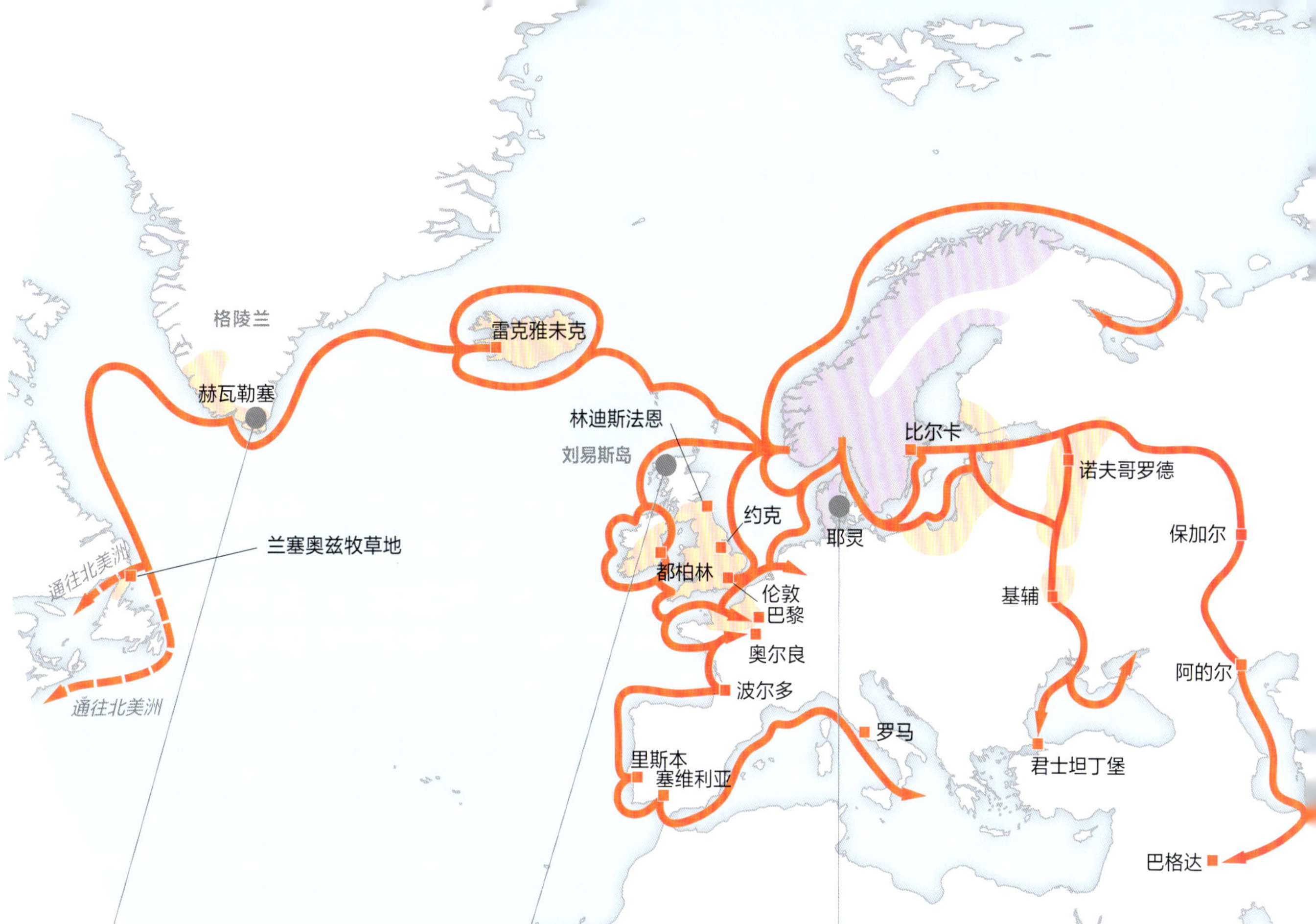

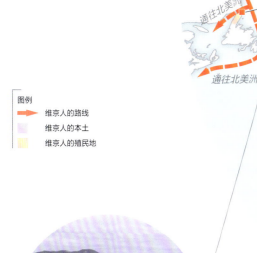

▲ 格陵兰岛上12世纪维京人定居地一座**天主教堂的遗址**。大多数诺曼人在10世纪至11世纪之间皈依了基督教。

▲ 在苏格兰刘易斯岛上发现的**“刘易斯西洋棋”**是如今存世的非凡证据，表明了12世纪诺曼人的兴趣爱好。

▲ **这只10世纪的银杯**出自丹麦的耶灵（Jelling），其中所铸的这种动物图案对维京人殖民之后的不列颠艺术产生了影响。

维京人治下的约克

维京人统治了英格兰的约克大约80年之久，直到10世纪中叶；当时，他们称之为“约维克”（Jorvik）。考古学家在市中心发现了一个繁荣兴旺的维京人群体留下的痕迹，表明工匠们曾经在狭窄简陋、由柱子和板条搭建的作坊里生产玻璃珠子、皮革制品及金银珠宝。如今约克城里的许多街道仍然以古诺曼语中的“-gate”（意思就是“街道”）为后缀，比如“科珀盖特”（Coppergate），那里曾是制杯工匠聚居的一条街道。

《萨克森明镜》（Sachsenspiegel）是 13 世纪初**一部**用德语编纂而成的**法典**。这幅插图描绘了推选国王的过程。

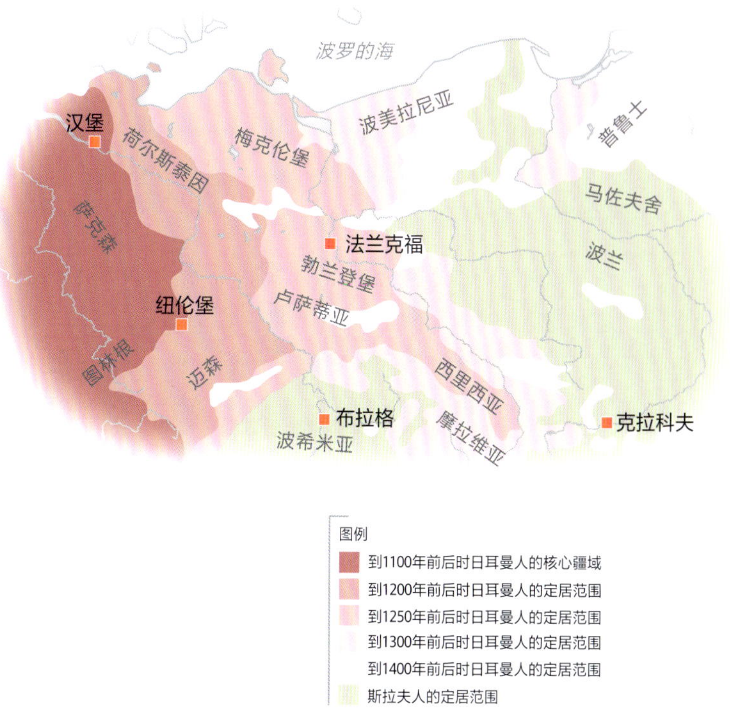

日耳曼东进

中世纪日耳曼人的殖民地

▲ 公元1100年前后至1400年前后，**日耳曼人**日益往东**殖民**，进入了以前斯拉夫民族居住的地区。

▼ **"汉萨同盟"**是由欧洲北部的城镇与商贾行会组成的一个联盟。它从12世纪末开始垄断整个地区的贸易，时间长约300年之久。

从10世纪到14世纪，为了寻找耕地，一批又一批日耳曼农民往东迁徙到了欧洲各地，与之同行的还有常常以武力来开辟新领地的贵族和骑士。史称"日耳曼东进"（Ostsiedlung，即"往东殖民"之意）的这场运动，改变了中欧大部分地区的民族结构。

随着这些殖民者向人口较为稀疏的地区扩张，他们兴建了许多的农场、村落和城镇。在勃兰登堡和萨克森两地（位于如今德国境内），斯拉夫人一度属于占主导地位的民族，此时绝大多数人却说日耳曼语了。再往东去，等矿工们前往开采刚刚发现的丰富银矿、煤矿和铁矿之后，日耳曼人的飞地便如雨后春笋一般，在斯拉夫人占主导地位的波兰、塞尔维亚和斯洛伐克等地区纷纷涌现出来。

有些情况下，东进运动是在那些被称为"勘探者"（locator）的殖民机构的鼓励下进行的；后者曾经招募农民加入这场大迁徙。在其他情况下，整村整村的农奴（即被束缚在某座特定庄园里的农业劳动力）之所以背井离乡，则只是为了寻找一种较自由的生活。移民们开辟了新的地区，尤其是在德意志南部那些森林茂密的土地上，他们开垦出了农田和可以长久耕作的地块；最终，这些地区都将发展成大型城镇，比如纽伦堡（建于1050年前后）。

宗教与抵抗

在一些既有的城镇里，比如匈牙利的塞克什白堡，日耳曼人则被安排到分配给他们的郊区去居住（1249年），他们在那里与原有居民一起生活得相安无事。但在其他地方，他们却遭到了抵抗。宗教是当时人们进行迁徙的一个重要因素——罗马天主教会曾经推动东欧地区的异教群体皈依基督教，必要之时就会使用武力，并且把说日耳曼语的基督徒的迁徙视为实现这个目标的一种手段。

但是，东部的许多土著民族——统称为文德人的斯拉夫民族——却拒绝皈依基督教。1147年教皇尤金三世对他们发动一场"十字军东征"之后，奥博德里人（Obodrite，一个文德人族群）的领袖尼克洛（Nyklot）奋起反击，袭击了该地区的基督教日耳曼殖民者。这场"十字军东征"，在12世纪80年代以幸存的文德人逃往东方而告结束。13世纪接着进行的历次"波罗的海十字军东征"则赶走了普鲁士的土著居民；不过，尽管经历了多年基督徒发动的战役，立陶宛、拉脱维亚和爱沙尼亚等地的土著民族仍幸存了下来。

迁徙留下的遗产

随着日耳曼商贾遍布欧洲各地，他们确立了种种贸易联系，比如曾经垄断了波罗的海各地贸易的"汉萨同盟"。他们兴建的木制房屋，如今仍然屹立在波罗的海地区和德国北部的许多城镇里，成了这些贸易群体曾经存在的证据。到13世纪时，日耳曼东进运动的速度有所放缓，尽管当时的殖民者继续向外扩张，远至俄罗斯的伏尔加地区。几个世纪之后，纳粹党曾经企图把这些移民纳入一个更大的德意志帝国（Reich）当中，但后来德裔侨民（Volksdeutsche，即有日耳曼血统的人）被迫迁回了德国。

▼ **纽伦堡城**发展成了中世纪一个重要的贸易中心。这幅木刻版画选自《纽伦堡编年史》（*Nuremberg Chronicle*），它是15世纪一部带有插图的基督教世界史。

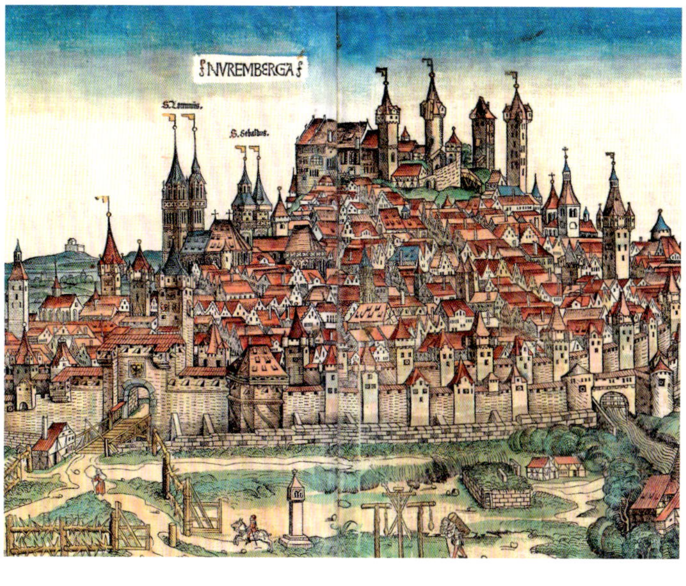

改变命运

中世纪欧洲的罗姆人

▲**罗姆人**发源于印度，经由中东地区迁徙而来。在拜占庭帝国境内生活了一段时间之后，罗姆人族群又经由巴尔干半岛迁徙到了西欧各国。

◀公元7世纪，从印度迁徙过来的**卢里（Luri）乐师**（据说是罗姆人）在波斯宫廷里演奏的情景。

▼亨利·J. 范·伦内普牧师（Rev. Henry J. Van Lennep）所撰《土耳其游记》（*Travels through Turkey*，1862年）中的**一幅插图**，描绘了一名罗姆族算命者正在给一位土耳其妇女看手相的情景；看手相是罗姆人的一种传统习俗。

1 500年以前从印度开始的一系列迁徙活动，导致如今有1 000万罗姆人生活在世界各地散布的社区里。该民族用于描述他们自己那个集体的“罗姆人”（Roma）一词，源自罗姆语中的“人”；但在广义的罗姆人中，还有众多名称不同的族群。

往西迁徙

公元10世纪和11世纪的波斯和阿拉伯史料里，似乎最早提及了罗姆诸族。其中提到了公元420年印度曾经派遣1万名乐师（称为“卢里人”）前往波斯国王巴赫拉姆（Bahram）的宫廷里去演奏，以及后来他们迁徙到波斯帝国各地的情况。到8世纪时，罗姆人已经生活在如今的伊拉克了。他们从事着需要四处奔波的职业，或者为人们提供服务，比如娱乐表演、算命、加工金属和贩卖牲畜，使得他们能够保持一种游牧部落的生活方式；如今，有些罗姆人群体依然以这种方式生活。罗姆人住在大篷车（itsara）里，首先服从家庭（vitsa）和更大的部族的安排。

他们继续往西迁徙，也许还因为阿拉伯帝国的扩张而加快了迁徙速度。有些人在巴尔干地区安顿了下来，但到了15世纪初期，就有多达3万人的罗姆族群落即将抵达西欧了。这一时期的史料表明，抵达那里的罗姆人起初受到了热烈欢迎；比方说，由“小埃及公爵”（Duke of Little Egypt）安德里亚斯（Andreas）率领的罗姆人就是如此，1420年他们在布鲁塞尔获得了日用补给。历史记载还解释了“吉卜赛人”（gypsy）一词的起源；只不过，如今有些人认为该词是一种蔑称。这些族群声称他们是基督徒难民，为了逃离进击的奥斯曼土耳其人而迁徙，他们的原籍地是“埃及”或者“小埃及”。

18世纪晚期，德国学者约翰·吕迪格尔（Johann Rüdiger）给出了印度是罗姆人故乡的证据；他注意到，罗姆语和印度北部旁遮普语里的一些方言之间具有相似之处。后来，语言学家又在罗姆语中发现了波斯语（Farsi）和亚美尼亚语的痕迹，从而表明罗姆人曾经穿过中东地区向西迁徙。最近，DNA采样也已确定罗姆人与南亚人之间具有遗传联系。

驱逐与迫害

16世纪不断变化的社会和宗教局面，助长了人们对待罗姆人日益不宽容的态度。由于被指控为流浪者和间谍，罗姆诸族在欧洲各地越来越多地被禁止入境和强制驱逐。这种排斥之举，持续了数个世纪之久。在第二次世界大战期间，纳粹分子曾经视罗姆人为劣等民族，将成千上万的罗姆人关进了集中营。

尽管不断面临着挑战，但罗姆人强大的社会和文化传统还是得以延续下来。尤其是他们的音乐，如今仍在对包括弗拉门戈和爵士乐在内的音乐流派产生影响，而他们那种漂泊不定的生活方式，也正在被新一代罗姆人重新向往（参见第272页—第273页）。

15 世纪**罗姆人来到伯尔尼城外**时的情景。他们身着阿拉伯风格的服装，佩带着阿拉伯风格的武器，与信奉基督教的瑞士居民有明显的差别。

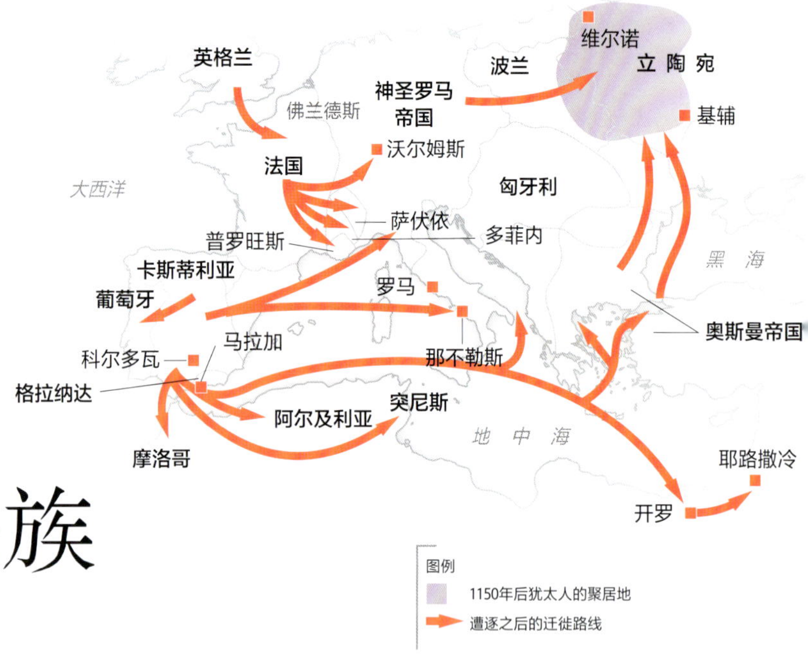

遭到迫害的民族

中世纪犹太人的迁徙

犹太人在中世纪经历了巨大的苦难，从被强制改变宗教信仰的威胁到遭受暴力屠杀，不一而足。虽然有些犹太人也奋起反抗过迫害者，但由于地方统治者实施了有组织的袭击和驱逐，许多犹太人还是不得不逃离家园。

公元5世纪的时候，犹太群体散布于地中海沿岸各地，但主要集中在拜占庭帝国境内。从公元7世纪起，穆斯林控制了这些地区，他们曾以宗教宽容政策而著称，允许犹太群体蓬勃发展了起来。有些犹太移民还迁徙到了信奉基督教的王国里。1023年，佛兰德斯伯爵鲍德温四世（Baldwin Ⅳ）曾邀请一位拉比及其30位信徒到他的国度里定居，因为犹太人不同于基督徒，能够从事放债活动。

一个压迫的时代

到11世纪的时候，犹太群体已经定居在了英格兰，以及今法国和德国等地。1096年，基督教士兵在进行“第一次十字军东征”（目的是从穆斯林手中夺取耶路撒冷）途中，对莱茵河沿岸的犹太人进行了猛烈攻击；他们用武力把犹太人赶进犹太会堂，然后纵火焚烧。此前逃到沃尔姆斯城并在城中的主教座堂里获得了庇护的大约1 000名犹太人，也在1096年的这场屠杀中因为“血祭诽谤”（即犹太人为了祭祀而谋杀基督徒的谣言）而被杀害了。有些犹太人奋起抵抗，与阿拉伯人一起捍卫耶路撒冷，或者自杀身亡，而不愿皈依基督教。还有一些人为了躲避屠杀而逃往了东方。

尽管教会试图采取措施保护犹太人，其中包括1120年教皇曾颁布谕旨禁止迫害犹太人，但袭击仍在发生，而且其中许多惨案都是由“血祭诽谤”引发的。后来的历次“十字军东征”逐渐破坏了宗教宽容的局面，导致13世纪出现了一场驱逐犹太人的风潮。1290年，英王爱德华一世将犹太人逐出了英格兰。许多犹太人逃到了法国，却在1306年遭到了法王腓力四世的驱逐。

在穆斯林统治着的地区，有时情况也好不到哪里去。安达卢斯的犹太哲学家摩西·迈蒙尼德（Moses Maimonides）在12世纪40年代躲过了复兴伊斯兰教的阿尔摩哈德（Almohad）运动，没有被迫皈依。他最终在哈里发治下的埃及定居下来，成了苏丹的宫廷御医，还撰写了一些关于犹太律法和道德的评注之作。还有一位安达卢斯学者撒母耳·伊本·纳格雷拉（Samuel ibn Naghrillah），则在柏柏尔人入侵者洗劫科尔多瓦时，逃离了那座城市。他靠着在马拉加的宰相府附近贩卖香料勉强维生，直到他的学识被人发现，才摇身一变，成了那位宰相的秘书（后来还当上了副宰相）。

东欧地区

于是，犹太人在欧洲的生活中心转移到了今天的乌克兰和波兰一带；1264年，“虔诚者”博莱斯瓦夫（Bolesław the Pious）对他们的到来表示了欢迎。这些犹太人成了商贾，并且建立了自己的村庄；这种情况，在西欧地区是前所未有的。他们说的是中世纪的德语［后来逐渐演化成了意第绪语（Yiddish）］，而他们的文化也得以蓬勃发展起来。

▲ **这幅地图，显示了**犹太人遭到西欧各个王国驱逐之后所走的主要路线，以及他们在1150年以后定居下来的地方。

▼ **13 世纪**一部法语《圣经》中**的一幅插图**，描绘了参加1096年“第一次十字军东征”的基督徒大肆屠杀犹太人的情景。

▼ 这部14世纪的西班牙手抄本中，描绘了犹太人在“逾越节”（Passover）庆祝活动中**分发无酵饼**的场景。

图例

蒙古人的征战路线

连接东方与西方

蒙古人的扩张

公元13世纪，蒙古军队横扫亚欧大陆，征服了众多的城邦和文明，建立了一个幅员辽阔的帝国，将汉人、穆斯林、伊朗人、中亚人以及游牧文化群落一统于蒙古人的统治之下。蒙古人获得了毁灭对手的威名，因此一旦传来他们突然发动征伐的消息，恐惧和惊慌情绪就会蔓延开来。然而，确立起控制权之后，蒙古统治者就会鼓励帝国境内的不同地域之间进行经济、文化和宗教交流，从而创造出了一种前所未有的民族、信仰、传统和思想大融合的局面。

大举扩张

这个伟大的帝国发源于东北亚地区的干旱大草原上，就在如今的蒙古境内；12世纪时，那里处在游牧民族蒙古人和突厥化部落的控制之下。到1206年时，一位名叫铁木真的蒙古勇士成功地把这些部落联合起来，创立了一支强大的军队。他获得了“成吉思汗”的称号，意思是“海洋”或“强大”；在他的领导之下，一支蒙古军队向中原南下，开始建立起世界历史上最大的一个陆上帝国。

在臣服于蒙古人的地区，老百姓一般都能幸免于难，但对于那些进行抵抗的人，成吉思汗手下的军队进行了毁灭性的打击。从1211年至1223年间，他们摧毁了数十座城市，导致大量人口流离失所，大约1 800万人死亡。大肆征伐之后，蒙古人还抓住那些有技术的人员，然后带着他们继续征伐。1215年，成吉思汗攻下中国女真族建立的金朝都城中都（今北京）之后，他便征募了金朝的步兵和攻城技术人员，使其手下军队的能力更加全面。蒙古人还吸纳了新臣民文化中的元素。例如，1209年成吉思汗收服高昌之后，他曾招募畏兀儿书吏，让这个新帝国的行政管理变得井井有条。他还采用了畏兀儿文字，命人将其改造成蒙古文；在此以前，蒙古语没有对应的文字。

蒙古治下的生活

各个地区被征服之后，许多蒙古士兵便定居下来，开始与当地人做生意和通婚。这些联系，最终导致蒙古人接受了当地的宗教信仰。在帝国的西部，许多人皈依了伊斯兰教。在中国，很多人则信奉着一种佛教。历代大汗（即统治者）都很尊重新臣民的习俗和传统，同时也保留着其蒙古文化的诸多方面。他们曾大力扶持商贾、农民和工匠，认为促进各个领域的经济发展会让帝国变得富庶起来。

蒙古人掌控了欧亚大陆的大部分地区，并且在其领土上实现了相对有序和稳定的局面之后，便开始着力促进和鼓励东、西方之间的文化交流与经济联系。从欧洲到东亚，诸民族之间开始共享和交易技术、产品、知识、思想。这个时期，从1279年（即元灭南宋）持续到了1368年元朝灭亡，史称“蒙古和平”时期（Mongol Peace）。

▲ 成吉思汗及其子孙凭借**一场场征战**，建立了一个帝国；到1279年时，该帝国的疆域已经东起太平洋，西至多瑙河与波斯湾。

▼ **这顶蒙古头盔**是日本缴获的一件战利品；1274年和1281年，由高丽和中国船只组成的蒙古人舰队曾被日本打败。

▼ **旭烈兀汗**（中左）是13世纪的一位蒙古统治者，他征服了亚洲西部的大部分地区。他的母亲是基督徒，可他却不顾同样信奉基督教的妻子脱忽思可敦（Dokuz Khatun，中右）的意愿而皈依了佛教。

贸易、艺术与文化

罗马帝国和中国的唐朝覆亡之后，“丝绸之路”这条连接欧亚两洲的古老商路本已逐渐衰落。如今，由于认识到了贸易对帝国经济存亡的重要性，蒙古人重新启用了这条贸易线路。他们让道路变得安全起来，兴建了大量的基础设施，包括在一些不毛之地沿线修建了旅舍；只要骑着骆驼走上一天，人们就可以从一座旅舍抵达另一座旅舍。欧洲的商贾、工匠和使团，有史以来第一次能够远行万里，抵达中国了。马匹、瓷器、宝石、纸张、皮具和火药，都在这条商路沿线进行着交易。

不过，其中最重要的商品还是丝绸：蒙古人曾大力投资于丝绸生产，不但接手了已有的工厂，还兴建了新的工厂。这个行业的发展，导致了工匠的迁徙。蒙古人曾把元朝的丝绸织工派往彼时的贸易中心撒马尔罕（在今乌兹别克斯坦境内），与当地的穆斯林织工一起工作。同样，专事织金绸布的穆斯林织工也被派往了元朝的工厂工作。

织工并非当时唯一被迫迁徙的群体。中国的画工曾经被派往波斯（即今天的伊朗），他们对波斯细密画的发展产生了极大的影响。波斯画家们开始在其作品中加入中国元素，比如龙与凤凰。他们描绘的岩石、树木和云朵，也带有中国风格。同样，蒙古人还调派官员，前往帝国境内具有不同文化的地区。由于对波斯医学的发展深感钦佩，蒙古人还把波斯医生调往中国，设立了“回回药物院”。

这一切结合起来，让东亚与西亚之间形成了密切的联系。欧洲也受到了这种文化交流的影响。蒙古人的时尚，连远至欧洲西部的英国也开始流行起来。15世纪的欧洲贵妇都喜欢戴汉宁帽（hennin），这种独特的圆锥形头饰很有可能受到了蒙古宫廷里面的人所戴帽子的启发。此外，英国最古老的骑士团“嘉德骑士团”（Knights of the Garter）也曾用深蓝色的“鞑靼”布（因这种布料由鞑靼人所制而得名；所谓的鞑靼人，就是归化了蒙古帝国的突厥语诸民族）制作徽章。

蒙古文化还对汉人产生了影响，导致后者接受了游牧民族的烹饪方式。忽思慧是14世纪时的一位宫廷营养师，他撰写过一部膳食手册《饮膳正要》，认为游牧民族传统的煮食是最可取的烹饪方式；他还鼓励人们食用动物的所有部位，后来，这成了中餐中的普遍做法。

鞑靼人［指蒙古人］狼奔豕突，冲过……荒原中心地带之时，我只得寻找洞穴……以避兵锋。

——罗杰大师（Master Roger），生活在匈牙利王国的意大利大助祭，公元1243年前后

帝国的没落

蒙古帝国繁荣昌盛了162年，其鼎盛时期控制了大约2 300万平方千米的土地。可到了最终，成吉思汗的继承人之间产生了纷争，导致帝国分裂出了4个汗国；到1368年元朝灭亡时，它们也都已经衰败了。在统治着波斯的伊儿汗国，蒙古人受到了同化，融入了波斯的突厥化部落之中；到1925年之前，该国的统治者几乎全都出自这些突厥化部落，只有18世纪出现过一个短暂的间断期。数个世纪以来，成吉思汗的后裔都统治着中亚地区的各个王朝；其中的最后一位，是布哈拉汗国（今乌兹别克斯坦等地）埃米尔（Emir of Bukhara），此人在1920年被废黜。如今，东北亚的部分地区仍在使用蒙古语。

▶ **在这幅丝绸挂毯上**，一位登基的蒙古君主被波斯人簇拥着。它是14世纪被派遣到蒙古治下的伊朗或者伊拉克的中国织工创作的。

▼ **马匹**是成吉思汗获得一场场军事大捷的基础，马匹文化则从蒙古传播到了帝国境内的其他地方。

这些就是先辈们的独木舟，他们曾经划着这种小舟，横渡基瓦[Kiwa]的大洋……

——选自恩加提罗卡瓦族（Ngāti Raukawa）圣歌

1890年波希米亚画家戈特弗里德·林道尔（Gottfried Lindauer）创作的这幅油画，描绘了恩加提霍族（Ngāti Haō）的**塔马蒂·瓦卡·内内酋长（Chieftain Tāmati Wāka Nene）**。酋长的面部文身（moko）表明了他的身份。

前往白云连绵之地

毛利人抵达新西兰

新西兰是人类在地球上拓殖的最后一片大面积陆地。1250年左右抵达这里的毛利人先民是从东波利尼西亚来的，他们跨越了2 500千米的浩瀚海洋，并且极有可能是从社会群岛、库克群岛或者南方群岛（Austral Islands）踏上其航程的。这是波利尼西亚移民的最后一次外迁，让南太平洋的各个群岛上都有了人类；当时，他们很可能是乘坐着带有舷外支架、最多可以容纳50人的双体独木舟进行迁徙的。

创始传说

毛利人的传统文化认为，这片新陆地是一位名叫库佩（Kupe）的渔民发现的；当时，库佩正在追击一条章鱼，结果发现自己来到了距毛利人的家乡哈瓦基（Hawaiki）水域很遥远的地方。库佩驾驶着小船逐渐靠近北岛之后，他的妻子库拉马洛蒂妮（Kuramārōtini）便给那里起了个名字，叫作奥特亚罗瓦（Aotearoa，意思是白云连绵之地）；自那以后，它就成了新西兰在毛利语中的称呼。库佩回到哈瓦基，把这个发现告诉了人们；很快，其他"瓦卡"（waka，即独木舟）便踏上了航程。据说当时前往新西兰的有7条"瓦卡"，后来的毛利人记住了船上之人的名字，而"部族"（iwi，即毛利人的亲族群体）里的每一个人，也会经由一种称为"华卡帕帕"（whakapapa，即寻根问祖）的过程，将其血统追溯到其中的一位先民身上。这个过程，就是毛利人身份认同感的核心。

新来的移民迅速扩散到了整个北岛，然后又进入了南岛。他们带去了狗和老鼠，还有"库马拉"（kumara，即甘薯）、芋头、山药和构树，但他们也能捕猎丰富的巨型恐鸟（这是一种不会飞行的大型鸟类，有的体重超过了200千克）和海豹，以及利用渔网和钓钩捕鱼，来补充自己的日常饮食。他们在有些地方兴建了村落，修建了带有矩形山墙的房屋，并且种植庄稼，还在其他地方设立了狩猎所用的季节性营地。

晚期的毛利文化

毛利人最早的聚居地都位于容易获得淡水、优质猎物丰富的港口或者河口。然而，他们在不到一个世纪的时间里便把恐鸟猎杀殆尽，再加上人口不断增长，所以第一批移民构成的那个社会便开始面临压力了。1500年前后，一些毛利人再次踏上了旅程，前往南岛以东800千米的查塔姆群岛，并在那里建立了一种新的文化，即继续以狩猎为基础的"莫洛里"（Morori）文化。

在原来的奥特亚罗瓦，社会则变得更加等级分明了。统治更多地区的酋长纷纷崛起；由于各个部落之间战争频发，他们还兴建了许多防御性的山丘堡垒。随着毛利人的社会进入古典时期，一种由木雕与绿玉雕塑组成的丰富传统也逐渐发展了起来。

▲ **毛利人乘坐小船**，从波利尼西亚（参见第 39 页）来到了新西兰的北岛，然后又扩张到了南岛。后来有些人还往东迁徙，在查塔姆群岛（Chatham Islands）上定居下来。

▼ 这件绿玉（翡翠）雕刻使用了一种**螺旋形的"科鲁"（koru）图案**——它是毛利艺术中的一种传统图案，代表蕨类植物的嫩芽，象征着新的开始、希望和力量。

▼1770 年悉尼・帕金森（Sydney Parkinson）创作的**一幅军用独木舟（或称战船，waka taua）**版画表明，这些具有强大象征意义的船只上，前后都饰有典型的镂空雕刻和彩绘图案。

1 描述特诺奇蒂特兰起源的神话中称，**墨西加人**受主神维齐洛波奇特利（Huitzilopochtli）指引，在他们看到一只苍鹰站在仙人掌上啄食一条蛇的地方兴建了一座城市。

2 **这面战盾**表明，墨西加人需要为捍卫自己的领地而战。

3 **身着白袍的人物**，是带领墨西加人来到此地的那10个人。

4 **身材高大的战士**表明，相比于弱小的敌人，墨西加人很强大。他们的盾牌上的图案，与上方那面战盾相同。

▶**《门多萨手抄本》**（Codex Mendoza）是1541年的西班牙总督安东尼奥·德·门多萨（Antonio de Mendoza）命人制作的，其中记录了墨西加帝国（Mexica Empire）的具体情况。图为抄本的卷首插画，说明了特诺奇蒂特兰城的创建过程。抄本由土著画家绘制，带有西班牙语注解。

中部美洲人的迁徙

中部美洲的土著帝国

从公元500年前后到16世纪初，中部美洲（包括如今的墨西哥和中美洲）各地相继出现了一些实力强大的群落，对这个地区产生了重大的影响。他们继承了奥尔梅克等早期文明，建立了一些大型的城邦，通过征服、结盟、宗教和贸易等手段扩大自己的权威。随着一个文化群落崛起，其他群落不是衰落下去，就是被迫迁往别处，沦为战争、人口过剩、干旱和环境恶化的牺牲品。他们对这一地区长达数个世纪的统治，最终在1519年埃尔南·科尔特斯与其他西班牙征服者发动的进攻之下终结了（参见第114页—第115页）。

萨波特克人与玛雅人的扩张

萨波特克（Zapotec）诸族从贸易网络中获取了巨大的利润，因而他们从瓦哈卡谷地（Valley of Oaxaca）的大本营开始，建立了一个庞大的帝国，还兴建了中部美洲的第一座大型城市阿尔万山城（Monte Albán）。到公元500年的时候，这座宗教和文化中心的人口超过了1.7万，城中宫殿、寺庙、住宅和球场（球队会在里面进行一种仪式性的球赛）林立，对该地区其他群落后来兴建的城市产生了影响。

在萨波特克人的东南方，玛雅诸民族当时也建立了一个庞大的帝国，其鼎盛期为公元250年至公元900年间。这个帝国面积广袤，涵盖了如今墨西哥南部的大多数地区、危地马拉和伯利兹北部，人口多达1 000万。玛雅人在数学、天文学、建筑、农业和灌溉等领域都取得了巨大的进步，后来对中部美洲各地的群落都产生了影响；但到了公元9世纪末，大部分玛雅城邦似乎都没落下去或者衰亡了。幸存下来的民族迁徙到了该地区的其他地方，而他们以前所居的城市则被森林覆盖了。不过，尤卡坦半岛上的一些玛雅城邦存续到了16世纪。

托尔特克文化的传承者

10世纪中叶，从西北部的沙漠迁徙到了尤卡坦半岛中心地带的托尔特克人开始发动一场宗教战争，将他们对羽蛇神（Quetzalcóatl）的崇拜传播到日益发展壮大起来的帝国各地。随着托尔特克商贾将陶器、纺织品和黑曜石销往南方，贸易联系也拓展了他们的影响力。尽管到11世纪中叶托尔特克人的政权已经覆亡，但他们的文化遗产却经由墨西加诸族（欧洲人后来称之为阿兹特克人）传承了下来；墨西加人非常尊崇托尔特克人的那种社会，吸纳了托尔特克人的许多习俗。

根据口述历史，墨西加人曾从阿兹特兰（Aztlán）南下，最终在特斯科科湖中的一座岛屿上定居了下来。1325年，他们在神灵维齐洛波奇特利的引领下兴建了特诺奇蒂特兰城，那里后来发展成了中部美洲最大的都城之一（参见第106页—第107页）。墨西加人继续统治着这个地区，直到1521年他们被西班牙人打败。虽然战败终结了他们的政权，但萨波特克人、托尔特克人、玛雅人和墨西加人的种种传统，如今依然在这个地区的政治、艺术、烹饪和宗教生活当中传承着。

▲ **虽说墨西加人**建造了著名的特诺奇蒂特兰城，位列中部美洲最有名的文化群落之中，但还有许多文化群落在这一地区发挥过影响，留下了许多壮观的遗址。

▼ 这份手稿很可能成书于西班牙人抵达之前，书中绘有**一座球场和一些球员**。当时，中部美洲各地都建有球场。

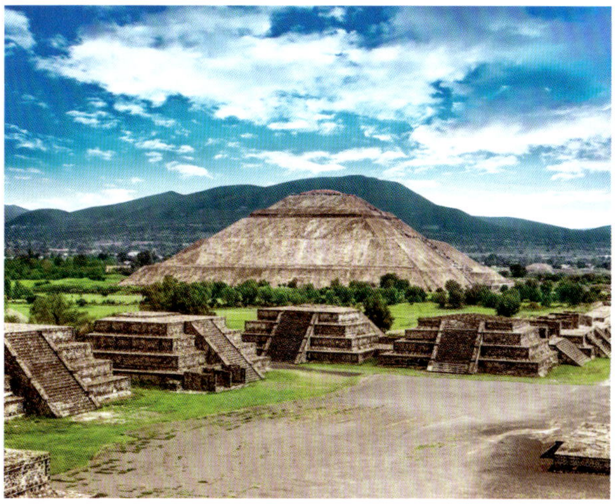

▼ **特奥蒂瓦坎**是公元5世纪盛极一时的一个庞大城邦，它曾吸引了包括萨波特克人和玛雅人在内的众多文化群落。城中的艺术、宗教和建筑，将对后来的托尔特克人和墨西加人产生影响。

这座已有 500 年历史的奎斯瓦洽卡（Q'eswachaka）桥由印加人建造，它横跨在如今秘鲁库斯科地区的阿普里马克河（Apurimac River）上。此桥以一股股草绳编织而成，每年都由说克丘亚语的民族——印加人的后裔——加以翻新。

文化影响

本土宗教

到了16世纪初，墨西加人已经统治着墨西哥中部多达500个小城邦。他们的信仰体系，与中部美洲的其他土著宗教具有一些共同之处，包括曾经统治过该地区的托尔特克人的宗教。这幅浮雕作品出自托尔特克人的羽蛇神神庙，而墨西加人也崇拜这位神灵。

西班牙殖民者

在特诺奇蒂特兰的废墟之上，西班牙人兴建了他们在“新大陆”上的权力中心。欧洲设计师为墨西哥城规划了由街区和广场构成的网格状布局，后来墨西加人的遗址也被纳入了中心城区。如今，西班牙殖民时期的建筑、墨西哥19世纪的建筑与现代建筑并肩而立，相映成趣。

法式建筑

法裔墨西哥人人多是1863年法国入侵墨西哥且建立了存续时间很短的“墨西哥第二帝国”（Second Mexican Empire）之后在那里定居的移民与士兵的后裔。19世纪末，墨西哥城开始现代化，建筑中融入了法国新艺术（Art Nouveau）的元素，图中这座艺术宫（Palace of Fine Arts）就是如此。

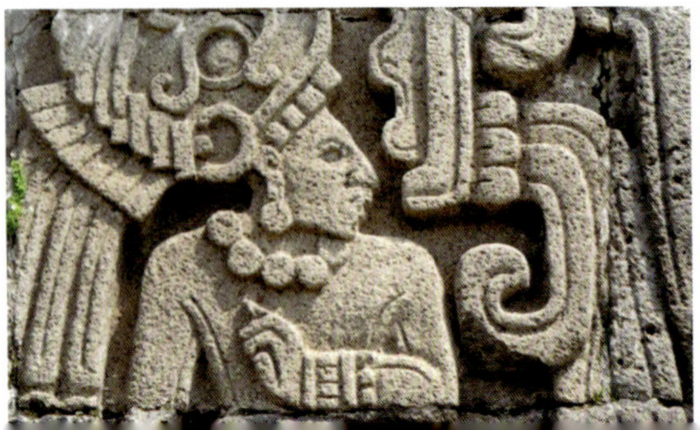

墨西哥城

宫殿之城

墨西加人（或称阿兹特克人）是一个说纳瓦特尔语（Nahuatl）的民族，多年前从如今的墨西哥北部或者美国西南部迁徙而来；1325年，他们在墨西哥谷地（Valley of Mexico）的特斯科科湖中一座岛屿上兴建了一个聚居地，叫作特诺奇蒂特兰（参见第102页—第103页）。将这一地区的其他土著民族置于他们的统治之下以后，墨西加人便成了中部美洲的一个主导势力。特诺奇蒂特兰也逐渐发展成了一个兴盛的城邦，拥有了运河、广场、精雕细琢的宫殿和庙宇，以及10万至20万居民。

1519年，西班牙征服者来到了特诺奇蒂特兰，并在当地一些反抗墨西加人统治的群落协助下，推翻了这个伟大的帝国。西班牙人摧毁了特诺奇蒂特兰，并在原址上兴建了墨西哥城。

一座具有多元文化的大都市

在西班牙殖民时期（1535年—1821年，参见第114页—第115页），有大量的自愿和非自愿移民迁徙到了墨西哥城。西班牙人大多为经济机遇所吸引，而亚、非两洲的移民则是被贩卖到那里受奴役的劳动力。一批又一批西班牙移民在这座城市里定居下来，其中有教士，有士兵，有行政人员，还有商贾和工匠。殖民时期原本禁止非西班牙人移民于此，但1821年墨西哥获得独立之后，其他的欧洲人（包括法国人）也开始前来。随着人们在特斯科科湖的最后几片水域也大兴土木，墨西哥城的范围在19世纪末到20世纪初有了大幅扩张。

工业化引来了农村地区的墨西哥人，引来了诸如中国和中东、中美洲、美国等国家和地区的移民之后，墨西哥城的人口也出现了激增。这些迁徙活动，都对这座如今拥有920多万人口的大都市的文化、建筑和经济产生了影响。

▲▲**1825年描绘墨西哥城的这幅画作**，是佩德罗·卡尔沃（Pedro Calvo）在墨西哥获得独立之后不久所作，展示了城中西班牙殖民时期的建筑。

▲ **人们身穿带有骷髅面具的服装**游行，以纪念“亡灵节”（Day of the Dead）。这是缅怀逝者的一个节日，将土著民族的信仰和基督教结合了起来。

◀ **这幅色彩斑斓的21世纪街头画**位于墨西哥城内的一堵墙壁上，其中绘有传统的墨西加人面具。这种面具的使用历史已有数千年之久，可以追溯到西班牙殖民者到来之前中部美洲的一些宗教典礼和祭祀仪式。

> 如若没有那些……每天都在不断创造丰富文化与多彩历史的人，也就没有墨西哥城。
>
> ——伊格纳西奥·M.桑切斯·普拉多（Ignacio M. Sánchez Prado），西属美洲和拉丁美洲研究教授，2020年

华人移民

在殖民时期里，有些中国水手曾在墨西哥城定居了下来。欧洲人还把一些亚洲奴隶（其中也有华人）带到了这座城市。19世纪末和20世纪初则有数量更多的华人移民前来，在铁路修筑之类的工业项目中工作。如今，这座城市里已有一个繁荣兴旺的华人社群。

美国企业家

在19世纪末和20世纪初，美国的商人、工程师和企业家曾因受到鼓励而纷纷移居到这座城市，促进了墨西哥的工业化。他们在城中开设了许多新的企业，比如图中的桑伯恩（Sanborns）连锁店就是墨西哥城里开设的第一家美式餐厅。

古巴移民

墨西哥城中的哈瓦那咖啡馆（Café La Habana）一度是古巴革命者的聚集之地。菲德尔·卡斯特罗及其支持者曾经把墨西哥当成他们发动革命的根据地。“古巴革命”（1953年—1959年）之后，许多古巴人逃到了墨西哥。

4

殖民与征服

1400年—1800年

殖民与征服

1400年—1800年

从15世纪起，随着欧洲人在火药武器和远洋船只的武装下开展探险活动，然后又凭借武力占领了许多地区，那些由来已久的移民模式遭到了彻底的瓦解。在墨西哥和秘鲁两地，西班牙人不但占领了墨西加人（即阿兹特克人）和印加人的领土，同时还带来了各种疾病和一种具有剥削性的种植园制度，导致那里高达90%的土著人口纷纷死去。北美洲也遭遇了类似的灾难：英、法两国的殖民者于17世纪在北美洲建立了殖民地，他们自身常常是为了逃离欧洲的宗教迫害才来到此地的。这些入侵者持续不断、咄咄逼人地侵犯土著民族的领土，发动战争，将土著民族从他们的土地上赶走，还在一些地方强迫土著民族劳动。

从16世纪20年代起，欧洲列强便确立了大西洋上的奴隶贸易，把这种贸易视为南、北美洲所需强制劳动力的来源。在19世纪30年代奴隶贸易终结之前，列强已经从西非地区将1 250万名奴隶越过大西洋送到了南、北美洲——其中送到巴西的奴隶最多，从而导致西非沿海地区饱受蹂躏，人口也大幅减少了。

在西班牙的殖民统治下，**秘鲁人**皈依了基督教（参见第114页—第115页）。

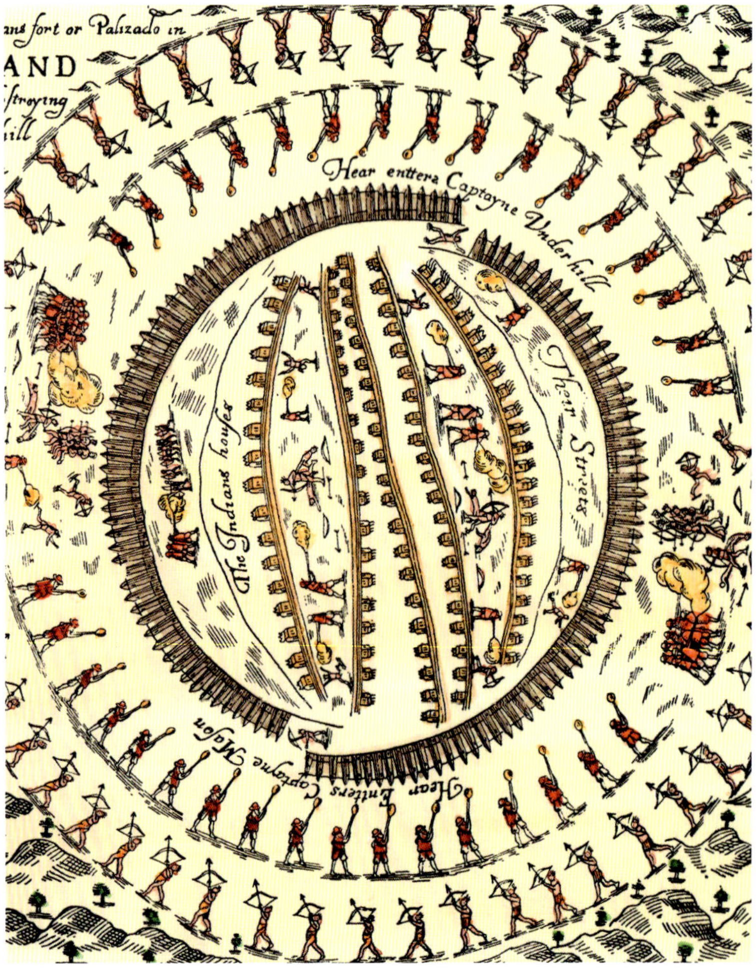

英国殖民者向新英格兰的佩科特人（Pequot）发动了战争（参见第118页—第121页）。

你们为何要凭借武力，从我们手中夺走你们原本凭借仁爱就可以获得的东西呢？你们为何要毁灭我们……？

——波瓦坦联盟酋长波瓦坦（Powhatan）
写给英国殖民者约翰·史密斯（John Smith）的信，1609年

在印度，信奉伊斯兰教的莫卧儿人（发源于中亚地区）建立了一个疆域几乎覆盖整个南亚次大陆的帝国，创造了一种将印度人与波斯人、印度教信徒与穆斯林的影响融合起来的文化。在这个帝国和奥斯曼土耳其帝国境内，不同的民族原本和睦共存，但欧洲人的到来——他们起初是购买肉豆蔻等香料的商贾，后来则成了占领者——破坏了政治制度的稳定，并且导致各地都成了欧洲的殖民地。随着那些说荷兰语的移民从科伊科伊人、桑人和科萨人（Xhosa）等民族手中夺取了土地，欧洲人的殖民活动进一步拓展到了非洲南部。再往北去，肯尼亚的英国殖民政权则与以牧牛为生的马赛人（Maasai）争夺着他们的迁徙路线。

由于工业革命导致城市飞速发展，吸引了数百万人从农村迁徙到城镇里，故18世纪的欧洲本身也处在一种不断变化的局面之中。通信技术的进步使得人们与国内联系起来较为容易，因此出国工作也变得更有吸引力了。随着工业化在世界各地蔓延开来，这种城市化模式也将反复出现。

1580年**俄国哥萨克人**入侵西伯利亚（参见第132页—第133页）。

非洲奴隶在巴西一座咖啡种植园里劳作的情景（参见第124页—第127页）。

寻找牧草地

马赛人的迁徙

◀ **这条串珠项链**制作于20世纪初，是马赛人已婚妇女根据等级佩戴饰物的一个例子。性别、等级和婚姻状况都可以通过串珠首饰来辨别，这是马赛人一种已经延续了数个世纪之久的习俗。

在15世纪至18世纪，马赛人这个尼罗河地区的半游牧民族从如今的南苏丹开始往南迁徙。当时，他们与其他民族一起——其中包括了图西族——徒步启程，去寻找可以放牧牛群的牧场、可以充实牧群的更多家畜和水源。到17世纪或18世纪时，他们已经在一大片土地上定居下来，从肯尼亚北部一直延伸到了坦桑尼亚北部。

马赛人的生活方式与文化

在往南迁徙的过程中，马赛人强行赶走了各地的早期居民，比如达托加人（Datoga）和查加人（Chagga），尽管其中一些民族融入了马赛文化之中。到了19世纪，马赛人的地盘已经大幅扩张，涵盖了肯尼亚的大部分地区和坦桑尼亚北部，达到了其有史以来的最大范围。

▼ **在马赛人群落里**，女性负责给奶牛挤奶和照管家里，男性则负责保护和放牧牛群。

马赛人向来认为土地人人有份，应当平等共享，而他们的生活方式非常依赖于牲畜。传统上，马赛人都靠畜群来满足他们在衣、食、住方面的所有基本需求。牛皮用于制作衣物，以及临时住所的墙壁和屋顶，而较为固定的房屋则是用牛粪和牛尿筑成的。牛也是马赛人社会中一种主要的货币形式。

面临挑战

1883年至1902年间，马赛人遭遇了许多苦难；据估计，当时有六成以上的马赛人死于天花，以及干旱与牛瘟导致的饥荒。牛瘟是一种极具传染性的病毒性疾病，曾将他们的畜群统统杀死。

1895年英国殖民者来到肯尼亚之后，马赛人就面临着更多的威胁了。英国人说服马赛人签署了一份条约（1904年），把马赛人最好的土地让给英国人定居，以换取他们对两个保留地的专有权利。数年之后（即1911年），英国人又跟一小群马赛人签署了另一份条约，该条约将更多的土地让予英国人。英国人将马赛人强制驱离了他们的土地，只让他们生活在较干旱地区的保留地里。随着肯尼亚和坦桑尼亚两国政府独立，马赛人进一步丧失了自治权；此后，马赛人的许多土地就变成了用于观光旅游的国家公园和野生动物保护区。

如今的马赛人大约有100万，他们继续弘扬着自己的文化。他们一直保持着历史、法律和政治领域的口述传统，延续唱歌、跳舞等文化传统，穿着传统服装，并且喜欢对身体加以修饰。许多马赛人继续过着一种半游牧的田园牧歌式生活，不愿在城镇住宅里定居下来；尽管有些马赛人已经接受主流教育，融入了城市生活。

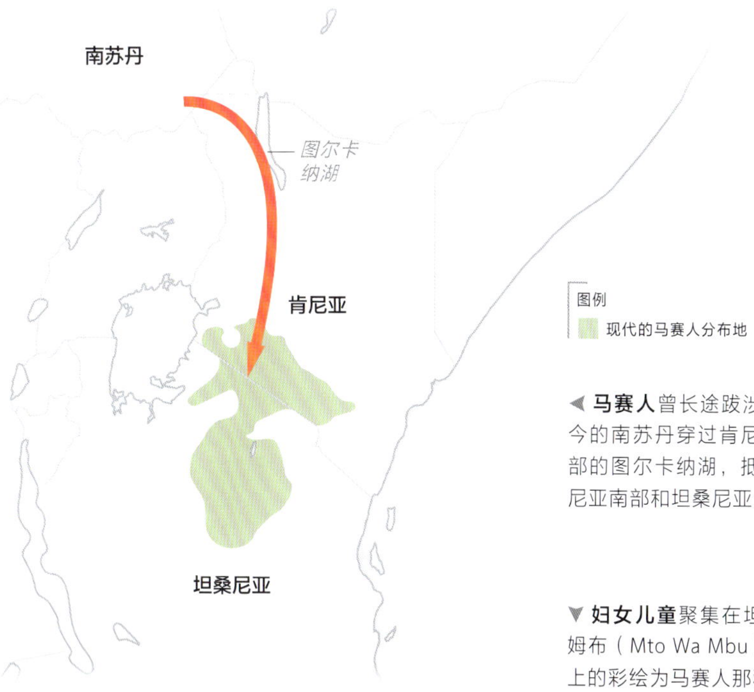

◀ **马赛人**曾长途跋涉，历经数个世纪，从如今的南苏丹穿过肯尼亚高原，经过肯尼亚北部的图尔卡纳湖，抵达了他们最近所在的肯尼亚南部和坦桑尼亚北部。

▼ **妇女儿童**聚集在坦桑尼亚北部的姆托瓦姆布（Mto Wa Mbu）这个传统村庄里，身上的彩绘为马赛人那种色彩鲜艳而富有表现力的典型风格。

你知道自己来自何方，
却不知将去往何处。

——马辛塔（Maasinta），马赛人的口头文学称他是第一位马赛人

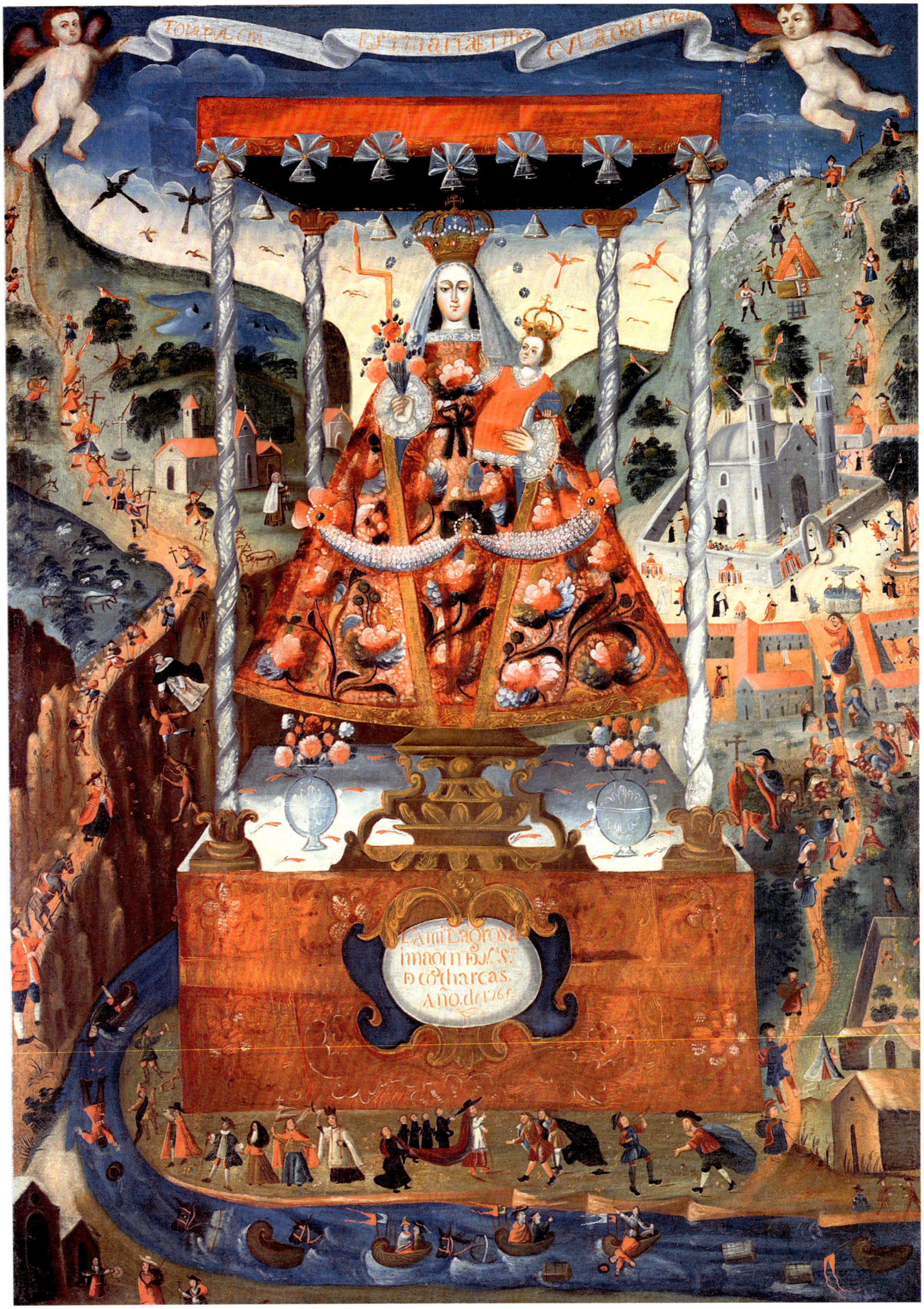

《科查卡斯圣母》（*Our Lady of Cocharcas*）是 1765 年创作于秘鲁的一幅画作，反映出那里兴起了一种将天主教与当地叙事手法结合起来的土著艺术新流派。

征服与皈依

殖民南美洲

15世纪中美洲和南美洲的文明，其发达、强大和富庶都位居世界前列。墨西加人（即阿兹特克人）在如今的墨西哥建立了一个高水平的国家，拥有一座宏伟壮观的都城特诺奇蒂特兰；再往南去，在如今的厄瓜多尔、秘鲁、玻利维亚和智利等地，印加人则统治着一个人口多达1 200万的庞大帝国，其行政中心设在库斯科。两个国家都属于高度组织化的社会，具有复杂的宗教信仰、高效的农耕方法和强大的军事实力。欧洲殖民者在短短的数十年里就夺取了这些地区的控制权，导致了一场错综复杂的财富、势力和思想交换，从而重新塑造了美洲的生活。

西班牙征服者与殖民者

1492年10月12日，意大利航海家克里斯托弗·哥伦布抵达加勒比地区，标志着欧洲与南美洲之间出现了首次接触。当时，哥伦布在西班牙王室的资助之下去寻找一条通往亚洲的西行之路；虽说这次探险并未实现预期的目标，但他对美洲的土地、物产和民族等方面的溢美之词，却引发了长达数个世纪的欧洲殖民活动。

西班牙殖民者当中，既有农民、工匠和教士，也有征服者（即那些在征服新土地的过程中寻找发迹机会的军队领导人）；他们迅速抵达加勒比地区，建立了殖民地，将它们变成了征服美洲大陆的一座座大本营。到1553年时，墨西加与印加两个帝国都已没落；它们的衰亡，是暴力、本地争斗、政治操弄以及欧洲人输入的天花、麻疹等疾病结合起来导致的结果。据估计，到了17世纪初，接触欧洲人已经导致大约90%的原住民人口死亡。

交流与融合

疾病不过是殖民接触带来的一系列新交流［即后来所称的“哥伦布大交换”（Columbian exchange）］中的一个方面罢了。西班牙殖民者把作物和牲畜带到了美洲，其中有小麦、马匹和牛。矿产和农业方面的财富，包括白银、黄金、土豆和烟草，则朝着相反的方向流往了欧洲。

人员与商品方面的这种交换，还改变了原住民群体的文化与社会结构。欧洲殖民者引入了数以百万计的非洲奴隶，让他们与土著强制劳工一起到种植园和矿山去劳作。殖民者还带来了基督教。

宗教曾经是殖民者发动征服战的一个主要理由；尽管殖民者强制原住民皈依，但各种原住民文化适应了新环境并且存续了下来。为了传播基督教教义，传教士们学会了当地的方言，而各地的传统信仰与新接纳的宗教继续共存着。虽说殖民主义带来了毁灭性的冲击，但自此以后，这里就逐渐形成了欧洲文化、美洲原住民文化和非洲文化融合的局面。

▲ **欧洲的殖民列强**从1492年开始，夺取了加勒比地区和拉丁美洲的控制权：西班牙占领了中美洲和南美洲的大部分地区，葡萄牙则从南美洲东海岸侵入了如今的巴西。

▼ **许多用于宗教祭祀的金制宝物**（比如秘鲁的这把小刀）都被西班牙征服者洗劫一空，然后熔化成金条，为他们的进一步远征提供资金。

▼1521年，**西班牙征服者**埃尔南·科尔特斯与墨西加皇帝夸乌特莫克（Cuauhtémoc）面对面交战的情景。

文化影响

腓尼基遗址

里斯本的大部分远古和中世纪历史古迹，都在1755年那场地震中毁于一旦。不过，位于里斯本大教堂（Lisbon's Cathedral）回廊中的这处遗址却幸存了下来，证明自公元前1200年左右起腓尼基人就生活在这座时称“奥利斯乌波”（Alis Ubbo）的城市里。在附近的圣若热城堡（São Jorge Castle）里，也发现了腓尼基人的陶器。

罗马建筑

这座宏伟壮观的高架渡槽建于1731年至1799年间，大部分沿着古罗马人最初的路线建造而成。在罗马人治下，里斯本［当时叫作奥利斯波（Olisipo）］变成了卢西塔尼亚的一座主要港口，曾为帝国的其他地区供应鱼类、橄榄油和葡萄酒。罗马人给里斯本留下了一些标志性的特点，比如城中的石灰岩鹅卵石人行道。

摩尔人的影响

从辛特拉镇上方的小山顶望去，佩纳宫（Palace of Pena）明显融合了伊斯兰教和天主教建筑的特点。摩尔人留下的最明显传统之一，就是教堂前面的那道拱门墙。里斯本市内的很多街区都沿用了摩尔人所用的名称，比如阿尔法玛（Alfama）街区。

▲▲ **这些釉面瓷砖画**描绘了里斯本的商业广场（Praça do Comércio）被1755年的地震摧毁之前的模样。

▲ **法多（Fado）这种哀伤的音乐流派**是在19世纪的里斯本发展起来的。有些人认为它源自摩尔人，还有一些人则称它脱胎于非洲裔巴西人的一种舞蹈风格。

◀ **属于里斯本标志性特色之一**的瓷砖画（azulejos）是在15世纪传入葡萄牙的，当时该国的部分地区还处于摩尔人的统治之下。这个词源自阿拉伯语中的al-zulayj一词（指一种光滑的小石头）。这幅现代瓷砖壁画描绘了里斯本港口的繁忙景象。

里斯本

光之城

据说，公元前1200年，来自黎凡特地区的海上商贾民族腓尼基人（参见第44页—第45页）在伊比利亚半岛西部的塔霍河河口建立了一个贸易前哨。公元前138年至公元409年间，罗马人一直占领着这座前哨；公元前30年左右，屋大维（即后来的皇帝奥古斯都）将这里变成了一座城市。在接下来的数个世纪里，里斯本又相继为阿兰人、苏维汇人和西哥特人所据。公元8世纪时，此城由摩尔人统治着（参见第86页—第87页），他们统治此城长达433年之久。如今，里斯本仍然留存着一些具有摩尔人风格的建筑和地名。

1147年，摩尔人的统治最终被葡萄牙人推翻了；1256年，葡萄牙人将里斯本定为首都，但一直要到“大航海时代”（Age of Exploration），此城才真正繁荣发展起来。各色商贾群体都定居于城中，因此里斯本很快就变得极其富庶。里斯本的大部分收入都来自奴隶贸易，从1490年起，每年就有约2 000名奴隶从非洲抵达这里。但是，1755年发生一场毁灭性的地震之后，里斯本再也没有恢复昔日的辉煌；从19世纪起，为了寻找更好的经济出路，许多人都离开了这里。

移民再起

20世纪60年代，为了补充短缺的劳动力，非洲工人开始从葡萄牙的各个殖民地纷纷前来，尤以来自佛得角的人居多。这些殖民地在1974年至1976年间相继获得独立之后，葡萄牙又接纳了近50万人，其中许多都是返回国内的葡萄牙公民。

自20世纪80年代起，为了过上更好的生活，又有成千上万的人从说葡萄牙语的巴西、安哥拉和几内亚比绍等国来到了里斯本。20世纪90年代，东欧移民又为就业机会所吸引而大量涌入，进一步将里斯本变成了如今这座具有多元文化的大都市。

对于从海上抵达的旅行者而言，即便遥观，里斯本也展现出一幅美丽梦幻之景，在阳光明媚、充满生机的蔚蓝天空的映衬下闪耀着。

——文学巨匠、土生土长的里斯本人费尔南多·佩索阿

犹太会堂

1497年，国王曼努埃尔一世（King Manuel Ⅰ）强迫葡萄牙的犹太人皈依了基督教。数十年之后，宗教裁判所又对那些据说秘密信奉犹太教的家庭进行了迫害。下图中的游行队伍正在经过沙雷蒂克瓦会堂（Shaare Tikvah）；这是自中世纪以来葡萄牙建造的首座犹太会堂，也是葡萄牙的犹太人为了获得认可而长期进行斗争的结果。

非洲裔人口

由于数个世纪的奴隶贸易以及葡萄牙与非洲大陆之间的殖民联系，所以**如今有许多非洲裔人士生活在里斯本**。尽管背景各异，但非裔移民会通过“库杜罗”（kuduro）去探究相似的经历；这是一种起源于安哥拉的音乐舞蹈形式，却在里斯本的郊区蓬勃发展了起来。

巴西群体

如今，巴西人是葡萄牙国内最大的一个移民群体。他们带来了丰富多彩的文化。其中的一种舶来文化即肥皂剧变得广受欢迎，以至于巴西俚语已经大量涌入葡萄牙语当中。这幅壁画中描绘的是巴西原住民活动家拉奥尼·梅图克蒂尔（Raoni Metuktire），由巴西画家爱德华多·科布拉（Eduardo Kobra）于2019年创作。

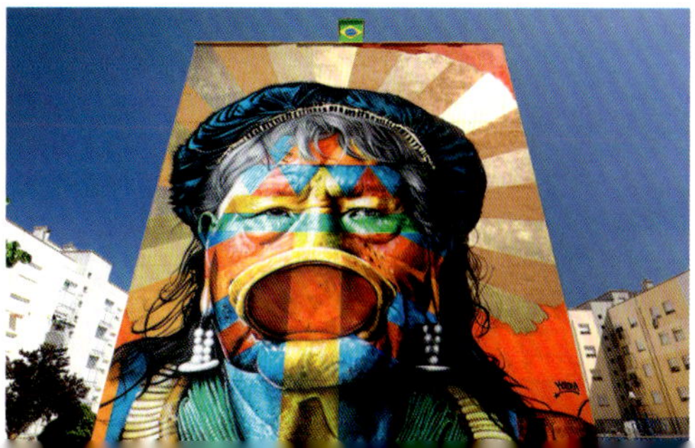

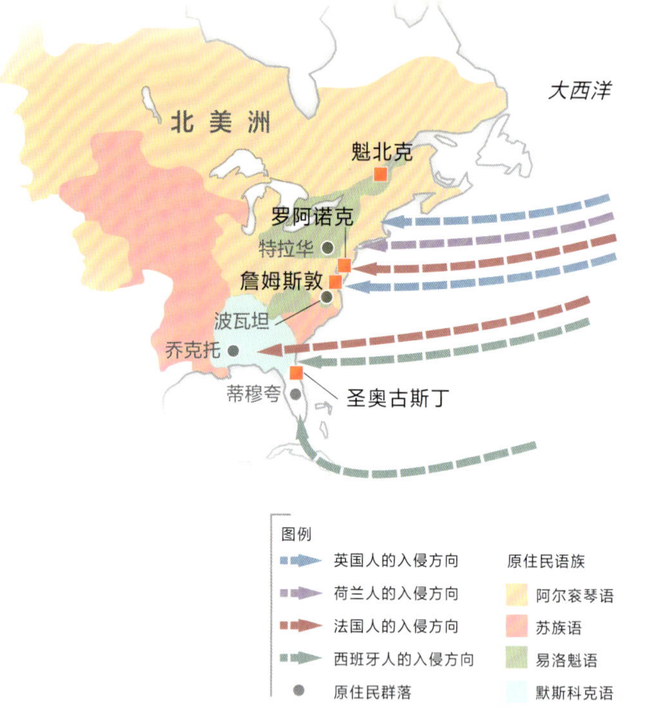

欧洲人入侵

殖民北美洲

▲ **英国、法国、西班牙与荷兰的殖民者**抵达北美洲后，从历史悠久的原住民群落手中夺取了土地。

▼ **鹿皮曾是北美土著民族的一种重要商品。**这件饰有贝壳图案的鹿皮披风，是土著酋长波瓦坦的。

在16世纪以前，北美洲曾是数百个土著民族的家园，他们有着复杂多样的语言、文化和生活方式。在接下来的4个世纪里，尽管欧洲人侵入了这片大陆（而不是因为欧洲人的入侵），美洲幸存下来的原住民文化还是保持着丰富多样的特点。

这种入侵始于1565年，当时西班牙征服者佩德罗·梅嫩德斯·德·阿维莱斯（Pedro Menéndez de Avilés）率人在佛罗里达建立了圣奥古斯丁（St Augustine）殖民地。阿维莱斯希望建立一座大本营，以便与同样觊觎这一地区丰富资源的法国殖民者展开竞争。于是，众多土著民族本已和平生活了1万多年之久的北美洲，就此成了欧洲列强之间的一个战场。

新大陆上的立足点

在接下来的100年里，法国人、瑞典人、丹麦人、挪威人、荷兰人和英国人都将与西班牙人展开竞争，纷纷在这个他们所称的“新大陆”上建立据点。欧洲列强各有目标，因此它们与土著民族打交道的情况也不一样。瑞典人从雷纳佩（Lenape）和苏斯克汉诺克（Susquehannock）两族手中购得了如今美国的特拉华州，结果却被他们的对手荷兰人赶了出去，后者凭借武力夺取了那片土地。西班牙人一心寻找黄金，故他们的注意力主要集中在北美洲的西南部。法国人于1608年建立魁北克殖民地的时候，目的在于开发皮毛贸易，因此他们通常希望与原住民合作，以便维持皮毛供应。英国人也想获取皮毛，但他们还想获得土地——起初仅仅是想利用土地上的自然资源，后来却是为了在离家很远的地方定居下来和建立新的社区。

詹姆斯敦殖民地

1585年，英国人拉尔夫·莱恩（Ralph Lane）在弗吉尼亚建立过一个存续时间很短的殖民地。他根据当地土著民族的语言将其命名为罗阿诺克（Roanoke，参见后文中“失落的殖民地”）；但与附近的塞科坦人（Secotan）发生冲突之后不久，他便放弃了这个殖民地。1587年在这里建立的第二个殖民地，也是无果而终。该地区第一个持久存在的殖民地，则是切萨皮克湾（Chesapeake Bay）畔的詹姆斯敦，1607年由104位殖民者始建而成。在接下来的15年里曾有1万人来到这里，但并非所有的殖民者都会存活下来。超过80%的人口都死于1609年至1610年间，当时由于食物短缺，詹姆斯敦陷入了一个饥荒时期。他们无法种植自己熟悉的作物，对当地的自然资源一无所知，还带来了并非总能治愈的疾病。

由于饥荒与冲突，詹姆斯敦对女性殖民者来说并不是一个很有吸引力的地方。为了创造一个可持续的和繁荣兴旺的社会，弗吉尼亚公司（Virginia Company）这家在殖民北美洲东海岸的过程中十分关键的英国企业开始采取特殊措施，以便把女性送到殖民地去。1619年，90名“烟草妻子”（tobacco wife）抵达了弗吉尼亚，她们的旅费都是由弗吉尼亚公司支付的。一旦她们与殖民者结婚，她们的丈夫就要以烟草的形式向公司偿还她们的旅费。有些女性是在违背其意愿的情况下被

▼ **这幅木刻画描绘了**1637年新英格兰地区的“佩科特战争”期间佩科特人的一座村落被殖民地民兵**摧毁**的情景。在不到1个小时的时间里，就有约400名佩科特人惨遭杀害。

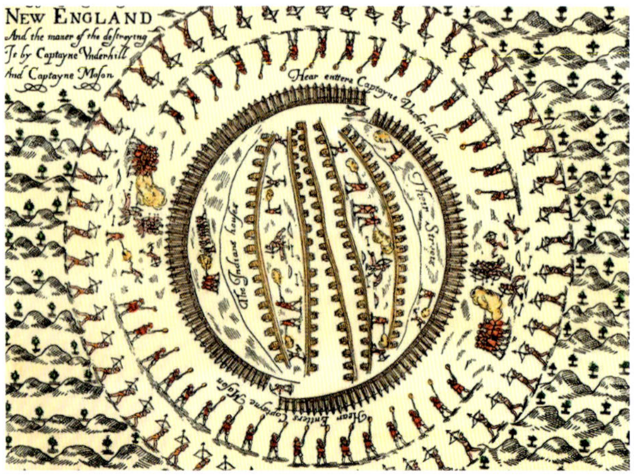

《艾奥瓦巫医塞农提亚》（*See-non-ty-a, an Iowa Medicine Man*）是美国画家乔治·卡特林（George Catlin，1796 年—1872 年）的一幅画作。卡特林专门创作土著民族的肖像画，努力将令他担忧的那个“正在消失的种族”记录下来。

强行送往弗吉尼亚的，而在1619年至1622年间被送到詹姆斯敦的约150位女性中，只有35人在抵达后的头6年里幸存了下来。尽管如此，女性的到来还是标志着詹姆斯敦由一处短暂的驻地（男性有可能在那里发家致富，然后返回英国）变成了一个永久的家园。

与原住民的关系

詹姆斯敦的殖民者与波瓦坦之间的关系开始恶化了；后者是由该地区至少30个土著民族组成的一个联盟的最高酋长（mamanatowick），土著民族不但要为他提供军事支持，还要向他纳税。波瓦坦联盟原本对英国人表示欢迎，为他们提供了食物和土地使用权，但自1609年英国人开始偷窃原住民的东西之后，波瓦坦联盟便不再与英国人友好往来了。

起初，土著民族常常会伸出援手，帮助早期的殖民者生存下来；他们为殖民者提供食物，直到后者种植的庄稼长势良好。至关重要的是，欧洲殖民者还从当地人那里学会了种植烟草的方法。利润丰厚的烟草业将在弗吉尼亚发展起来，引来更多的殖民者和后来的奴隶到种植园里工作，开垦出曾经属于土著民族的大片大片的土地。

大多数情况下，欧洲人都是从土著民族手中夺取有利可图的东西，却没有试图融入土著民族之中。他们保持着自己的文化，而没有学会原住民的语言或者顺应原住民的信仰。另一方面，殖民者却鼓励土著民族接受欧洲人的生活方式。1613年，英国人俘虏了波瓦坦的女儿玛托卡［Matoaka，又称波卡洪塔斯（Pocahontas）］。她接受洗礼，成了一名基督徒，嫁给了一位英国烟草种植园主。十有八九，当时的她在皈依和婚姻方面根本就别无选择，可后来的美国白人却利用她，将她当成了原住民可以变得多么“文明”的一个典型。

英国的统治

随着越来越多的欧洲人抵达北美洲，致命的对抗就变成了土著民族为家园而战和欧洲帝国争夺统治权这样一种模式。1637年，佩科特人抵御殖民者的战争成了新英格兰地区的原住民为阻止欧洲人入侵所做出的最后一次重大努力。

在接下来的一个世纪里，荷兰与斯堪的纳维亚半岛诸国都丧失了影响力，而在余下的英国人、西班牙人和法国人中，最终胜出的则是英国人。1763年，英国控制了以前的法属殖民地，包括如今加拿大境内的魁北克。英国人的农场和聚居地逐渐发展成了城市，英国的占领区进一步深入到北美洲的腹地，而规模更大的一批又一批移民也横渡大西洋而来。到了18世纪中叶，几乎整个东海岸都已处于英国人的直接控制之下，形成了13个殖民地；后来，这些殖民地联合起来为独立而战，并且最终建立了美利坚合众国。

▲ **这幅画作，描绘了1681年英国贵格会教徒威廉·佩恩（William Penn）**与伦尼-雷纳佩人（Lenni-Lenape）酋长塔马南德（Tamanend）签署条约，并且建立宾夕法尼亚殖民地的情景。

失落的殖民地

1587年，约115位殖民者在英国探险家约翰·怀特（John White）的率领下，第二次试图在如今北卡罗来纳湾（North Carolina Sound）中的罗阿诺克岛上定居下来。由于殖民者饥寒交迫，怀特便返回英国去寻求支援。等他在3年之后再次抵达罗阿诺克岛时，那些殖民者留下的唯一痕迹，就是一棵树上刻着的“克罗托安”（Croatoan）几个字。他们的遭遇至今仍是一个谜，但据说他们是跟附近的威佩米奥克族（Weapemeoc，即克罗托安族）一起生活了。

你们看得出，我们手无寸铁，愿意供应你们所需之物，唯愿你们友好前来，而不是带着刀剑枪炮，像要侵袭敌人似的。

——波瓦坦酋长写给英国殖民者约翰·史密斯的信，1609 年

1608 年**魁北克城**兴建住宅（l'habitation，即一系列房屋）的情景。这项工作是在该城的缔造者兼法国探险家萨米埃尔·德·尚普兰（Samuel de Champlain）的监督下进行的。

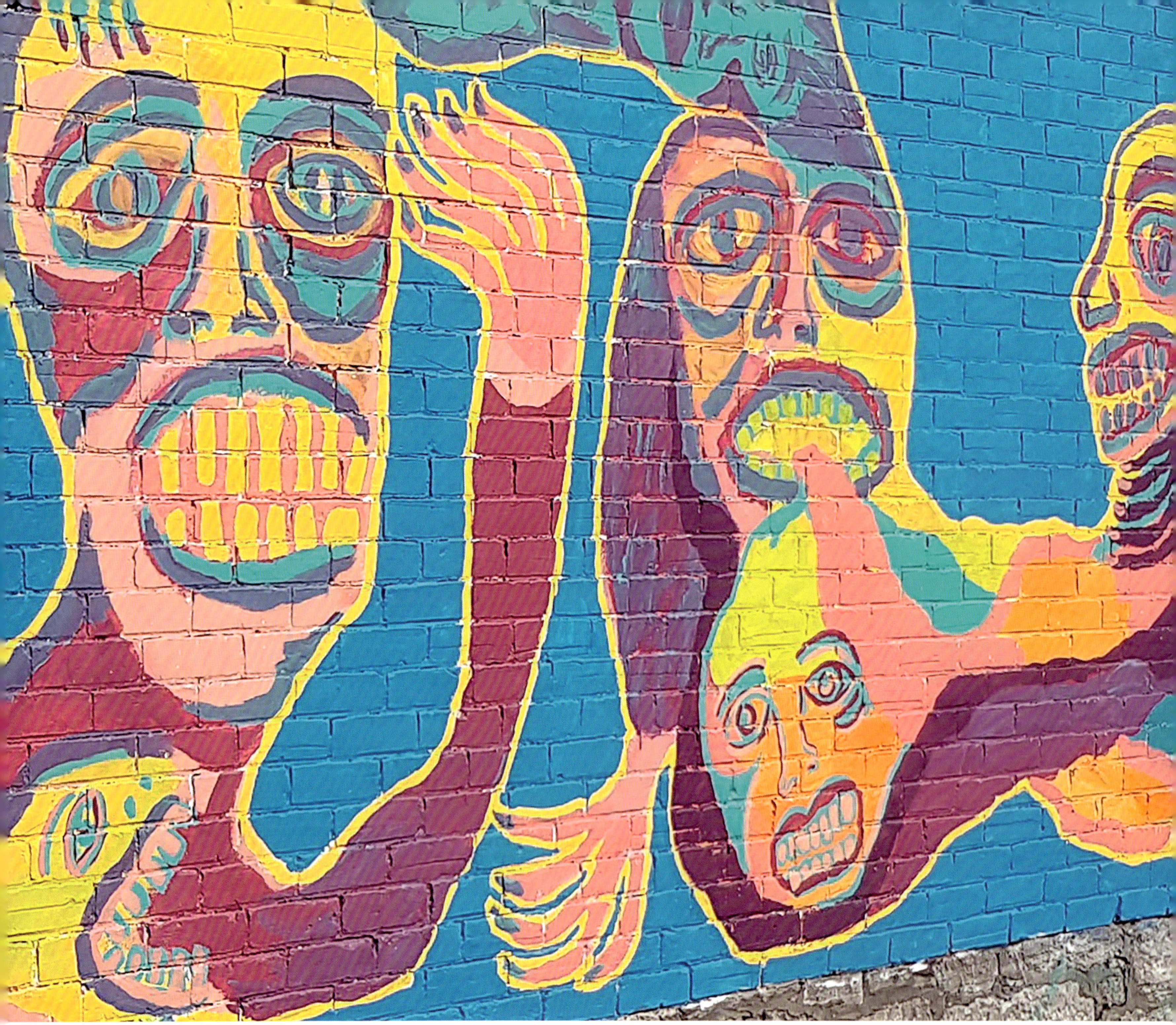

文化影响

原住民文化

1535 年，**法国探险家雅克·卡蒂亚（Jacques Cartier）**在霍克拉加（Hochelaga，即如今的蒙特利尔）首次遇到了易洛魁人。卡蒂亚宣布加拿大是法国的领土；据说，他是用休伦－易洛魁语（Huron-Iroquois）中的 kanata 一词为这个地区命名的，意为"殖民地"。1535 年时霍克拉加生活着大约 1 500 名易洛魁人，他们都住在传统的长屋里。

英国接管

勃斯古集市（Marché Bonsecours）由英国建筑师威廉·富特纳（William Footner）设计，是蒙特利尔一座带有穹顶的二层公共市场。法国在"七年战争"（1756 年—1763 年）结束时将加拿大割让给英国，而 18 世纪末大批英国殖民者的到来让这里发展出了许多的新兴产业。

黑人文化

许多美国黑人在 19 世纪末和 20 世纪初来到了蒙特利尔，到该市的不断扩展的铁路系统中工作。爵士乐繁荣发展的黑人社区纷纷涌现，比如"小勃艮第"（Little Burgundy），它还有"北方哈莱姆"（the Harlem of the North）之称。下图是一个五重奏爵士乐团在圣米歇尔俱乐部演出时的场景，该俱乐部曾是蒙塔涅大街（Rue de la Montagne）上一家重要的歌舞厅。

蒙特利尔

圣徒之城

▲▲ 如今仍属城中主干道的**圣保罗大街（Rue Saint-Paul）和圣文森特街（Rue Saint-Vincent）**是法国人在17世纪70年代修建的。法国对蒙特利尔的影响，如今依然很强大。

▲ **第一场有史料记载的冰球公开赛**，1875年在蒙特利尔的维多利亚溜冰场（Victoria Skating Rink）举行。冰球将英国人和原住民体育运动的特点结合起来了。

◄ "索金第一民族"（Saugeen First Nation）的一位阿尼西纳比族［Anishinaabe，即欧及布威族（Ojibway）］画家**西达·伊夫·彼得斯（Cedar Eve Peters）创作的这幅街头画**位于蒙特利尔的圣亨利（Saint-Henri）区，体现了对彼得斯祖先的敬意。画中所绘的灵魂，受到了原住民信仰的启发。

加拿大第二大城市蒙特利尔位于圣劳伦斯河与渥太华河交汇之处一座大型岛屿上。数千年以来，该地区始终都是第一民族（First Nations，即印第安人，他们属于美洲的原住民，因此在加拿大被称为"第一民族"——译者注）的天下。从公元1000年前后起，游牧民族易洛魁人开始采用一种较少迁徙的定居生活，种植玉米，后来又兴建了村落，其中就包括了如今蒙特利尔所在之地霍克拉加。

到1642年法国传教士建立维尔玛丽（Ville-Marie）殖民地（后来改名为蒙特利尔）时，霍克拉加已经消失，原住民人口也因欧洲人带来的疾病、暴力以及他们与邻近民族之间的战争而大幅减少了。尽管易洛魁人曾经试图捍卫自己的领土，但维尔玛丽还是逐渐发展成了一座重要的皮毛贸易站，而法国殖民者的数量也慢慢增加了。

城市的发展

1760年，英国的殖民武装控制了蒙特利尔，英国移民也开始增加了。美国独立战争（1775年—1783年）结束之后，一度支持英国的效忠派纷纷移居到了这座城市。1845年至1849年的那场"大饥荒"（Great Famine）导致的饥饿、疾病与贫困让不少爱尔兰人也向此地移民；而到了后来，大量意大利人（尤其是来自意大利南部贫困地区的移民）也开始抵达这里。他们与其他移民一起建造了城中许多至关重要的交通基础设施，还在该市迅速发展的各行各业中工作着。

蒙特利尔的第一批黑人群体兴起于19世纪，由退役士兵、逃离了奴隶制度的百姓以及后来被招募到铁路上工作的美国黑人组成。自20世纪60年代以来，逃离动荡、战争和独裁政权的人纷纷来到这座城市里寻求庇护，其中包括了来自中东、北非和海地等国家和地区的人。如今，移民在蒙特利尔居民中的占比达到了28%。

> 蒙特利尔……与加拿大本身无异，旨在留住往昔，留住一种发生在别处的往昔。
>
> ——莱昂纳德·科恩（Leonard Cohen），《至爱游戏》（*The Favourite Game*），1963年

意大利移民

在19世纪80年代至20世纪20年代以及第二次世界大战之后，有数百万意大利人（主要是意大利南部的移民）为了摆脱贫困而迁徙到了美洲。其中许多人来到了蒙特利尔，导致该市逐渐形成了像"小意大利"（La Petite-Italie）之类的社区；图中就是1910年一个意大利家庭开在这个社区里的杂货店。

亚裔群体

图中是加拿大国庆日（Canada Day）那天，**一支华裔加拿大人军乐队**身穿魁北克省省旗颜色的服装，正在沿着蒙特利尔市圣凯瑟琳大街（Sainte-Catherine Street）行进。城中有北美洲历史最悠久的亚裔社区之一。其中的唐人街出现于19世纪末，当时华裔铁路工人和矿工为了躲避种族歧视而从加拿大西部移居到了这里。

中东难民

蒙特利尔举办的"阿拉伯世界节"（Arab World Festival）弘扬了阿拉伯世界的艺术。来自中东和北非地区且规模最大的人口迁徙始于20世纪70年代末，是由黎巴嫩内战（1975年—1990年）等事件引发的。自2011年以来，已有4万多名叙利亚难民来到了加拿大。

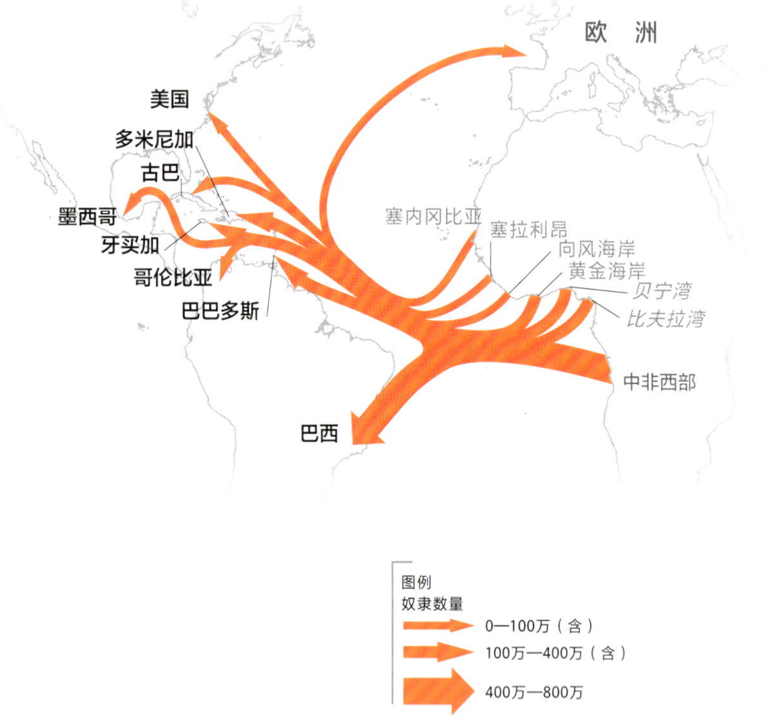

▲ **奴隶**曾经被从西非地区用船只送到葡萄牙控制下的巴西、西班牙统治着的加勒比地区，以及美国的南方地区。

▼ 塞内加尔的戈雷岛监狱中的**这扇“不归门”（Door of No Return）**，曾是非洲奴隶登上前往加勒比地区和美洲的船只之前，在家乡大陆上穿过的最后一扇门。

中间航程

大西洋上的奴隶贸易

大西洋上的奴隶贸易，是历史上规模最大的一场强制性人口迁徙。欧洲人抵达美洲之后，曾经大肆屠杀土著人；这就意味着，殖民地的种植园和矿山往往存在劳动力短缺的问题。于是，英国人、葡萄牙人、西班牙人、法国人以及其他的欧洲殖民强国便转而开始奴役非洲人民。

从16世纪起，欧洲商贾便航行到了西非的沿海地区，并从非洲商人和非裔欧洲商人的手中购买奴隶。大多数非洲奴隶最初都是在战斗中被俘、遭到绑架，或者因为受到惩处、为了偿还债务而被卖身为奴的人，但欧洲人也曾亲自动手掳掠奴隶。后来这种做法逐渐升级，变成了一种大规模的商业行为；从16世纪到19世纪中叶，欧洲人至少将1 250万非洲人从西非和中非地区送到了“新大陆”上，即北美洲、南美洲（尤其是巴西）和加勒比地区。

三角贸易

随着17世纪和18世纪种植园对廉价劳动力的需求日益增加，欧洲商人也在非洲西部沿海建立了许多基地。他们在这些地区用枪支、纺织品和酒类等工业制成品交换非洲奴隶。当时，绝大多数被俘者都是被强制驱赶着前行，他们被脖子上的锁链拴在一起，从内陆地区跋涉数百千米前往港口；这段路程被称为“起始航程”（First Passage）。他们被关押起来，经过检查，之后卖给奴隶贩子；接下来，他们被送到船上，横渡大西洋［这就是所谓的“中间航程”（Middle Passage）］，然后经历“最后航程”，即从港口到各个殖民地，前往他们受到奴役的地方。交付完奴隶这种“人口货物”之后，船只又载着奴隶们生产出来的食糖、烟草、咖啡和棉花返回欧洲。这种三角贸易改变了美洲的经济、政治制度和文化，给欧洲创造了巨大的财富，却让非洲国家变得满目疮痍。

让西非地区的王国或商人发动战争或者实施绑架袭击的经济动机，破坏了非洲社会的稳定。大约有三分之二的被掳者都是年轻男性，其中许多又是农民，这极大地削弱了当地的经济，导致了粮食短缺的局面。人口的大幅减少毁掉了许多社群；其他社群则被迫逃往内陆的偏远地区，试图躲过一支支突袭队和遭受奴役的命运。

难熬的旅途

那些被迫徒步跋涉到沿海地区并且遭到关押后仍能活下来的非洲人（很多奴隶都没有挺过这一程），在“中间航程”经受了更大的苦难。在横渡大西洋那段长达6周至11周的旅程中，被俘者被脱光衣服，打上烙印，戴上脚镣，挤在甲板下面；船舱往往非常狭窄，他们甚至没法坐直。

这种过度拥挤、酷热难耐和卫生条件恶劣的状况，导致了痢疾、天花和麻疹等流行性疾病，而糟糕的食物则导致了维生素C缺乏病和营养不良。船上的男性奴隶和女性奴隶是分开关押的，女奴有时不戴镣铐，可以获得一点儿自由，比如到甲板上呼吸新鲜空气。然而，船员们经常以极端暴力的手段对待这些女奴，强奸和性侵她们。在19世纪废除奴隶制度之前，有180多万非洲奴隶因为生病、遭到虐待、缺乏食物，或者因为反抗抓捕他们的人而在这段“中间航程”里死亡。

▼ **加纳的一幅壁画**，描绘了该国最大的奴隶市场之一阿森曼索（Assin Manso）的非洲奴隶。

400 万被送往巴西的非洲奴隶中的一位，这是 1869 年前后拍摄于累西腓（Recife）港的一张照片。

我害怕自己会被处死……因为我从未在任何民族中见到过如此残暴之举……

——奥拉达·艾奎亚诺（Olaudah Equiano）对一艘贩奴船上船员的描述，1789 年

反抗与身份认同

当时，奴隶们在运奴船上奋起反抗的现象很普遍，每10次航行中就会发生一次暴动。有时，暴动的奴隶会成功地制服船员们，比如1839年西班牙贩奴船“阿米斯塔德号”（*Amistad*）上的奴隶暴动就是如此；但更常见的情况是，奴隶们的反抗遭到残酷镇压。从绝食到试图跳海的个人反抗之举，也会受到严厉惩处。俘虏们可能会被残忍地强制喂食或者遭到殴打，直到他们吃东西才会作罢；船长们常常会在船舷两侧安装围网，以防奴隶们自杀身亡。

奴隶们在“中间航程”试图反抗的做法，反映出不同民族的非洲奴隶因为遭到非人对待而团结起来，形成了一种新的群体意识。虽然许多奴隶说的不是同一种语言，但他们可以利用歌曲、一呼一应式的呼喊和打击乐等来进行交流；这些交流方法的发展，让信息和故事得以传播开来。奴隶群体抵达各自的目的地之后，这些交流方法在他们当中继续存在，成了一种传播指令、警告和口头文化的手段。

宗教则是非洲奴隶保持共同身份和发起暴动的另一个原因。许多非洲奴隶都曾召唤祖先灵魂的超自然力量，试图用诅咒来伤害奴役他们的人。灵性、音乐和舞蹈之间的联系，因为这段旅程中的残酷遭遇而在无意之中得到了保持。在许多贩奴船上，船员们曾强制非洲奴隶到甲板上跳舞，好让他们在这趟漫长的航程中保持健康（更准确地说，是为了保持奴隶们的商业价值）。于是，非洲人的宗教仪式、音律和文化便转移到了大西洋的对岸。

最后航程

抵达加勒比地区和美洲之后，非洲奴隶会被拍卖，有时则被直接出售给奴隶贩子或企业主，后者再将奴隶运送到最后的劳作地点，包括种植甘蔗、咖啡、水稻和烟草的种植园，金矿和银矿，以及私人农场和家庭。奴隶主会“调教”奴隶一段时间，包括不给饭食、施暴和强制劳役，来让那些刚到的奴隶适应其环境和新的工作岗位。

尽管奴隶主试图剥夺非洲奴隶的身份认同感，这种企图却没有获得成功。相反，非洲奴隶当中出现了新的文化认同感，从而为日后美国黑人和加勒比地区的文化奠定了基础。美洲和加勒比地区兴起了新的宗教信仰，比如巴西的坎东布雷教（Candomblé）和海地的伏都教；它们在一种新的背景下，在故事、民间传说、宗教歌曲及桑巴舞和爵士乐等音乐中，对非洲的宗教信仰、医疗方法、音乐和舞蹈进行了改造。

▲ **延续舞蹈与音乐等传统**，既是奴隶们与非洲故土之间保持文化联系的一种手段，也给非洲奴隶提供了一种微小的力量，甚至提供了一种微妙的反抗手段；有时，他们会在歌曲中运用暗语。

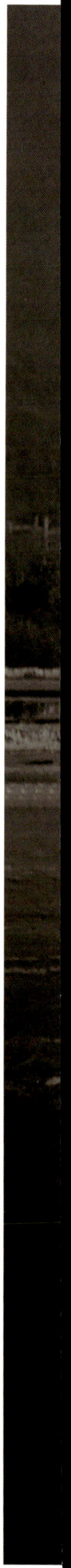

▶ 这张照片拍摄的，是1882年在巴西帕拉伊巴河谷（Vale do Paraíba）地区一座**咖啡种植园里劳作的奴隶**。巴西是美洲最后一个废除奴隶制度的国家（1888年才废除）。

奥拉达·艾奎亚诺

艾奎亚诺出生于埃萨卡（Essaka，即今尼日利亚），在11岁时遭到绑架并被卖为奴隶。后来，摆脱了奴隶身份、移居英国伦敦之后，他积极参加英国的废奴运动，还撰写了一部自传（1789年），对废奴事业产生了推动作用。

我进屋之前，从另一位奴隶主那里雇来的、正在院子里干活的两名女奴问我是谁家的奴隶。我回答说："我是来住在这里的。""可怜的孩子，可怜的孩子！"两人一齐说道，"你要是住在这里，就必须保持一颗善良的心。"我进去之后，站在一个角落里哭了起来。I夫人走过来，摘下了我的帽子（那是普鲁登小姐为我做的一顶黑色绸帽），用粗哑的声音说道："你可不是来这里站在角落里哭的，而是来这里干活的。"然后，她把一个孩子放到了我的怀里；尽管当时很累，我还是不得不马上干起了保姆的老本行。我不敢抬头去看女主人，因为她的面容极其严厉。

——百慕大的一名女奴玛丽·普林斯（Mary Prince），选自《玛丽·普林斯传：西印度群岛一位奴隶的自述》（*The History of Mary Prince, A West Indian Slave, Related by Herself*），1831年。1828年，普林斯的奴隶主托马斯·伍德（Thomas Wood）把她带到了伦敦。她在那里虽然有了法律上的自由之身（因为英国当时已经废除了奴隶制度），但她一直跟着伍德生活，直到当地的反奴社团帮助她离开并找到工作。据我们所知，普林斯后来再也没能回到西印度群岛的家人身边。

这幅照片拍摄的是丹（麦）属西印度群岛（今美属维尔京群岛）中的圣克罗伊岛（Saint Croix）上的**两位妇女**。1848年丹麦废除奴隶制度之后，虽然那里以前的奴隶有了薪水，但很多人依然干着同样繁重的工作，住在跟以前一样简陋的房舍里。

文化影响

葡萄牙殖民者

这幅画作绘制于1816年，描绘了**瓜纳巴拉湾（Guanabara Bay）**及里约热内卢城外不远处**的景色**，是从圣安东尼奥修道院的露台上眺望时所见；这座修道院是葡萄牙人于1608年所建的，用于容纳方济各会的修士。1502年1月，葡萄牙海军舰长加斯帕尔·德·莱莫斯（Gaspar de Lemos）抵达瓜纳巴拉湾，这是欧洲人第一次接触这个地区。

西非地区的奴隶

奴隶制度对殖民时期的巴西**发挥了重要的作用**。从16世纪到19世纪，葡萄牙人将大约200万名西非奴隶贩卖到了里约热内卢——数量超过了世界上的其他任何一座城市。这座城市的饮食、语言、音乐、舞蹈、美术和文化都受到了非洲人的影响，下图所示的卡波耶拉（capoeira）这种武术形式尤其如此。

德意志人的基础设施

从19世纪初开始，**来自德意志的移民**就受到了巴西政府的鼓励。德意志人起初移居于南部的农村地区，后来又迁到了城市里，其中就包括了里约热内卢。德意志的工程公司在该市的发展过程中发挥了关键的作用：例如，西门子公司建造了该市的远程电报线路，以及里约热内卢的第一座电话局。

▲▲ **盛装打扮的舞者**参加里约热内卢狂欢节（Rio de Janeiro Carnival）主要活动时的情景——这是该市一件重大的文化盛事，也是非洲和欧洲庆典活动的融合。

▲ **曼盖拉贫民区（Mangueira favela）的一支桑巴乐队**正在进行即兴演出。桑巴乐和桑巴舞发源于里约热内卢的黑人群体之中，受到了非洲音乐和舞蹈的影响。

◀ **爱德华多·科布拉创作的《族群》（*Ethnicities*）**是世界上最大的一幅街头画，面积达 3 000 平方米，位于里约热内卢的港口区。此作于 2016 年该市举办奥运会之际揭幕，其中绘有 5 张面孔，每张面孔代表着一个大洲。

里约热内卢

奇妙之城

里约热内卢坐落在瓜纳巴拉湾之滨，该地区最初生活着图皮南巴族（Tupinambá）群落，他们都住在大型的村落里，靠着在资源丰富的近海捕鱼为生。城中的许多地名，都起源于图皮南巴语；比如说，“伊帕内马”（Ipanema）就是“劣质水”的意思。欧洲人于16世纪初来到那里，对土著人口进行了大肆残害。16世纪50年代，法国殖民者在瓜纳巴拉湾中的一座岛屿上建立了一个定居点，后来葡萄牙人将他们赶走，并且在1565年建立了里约热内卢。

葡萄牙人严重依赖于奴隶劳动力，起初依赖于土著民族；里约热内卢的大部分都是由土著民族建造的。从16世纪至19世纪，里约热内卢变成了大西洋奴隶贸易（参见第124页—第127页）的代名词：抵达这里的非洲奴隶数量超过了美洲的其他任何一座港口，而奴隶们在巴西生产出来的食糖、黄金、钻石、咖啡以及其他商品，也从这里运往了欧洲。

现代移民

1808年，就在拿破仑入侵葡萄牙之后，葡萄牙的朝廷曾经迁到里约热内卢，使之变成了唯一一座位于欧洲以外的欧洲都城。进入19世纪后，这座城市开始了现代化和工业化的进程。来自欧洲、中东地区和日本的移民（参见第188页—第189页）大批大批地抵达这里，尤以19世纪末和20世纪初为甚。与此同时，被称为“贫民区”（favelas）的工薪阶层聚居区则在市中心四周的山坡上如雨后春笋一般涌现出来。那些山坡上，最初居住着参加过“卡努杜斯之战”（Canudos War，1895年—1897年）的士兵，后来则成了数百万巴西黑人的家园。此后，许多来自农村地区的国内移民也加入其中。如今的里约热内卢有600万人口，是世界上最具多样性的城市之一；从狂欢节和桑巴舞到足球和卡波耶拉武术，这里的一切都显著地融合了原住民、非洲人和欧洲人的影响。

> 我们是黑人、印第安人、白人——同时拥有一切身份——我们的文化与欧洲人无关。
>
> ——埃利奥·奥蒂塞卡（Hélio Oiticica），巴西视觉艺术家

意大利劳工

政治和经济危机导致大批意大利人在 19 世纪末和 20 世纪初移民到了巴西。数十万人来到了巴西；尽管大多数移民都朝该国的南方或者圣保罗地区而去，但里约热内卢也逐渐形成了一个人数众多的意大利移民社群。许多移民都是在这些年间蓬勃发展起来的咖啡行业里工作。

中东商贾

来自中东地区，尤其是来自黎巴嫩和叙利亚两地**的移民**，从 19 世纪末就开始在里约热内卢市里定居下来。许多人都在当地市场上当商人和小贩，比如下图中位于卡里奥卡高架桥（Carioca Viaduct）下的市场。一些重大的历史事件，包括奥斯曼帝国覆亡、第一次世界大战以及后来的第二次世界大战，都曾让来自中东地区的移民数量大增。

日本工人

20 世纪初，**日本人为了摆脱贫困的乡村**而纷纷迁徙到了巴西。大多数人都去了圣保罗地区，以填补咖啡种植园里短缺的劳动力，但也有很多人在里约热内卢安顿了下来。下图是 2008 年日裔移民的后代在狂欢节游行活动中载歌载舞的情景。

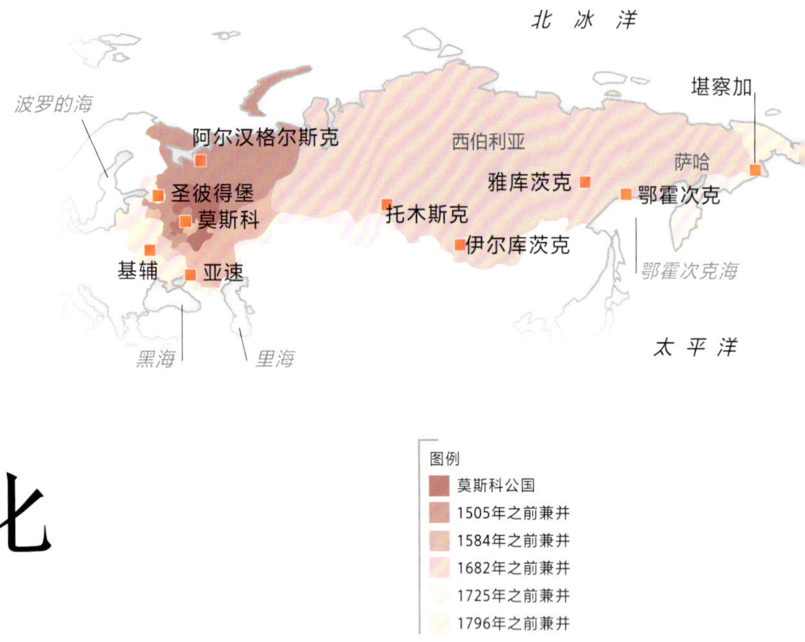

迁徙与俄国化

俄国在沙皇治下的扩张

如今，俄罗斯是世界上面积最大的国家，其疆域占到了地球上人类可居住地区的八分之一。但在600年以前，它还只是一个以莫斯科为中心且面积狭小的莫斯科公国，处于鞑靼人的统治之下。不过，到了15世纪晚期，莫斯科公国开始扩张了：它首先往西而去，夺取了其他俄罗斯民族的领土，接着往东征伐，占领了鞑靼人的土地，并且继续东进，最终占领了整个西伯利亚地区，建立了统治着上百个民族的沙皇俄国。

尽管俄国的疆域变得日益广袤，但在其扩张的过程中，普通百姓自发迁徙的现象却很是罕见。16世纪晚期，俄国的农民变成了农奴，实质上就是变成了封建领主们的私有财产，被禁止自由流动。农奴人口占到了俄国总人口的三分之一以上，其中大多数人终生都在一个地方的土地上劳作，常常一贫如洗。然而，地主却可以随意调动手下的农奴，将农奴派往邻近地区，或者打发到西伯利亚那些刚刚征服的地区去。当时，只有极小一部分人是自愿往东迁徙的。

饥荒与征伐

规模最大的一场迁徙发生在1601年到1603年间，既很突然，也是一场灾难。当时，俄国接连出现了夏季气温极低的情况，导致粮食歉收，从而引发了一场饥荒，造成200万人死亡，占到了俄国总人口的三分之一。难民有如潮水一般涌入城市，乡村地区人去屋空。许多农民趁着这场灾难摆脱了农奴身份，永远离开了土地，到城市里开始了新的生活。

在接下来的两个世纪里，俄国向西伯利亚的扩张导致了进一步的人口流动。俄国的精英阶层凭借征服西伯利亚而变得富有起来，因为他们开发了该地区丰富的资源；不过，他们还对西伯利亚的土著民族实施了残酷压迫。为了加强控制，俄国人在西伯利亚各地设立了许多的“要塞”（ostrog），用于征收“雅萨克”（yasak），即一种以毛皮形式缴纳的税赋。东北部的萨哈人（Sakha，即雅库特人）和堪察加地区的阿依努人承受了深重的苦难。世人如今认为，他们当时的遭遇不啻一场种族灭绝，因为在很短的时间里就有70%的原住民丧生，要么是直接被俄国人杀害，要么就是染上俄国人带来的天花而丧命。俄国人对皮毛的需求，也对当地的野生动物造成了巨大的危害。

文化统治

到了18世纪，俄国政府开始向农民授予帝国边远地区的土地，以换取他们去服兵役——目的在于实现“俄国化”，即让俄国文化在西伯利亚和“小俄罗斯”（即如今的乌克兰）占据统治地位。起初，俄国农民在这些陌生的环境下艰难度日；萨哈人养殖驯鹿的方法在雅库特地区虽已流传数千年之久，但难以大规模推广。然而，随着时间的推移，俄国人还是在这些领土上建起了自己的家园：他们成了当地的主导民族，俄语也成了当地的主要语言。亚洲北部广大地区的情况也是如此，其他民族如今都成了少数民族。

▲ **沙皇俄国日益壮大**，西起波兰和芬兰，东至阿拉斯加和楚科奇半岛，疆域辽阔。当时，俄国百姓并不是自愿往东迁徙的。

▼1580年，**俄国哥萨克**在额尔齐斯河畔攻击了蒙古裔统治者古楚汗（Kuchum Khan）的军队。这次进击，标志着俄国人开始了对西伯利亚的征伐。

◀ 俄国画家谢尔盖·伊万诺夫（Sergei Ivanov）创作的**《莫斯科公国边境巡逻队》**（***On the border guard of Muscovy***）描绘了克里米亚的鞑靼人准备发动进攻时的情景。从 16 世纪到 18 世纪，鞑靼人曾多次入侵莫斯科公国。

▼ **乌克兰的一个乡村集市**，由俄国画家瓦西里·斯特恩伯格（Vasily Sternberg）创作于 1836 年，描绘了俄国移民在“小俄罗斯”生活兴旺的景象。

良田沃土，大抵落入俄国人之手……西伯利亚［土著］诸部皆北迁……

——西伯利亚社会活动家 N. M. 雅德林采夫（N. M. Yadrintsev），《西伯利亚殖民地》（*Siberia as a Colony*），1881 年

新教徒逃离迫害

胡格诺派教徒的迁徙

在16世纪信奉天主教的法国，那些奉行法国神学家约翰·加尔文教义的新教徒，被称为“胡格诺派”。加尔文主义在包括后来的国王亨利四世在内的法国精英阶层中，曾经广受欢迎；到1562年时，法国已有超过80万名胡格诺派教徒。然而，对这个人数可观的少数派实施的迫害在17世纪80年代达到顶峰之后，成千上万的新教徒便秘密离开法国，去寻求庇护了。

早在16世纪60年代，法国就已爆发宗教冲突和暴力，并且很快就在1572年的“圣巴托罗缪节”（St Bartholomew’s Day）大屠杀中达到了高潮；当时，巴黎有大约3 000名胡格诺派教徒被天主教徒杀害。在接下来的两个月里，暴行持续不断，引发了胡格诺派教徒离开法国的第一次迁徙大潮。

这种敌对状态，一直持续到了亨利四世登上法国王位、继而皈依天主教之后于1598年颁布《南特敕令》的时候。这道非比寻常的敕令很不受欢迎，因为它倡导宗教宽容，给法国许多地区的胡格诺派教徒授予了公民权利和信仰自由。尽管得到敕令的保护，绝大多数天主教徒中日渐增长的怨恨情绪其实导致胡格诺派教徒生活得非常艰难；而待1685年国王路易十四废除这道敕令之后，他们就被剥夺了所有的宗教自由和公民自由。

危险的逃亡及其影响

尽管身处这种敌意重重的环境，当时的胡格诺派教徒却被禁止离开法国，因此那些决定离开并前往其他欧洲国家的人，就面临着一段危险重重的旅程，不知道其他的欧洲国家会不会接纳他们。许多人都是在深更半夜里动身，乘坐小划艇去跟停在近海的荷兰或者英国船只会合。孩子们藏在葡萄酒桶里，被偷偷地送出去。通常情况下，一位男子会提前去做好准备工作，其家人则会随后前去。那些被抓住的人不是遭到处决，就是被判处苦役，到法国舰队的单层桨帆船（一种由帆与桨驱动的低矮船只）上去划桨。尽管如此，还是有20万名胡格诺派教徒逃离了法国。

胡格诺派的离去，严重损害了法国的经济，因为他们当中的许多人是富人和各行各业的人才，比如羊毛和丝绸织工、钟表匠、出版商、艺术家、雕刻师和服装设计师。有些城镇失去了大量最勤劳和技术最熟练的工匠，再也难以恢复元气了。

开创新的生活

当时，大约有5万名胡格诺派教徒在英国定居下来，而英国人对他们的反应不一。有些英国人憎恨这些突然涌入的移民，认为移民对他们的生计构成了威胁。其他英国人则怀有同情之心，明白许多胡格诺派教徒在逃亡时失去了一切。1708年，根据《外国新教徒入籍法案》（Foreign Protestants Naturalisation Act），这些难民都获得了完整的公民身份。与此同时，那些在荷兰首都阿姆斯特丹安顿下来的人也在1705年获得了完整的公民地位。胡格诺派教

▼ 英国伦敦索霍区（Soho）法国新教教堂（French Protestant Church）门上的**一件石浮雕作品**，描绘了一个胡格诺派家庭乘船逃离法国时的情景。

▼ **法国的新教徒**不但**逃往了**英国，还逃往了其他的非天主教地区，比如荷兰共和国、德意志和俄国。

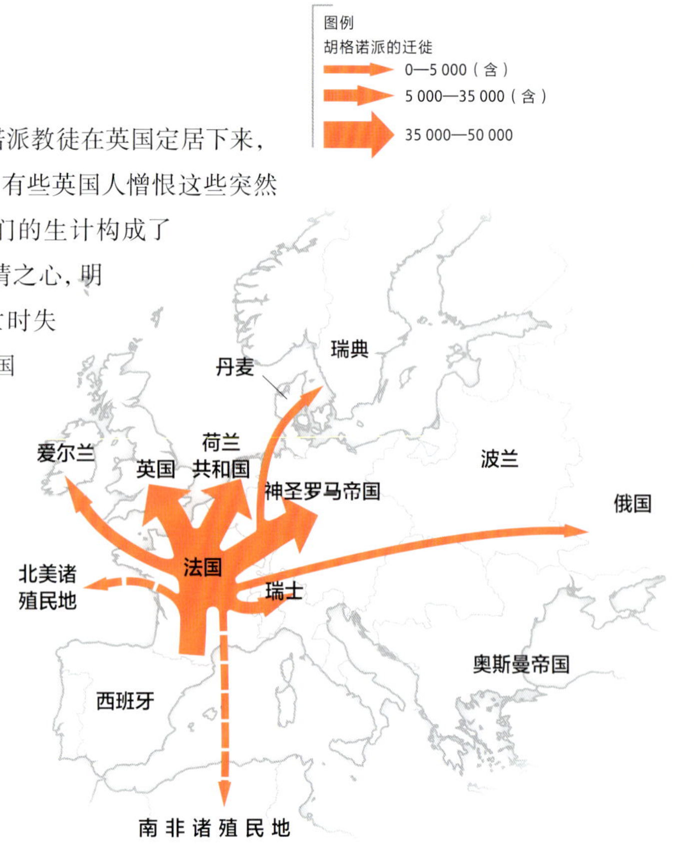

徒在德意志的一些邦国和日内瓦也受到了欢迎，但只有那些从事钟表行业的人选择留下来。这些国家中的反天主教情绪，对进一步移民起到了推动作用。

胡格诺派教徒把他们的手艺和资金带到了新的祖国。许多胡格诺派织工定居在伦敦的斯皮塔费尔德（Spitalfields）地区，那里由此变成了一个繁忙的工业区；他们的创新之举，影响到了英国的整个经济。在艺术与时尚领域，在英国发展成一个以银行、信贷和股票为基础的资本主义经济体的过程中，胡格诺派也产生了重大的影响。到1760年左右，散布于欧洲各国的胡格诺派教徒就不再被人们视为异类了。

◀ **大约 3 000 名胡格诺派教徒**在 1572 年的“圣巴托罗缪节”那天遭到了巴黎天主教徒的屠杀，如创作于 1696 年的这幅荷兰版画所示。

荷兰画家扬·安东·纳赫伊斯（Jan Antoon Neuhuys）创作于 1566 年的这幅画作，表现了胡格诺派教徒离开家人时的悲伤之情。

▲荷兰人在好望角附近的桌湾（Table Bay）**创建了**南非的第一个欧洲殖民地。当时居住在这里的，是荷兰殖民者和来自其他荷属殖民地的奴隶。

▼**图中这块砖**源自荷兰东印度公司在开普地区的大本营“好望堡”（Castle of Good Hope），上面刻有3个字母VOC，是该公司的荷兰语名称Vereenigde Oost-Indische Compagnie的首字母缩写。

殖民好望角

南非的荷兰人

在1588年到1672年间，荷兰的贸易、科学、艺术和船舶都居世界领先地位，荷兰共和国也经历了一个“黄金时代”。该国凭借与世界各地的贸易联系而变得非常富有，荷兰船只驶往亚洲和美洲，带回了香料与丝绸。

荷兰东印度公司（在荷兰语里略作VOC）在印度尼西亚开展业务，西印度公司（WIC）则在美洲开展业务。它们兴建了一些港口和贸易中心，比如印度尼西亚的巴达维亚（今雅加达）和印度西部的苏拉特，以及南非的开普敦，用作贸易船只往返于亚洲和欧洲之间时获取补给的停靠点。

1652年，荷兰东印度公司在好望角附近建立了第一个殖民地，即开普（Cape）殖民地。起初，那里更像是一个贸易中心而非殖民地，但该公司很快便意识到，为了给公司的船只提供充足的新鲜农产品，那里必须有农民定居才行。于是，公司鼓励位于荷兰的雇员及其家属到这个殖民地去尝试一种新的生活，为他们提供免费船票，使之成为独立自主的农民。到了18世纪中叶，大约有1.3万名荷兰人定居到了南非。

原住民群体

科伊科伊人和桑人［统称为科伊桑人（Khoisan）］是开普地区的土著民族。他们原本都是狩猎–采集者和牧民，但荷兰人强迫他们到殖民者的农场上去无偿劳作，残暴地对待他们，并且不准他们离开。殖民者不但夺取科伊桑人的土地，不让他们获得水源，导致许多土著人口流离失所，干脆彻底离开了这个地区，还让土著居民接触到了他们毫无免疫力的天花等疾病。殖民者至少对科伊桑人进行过两次屠杀；科伊桑人做出的回应，则是袭击殖民者，并且烧毁了他们的农场。

对劳动力的需求

结果表明，殖民地炎热干燥的气候给荷兰农民（被称为布尔人，后来又称阿非利坎人，即南非白人）带来了巨大的挑战，他们根本无法满足东印度公司的船只和殖民者对粮食和牲畜日益增长的需要。为了满足需求，荷兰人从安哥拉、象牙海岸（今科特迪瓦）、东印度群岛、马来亚等其他荷属殖民地运来奴隶，增加了这里的劳动力。1692年，这个殖民地还只有大约300名奴隶；可到了1793年，这里的奴隶数量就增加到了1.4万人。他们大多在农村的庄

▼17世纪，随着越来越多的荷兰船只在欧、亚两洲之间航行时入港获取补给，**开普殖民地**也日益发展起来了。

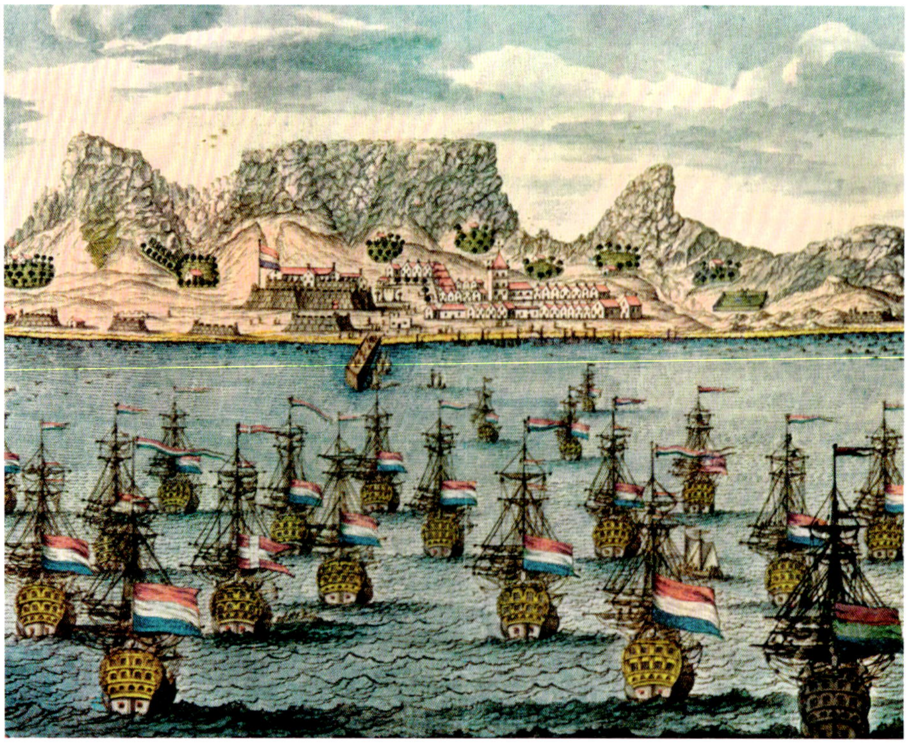

园里干活，但也有奴隶在开普敦这座刚刚建成的港口城市里工作。

这些不同民族群体的影响，在阿非利坎语里体现得十分明显，这种语言是在殖民者所说的荷兰语基础上逐渐形成的。奴隶和奴隶主都对这种语言进行了改造，而南非的其他民族也对这种语言有所影响。

治权更替

到了18世纪末，荷兰东印度公司的财务状况变得难以为继了。1795年，英国人占领了开普殖民地，但允许荷兰人继续进行管治；1814年，荷兰把这个殖民地割让给了英国。尽管英国人在1808年就废除了该国领土上的奴隶制度，可他们允许这里的荷兰人将奴隶保留到了1838年。

荷兰的鸦片贸易

实力强大的荷兰东印度公司曾经主宰着欧洲与东印度群岛（如今的印度尼西亚）之间的贸易，鸦片则是其中的一种重要商品。这种毒品当时被用作止痛剂，也曾用于给该公司的海员治疗伤寒和其他疾病。这幅创作于1650年前后的油画，描绘了荷兰东印度公司的荷兰籍船长和军官踏上经由开普敦前往欧洲的航程前，在印度尼西亚大肆喝酒和抽鸦片的情景。

▲ 开普殖民地的**荷兰总督**扬·威廉·让森斯（Jan Willem Janssens）在1803年会见科伊桑族领导人的情景，当时，英国人曾将开普殖民地短暂地还给了荷兰人一段时间。

▶ **这幅寓言画**由莫卧儿画家巴萨万（Basawan，约1590年）创作，描绘了一个混乱不堪的场景，但赤脚骑着一匹野象的阿克巴大帝似乎掌控着一切。身为统治者，阿克巴大帝的成就在于他与所有臣民进行合作，包括穆斯林、印度教信徒、波斯人、中亚人和土著民族。

▼ 在莫卧儿帝国的宫廷里和波斯，人们曾把**一种叫作萨佩奇（sarpech）的珠宝饰品**佩戴在头巾前面。

▲ **莫卧儿帝国**曾经大肆扩张，北至喜马拉雅山脉，南至德干高原，西起喀布尔，东至孟加拉。

财富与接纳的时代

莫卧儿帝国的扩张

在其鼎盛时期，莫卧儿帝国的疆域曾经覆盖如今的印度、巴基斯坦、孟加拉国和阿富汗等国的大部分地区，拥有大约1亿人口。莫卧儿帝国存续了两个多世纪，是历史上最富庶的帝国之一。

莫卧儿帝国始建于1526年，当时巴布尔经由阿富汗入侵了印度北部；巴布尔是一位具有突厥-蒙古血统的穆斯林君主，来自如今中亚地区的乌兹别克斯坦。伊斯兰教原本在公元7世纪就传播到了南亚次大陆，但在这个印度教信徒占绝大多数的地区，莫卧儿帝国的统治对传播、巩固伊斯兰教和使之融入当地发挥了关键的作用。

中亚人和波斯人的迁徙

最初来自中亚地区的士兵当中，有察合台部族和乌兹别克人。许多士兵都在印度定居下来，而在整个16世纪和17世纪，又有成千上万的中亚人迁徙而来，为莫卧儿帝国效力，尤其是从事行政管理工作。

当时还有大量的波斯移民。巴布尔的儿子兼继位者胡马雍极其推崇波斯文化，曾经邀请波斯的贵族和行政官吏来到印度，而波斯语也变成了莫卧儿宫廷和行政部门所用的语言。许多波斯移民都是逊尼派穆斯林；他们觉得，生活在什叶派穆斯林日益占据主导地位的波斯，他们受到了不公平的对待。在接下来的数个世纪里，拥有各种技能的波斯人纷纷迁徙到印度来寻找工作，有医师，有画家，有建筑师，还有手艺人。

莫卧儿人与他们的祖籍地之间有着强大的联系，而莫卧儿帝国的艺术与建筑显然也深受中亚和波斯两地的影响，曾在阿克巴大帝（1556年—1605年在位）治下蓬勃发展。我们可以在莫卧儿帝国时期的建筑中看到这些文化的要素，它们融合了伊斯兰教和印度教的风格；比如沙·贾汉（Shah Jahan，1628年—1658年在位）皇帝下令修建的泰姬陵就是如此。

阿克巴大帝的在位时期，也是宗教宽容达到了巅峰的一个时期。这位皇帝对其他宗教信仰有着浓厚的兴趣，曾经邀请印度教信徒、佛教徒、基督徒、琐罗亚斯德教徒、犹太人和穆斯林来到他的宫廷。他废除了对非穆斯林所征的吉兹亚税（jizya）［伊斯兰国家向非穆斯林（不包括奴隶）征收的一种宗教类人头税——译者注］，允许印度教信徒朝圣，并且对信奉印度教的贵族委以重任。莫卧儿帝国的一大遗产，就在于设立了许多大型的穆斯林社区，尤其是在印度北部，它们一直存续到了印巴分治时期（参见第218页—第221页）；而在有些地区，它们还存续了更长的时间。

帝国的没落

阿克巴大帝的继任者们不再实施宗教怀柔政策，可能是莫卧儿帝国在公元1700年前后开始衰落的一个原因。由于在奥朗则布（1658年—1707年在位）的保守统治下帝国重新开始征取吉兹亚税，印度教的领袖们揭竿而起。波斯人（1738年）和阿富汗人（1761年）发动的入侵，则进一步对莫卧儿帝国造成了致命的重击。实力日衰的帝国又苟延残喘了一个世纪，最终在1858年亡于英国人之手。

▼ **努尔·贾汉（Nur Jahan）**随家族从波斯徙居印度，后来嫁给了莫卧儿帝国的第四位皇帝查罕杰（Jahangir）。据说她是幕后的真正掌权者，具有高超的政治才能，并且极有涵养和创造力。

先辈移民及其后继者

英国新教徒殖民新英格兰

1620年9月16日，“五月花号”从英国的普利茅斯港扬帆起航，往北美洲驶去。船上的102名乘客中，几乎半数都是分离派新教徒［Protestant Separatist，后来被称为先辈移民（Pilgrim Fathers）］。他们都属于激进的清教徒，所持的极端观点使得他们脱离了英国国教。

“五月花号”的目的地，原本是弗吉尼亚北部的哈得孙河。然而，恶劣的天气导致这艘船偏离了那里的英国殖民地，朝着科德角（Cape Cod）驶去，并在如今的普罗温斯敦港（Provincetown Harbor）靠了岸。登岸之前，船上的乘客签署了《“五月花号”公约》，那是一系列为自治制定的初始规章。清教徒先辈移民与非清教徒一致同意：继续做忠于英王詹姆士一世的臣民，并且建立一个合法的基督教社会。

上岸之后，先辈移民偶然发现了原住民的坟墓，将墓中的物资和用作供品的玉米洗劫一空。接下来，他们在万帕诺亚格人（Wampanoag）已经居住了1万多年的那片土地上建立了普利茅斯殖民地。当时，万帕诺亚格人已经因为接触欧洲商贾而深受其害，后者带来了一种致命的疾病（具体不详），让这个地区大约90%的土著居民都在1616年至1619年间死亡了。

与万帕诺亚格人的关系

普利茅斯殖民地的第一个冬天非常残酷。超过半数的殖民者都死了，其余的殖民者多亏了万帕诺亚格人才没有饿死，因为后者把种植玉米和打猎的方法教给了他们。反过来，万帕诺亚格人也寻求与殖民者结盟，以免遭敌对土著民族的侵害。1621年粮食获得丰收之后，殖民者曾举办盛宴加以庆祝，万帕诺亚格人的首领马萨索伊特（Massasoit）带着90位族人参加了这场宴会。这场盛宴被称为第一个“感恩节”，如今它成了美国一个全国性的节日。然而，许多原住民却把感恩节视为一种提醒，它让人回想起了殖民者窃取他们的土地和数百万先辈死亡的那段历史。

继续移民与紧张局势

1630年，另一群清教徒来到了新英格兰地区，在普利茅斯的北面建立了马萨诸塞湾殖民地——那是一个恪守教规的神权社会。与先辈移民不同的是，这些清教徒希望从内部“净化”残留于英国国教中的所有天主教习俗。很快，更多的清教徒群体便从英国移民新英格兰地区，到了17世纪70年代，该殖民地首府波士顿的人口已达4 000之多。

随着更多殖民者前来——其中既有清教徒，也有其他人士——土著民族遭遇了越来越多的暴力、流离失所和疾病。局势变得紧张起来，最终导致了1675年的“菲利普王之战”；这是以万帕诺亚格人的首领美塔科姆（Metacom）的名字命名的（因为英国人称他为菲利普王）。这场战争彻底摧毁了这里的万帕诺亚格人和其他原住民群落。成千上万的原住民被英国人杀害，或者被卖为奴隶——可正是他们伸出援手才让那些殖民者活下来的。

“五月花号”上的清教徒后来被称为“先辈移民”，在美国白人的民间传说和艺术作品中曾被高度颂扬，如这幅描绘他们登岸情景的19世纪版画所示。

> 我们万帕诺亚格人曾经张开双臂，热情欢迎你们白人，却浑然不知这是末日之始。
>
> ——万帕诺亚格人酋长弗兰克·詹姆斯（Frank James），1970年

◀ **清教徒先辈移民**以普利茅斯四周为大本营，建立了一个殖民地，后来的清教徒则以波士顿为中心，建立了马萨诸塞湾殖民地。然而，新英格兰地区其实早已是许多土著民族世代聚居的家园。

▼ **“五月花号”上的乘客**约翰·奥尔登（John Alden）和普莉西拉·马林（Priscilla Mullin）属于第一批在普利茅斯殖民地结婚成家的先辈移民；1623年，他们在那里获得了1.6公顷土地来建造一座房子。

◀ **蒂斯昆塔姆（Tisquantum）**正在教先辈移民如何种植玉米、如何用死鲱鱼做肥料来给玉米施肥。他被人们称为斯匡托（Squanto），是1618年被英国人俘虏为奴的帕图塞特人（Patuxet）。俘获者教会了他说英语。

▼ **布拉德福德（Bradford）的索尔特纱厂（Salt's Mill）**和索尔泰尔村（Saltaire）在兴建之初就考虑到了工人的福利。厂主提图斯·索尔特（Titus Salt）的这座工业小镇上，有医院、学校和公共洗衣房。

从乡村到城镇

工业革命

18世纪始于英国的工业革命，给全球的人类社会带来了深刻的变化。乡村田园之间出现了工厂，数百万人离开土地到新兴的工业城市里去工作。

有多种因素，促成了从乡村到城市的人口迁徙。农业方面的创新减少了农耕劳动力的需求，技术上的进步则导致城镇里诞生了需要大量工人（或者所谓“人手”）的工厂。新技术还带来了粮食盈余，可以供养城市里增长的人口；而且，随着大英帝国不断扩张，工业制成品也打开了巨大的新市场。

英国企业家理查德·阿克赖特（Richard Arkwright）抓住了这个机会，1771年在德比郡开办了世界上第一家工厂“克罗姆福德纱厂”（Cromford Mill）。这座纱厂里，男工、女工和童工日夜不停地操作着水力驱动的机器，大规模地生产棉纱。到了18世纪晚期，英格兰北部的产煤区已经遍布着曼彻斯特和布拉德福德等工业城市，由蒸汽驱动的铁路和运河交通网络也已建成，在这些城市之间运送货物和人员。

城市生活

随着农村地区越来越贫困，在工厂里的就业机会吸引下，人们举家离开土地，搬到了城市里。曼彻斯特的人口在1771年至1831年间增加了6倍，到1911年时已经达到230万。

当较为富裕的家庭纷纷迁往郊区，远离日益加剧的污染之时，工人阶级在城市里却生活得十分艰难。城市的中心区域既喧嚣，又肮脏。工人们的住所拥挤不堪，通风不良，还没有卫生设施。疾病盛行，比如肺结核和霍乱。大多数工厂里的工作条件也极其糟糕和危险。在1833年《工厂法》出台之前，就连年仅6岁的童工每天也要工作16个小时，不然的话，他们就只能在乡下饿死。19世纪40年代暴发“大饥荒”的时候，有成千上万的百姓从爱尔兰迁徙到了英格兰（以及美国，参见第174页—第177页）。

尽管数以百万计的人口离开了农村，但城市的发展主要得益于人口出生率的提高。年轻人能够以前所未有的方式相遇和结婚，经济增长则鼓励他们去组建家庭。他们的孩子可以接受教育，从而让孩子们能够找到更好的工作和获得更高的工资。城市里的条件，也慢慢地有所改善了。1750年，英国只有15%的人口在城镇里生活；可到1900年的时候，这一比例就达到85%了。

不可阻挡的趋势

欧洲的其他国家很快也开始了工业化；先是比利时和法国，然后是德国，它们都经历了各自的工业革命。美国的工业革命始于18世纪末，而19世纪中叶还出现了第二轮革命——到了19世纪，美国已经是一个工业强国。这种从农村到城市的人口流动在世界各地纷纷发生，此后更是加快了速度。

我的工作量变成了以前的两倍，工资却减少了。机器加快了生产速度……

——查尔斯·阿伯丁（Charles Aberdeen），英格兰北部索尔福德（Salford）一家棉纺厂里的工人，1832年

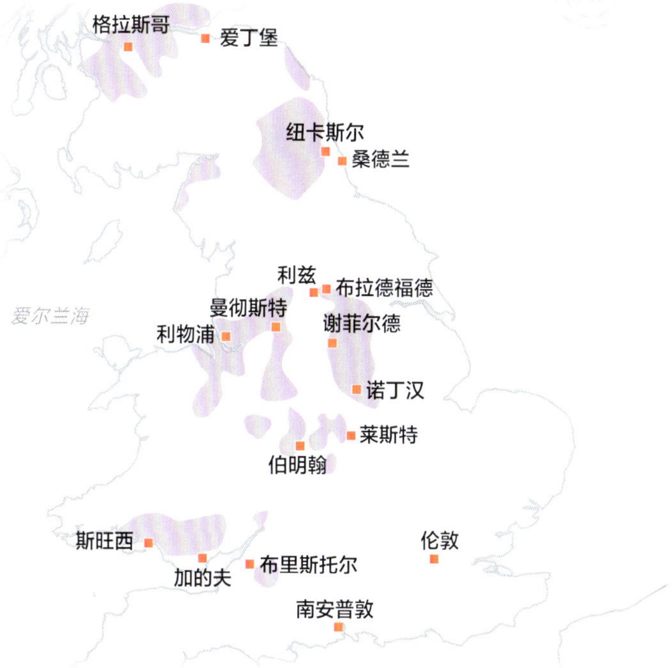

▶ **英国的城市**在整个 19 世纪**发展迅猛**，尤其是英格兰的中部和西北部；此图显示了一些主要的工业城市。

图例
煤田

◀ 苏格兰格拉斯哥市里**肮脏而拥挤的贫民窟**，成了来自苏格兰农村和爱尔兰的贫困移民的聚居地。

伦敦的工业发展曾经以泰晤士河为中心。这张照片拍摄于 1863 年，呈现了黑衣修士区（Blackfriar）泰晤士河畔的钢铁工人和机器设备。

我们翻越野麦岭，并非无缘无故，
是为了我们自己，和我们的父母。
待痛苦的缫丝季节过去，
世界将重现光明，
我也许能嫁为人妇。
我家贫年幼，十二即出，
卖给这家工厂为奴。
当时父母吩咐：“你该走了。”
我的心中，泣血如注……母亲！
丝厂里的缫丝季节，我实憎恶；
下午4点至凌晨4点，工作无止无休……
愿我能有米酒供父母享用，
看着他们幸福的眼泪滴落杯中……
他们来信殷殷，说期盼着年终。
难道他们对钱财的期盼，
甚于期盼我这个女儿之心？

——《我的双亲》，一位日本丝绸工创作的歌谣，1900年前后

在这张1900年前后拍摄、已经着色处理的照片中，**日本女工正在一家丝绸厂里工作**。姑娘们都是由中介从农家招募过来的，中介声称这份工作可以让她们挣到优厚的薪水。实际上，这些姑娘每天的睡觉时间少至4个小时，她们长时间工作，报酬却很少。

伦敦

雾都

尽管泰晤士河周边地区有过更古老的聚居地，但那里第一座真正的城市，却是古罗马人兴建起来的（参见第60页—第63页）。伦底纽姆（Londinium）建于公元1世纪40年代，城中有许多石砌建筑物，以及我们所知的第一座横跨泰晤士河的桥梁。罗马帝国覆亡之后，此城曾被废弃，但到公元7世纪的时候，如今科芬园（Covent Garden）所在的地方发展成了港口小镇伦登维克（Lundenwic）。到了中世纪，伦敦已是一个重要的贸易中心兼英国的都城了。它吸引了来自英国各地和海外的移民，从14世纪的佛拉芒（Flemish）织工到17世纪的胡格诺派教徒（参见第134页—第135页），形形色色的人都有。

到了18世纪80年代，已有多达2万名非洲黑人奴隶和黑人自由民生活在伦敦。工业化（参见第142页—第143页）也让伦敦人口猛增，它还成了逃离19世纪40年代那场“大饥荒”的爱尔兰人和逃离东欧地区宗教迫害的犹太家庭（参见第160页—第161页）的家园。19世纪，南亚移民开始小规模地迁徙而来，一些印度水手聚居于码头附近；此外，随着水手们定居下来并且开办了洗衣店、餐馆等企业，东伦敦（East London）的莱姆豪斯（Limehouse）出现了第一个华人社群。

20世纪的移民

大英帝国的没落，导致了更多的变化。20世纪40年代，伦敦劳动力短缺的局面促使英国政府积极招募来自加勒比地区（参见第232页—第235页）和南亚地区的移民，让他们到新设的国民医疗服务体系（National Health Service）或者伦敦的公共交通系统去工作。大量意大利移民也来到这里，在工厂和餐饮行业里工作。有些郊区经历了一波又一波移民大潮，比方说伦敦东区（East End）的布里克巷（Brick Lane）就是如此，那里一直都是法国的胡格诺派教徒、犹太移民和孟加拉人的聚居地。近几十年来，伦敦不但接纳了逃离叙利亚内战（参见第268页—第270页）和阿富汗内战（参见第254页—第255页）的难民，还吸引了来自欧盟各地的移民（参见第252页—第253页）。如今，伦敦是一座充满活力的国际性大都市，其中的居民说着300多种语言，从而让它变成了全球语言最多样化的城市之一。

▲▲ **这些彩色镶嵌画**位于托特纳姆法院路地铁站，是通俗画家爱德华多·保罗齐（Eduardo Paolozzi）创作的。此人是苏格兰一对意大利移民的儿子，20 世纪 40 年代移居到了伦敦。

▲ **斯瓦米纳拉扬神庙（Shri Swaminarayan Temple）**位于伦敦的尼斯登（Neasden），是在印度逐块切割好之后送到伦敦组装起来的。1993 年竣工之时，它曾是印度境外最大的一座印度教庙宇。

▶ 每年 8 月下旬举办的 **“诺丁山狂欢节”（Notting Hill Carnival）**始于 1966 年，当时由社区活动家罗娜·拉斯列特（Rhaune Laslett）和安德烈·谢文顿（Andre Shervington）两人组织发起。它受到了加勒比地区狂欢节文化的启发，其间的花车、盛装舞者和音乐舞台剧吸引成千上万人走上街头。

文化影响

爱尔兰建筑工人

圣潘克拉斯火车站（St Pancras Station，图为 1867 年的模样）和其他类似的工程项目，常常是由爱尔兰移民劳工修建的；他们当中的许多人，都是在 1845 年至 1849 年间那场“大饥荒”导致他们在家乡生活难以为继之后，才移居英格兰。到了 1851 年，伦敦已经生活着 10 多万爱尔兰人；如今，爱尔兰裔在该市的影响力也仍然不可小觑。

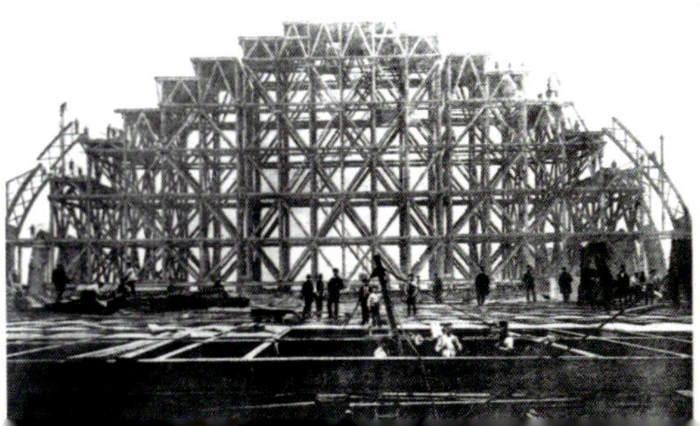

犹太社群

19 世纪末，随着犹太人纷纷逃离俄国和东欧地区对他们实施的集体迫害，**伦敦的东区**成了一个庞大的犹太群体聚居地。他们与 1656 年重新获准前往英格兰之后定居于那里的少数犹太移民一起，修建了犹太会堂，开办了企业（比如图中这些蒸汽浴室），但经常面临着反犹主义歧视。

南亚宗教

图中这些南亚移民正在**索撒尔商业街（Southall High Street）**购物。第二次世界大战之后，随着许多人为躲避战争、摆脱贫困或者到英国寻找就业机会而离开印度、巴基斯坦（以及后来的孟加拉国），这里变成了一个新的移民群体聚居的中心。他们修建了印度教神庙、清真寺和锡克教的谒师所（Sikh Gurdwara），增添了伦敦的宗教多样性。

我来到了伦敦。这里成了我整个世界的中心，我历经千辛万苦，才来到了这里。

——生于特立尼达岛的作家 V. S. 奈保尔，《幽暗国度》（*An Area of Darkness*），1964 年

疾风一代

1948 年，**来自加勒比地区的移民**乘坐“帝国疾风号”（*Empire Windrush*），第一次以较大的规模来到伦敦。他们把原本在牙买加、特立尼达和巴巴多斯等岛屿上的家，搬到了伦敦南部的布里克斯顿等地区，给那里的场地和街市带去了加勒比地区和非洲的音乐与农产品，还有众多的加勒比餐馆。

阿拉伯移民

20 世纪 70 年代，**许多**凭借石油资源而富裕起来的**海湾国家的阿拉伯人**在伦敦投资或者定居下来，使得阿拉伯服装在这里成了常见之景，图中的南肯辛顿区就是如此。还有一些人则是逃离中东地区动荡局势的移民，比如在 1948 年和 1967 年两场战争之后前来的巴勒斯坦人，随后还有利比亚人、叙利亚人和伊拉克人，形成了一个高度多样化的阿拉伯群体。

伦敦南部的尼日利亚人

20 世纪 70 年代和 80 年代，一批来到英国的**尼日利亚移民**在伦敦东南部的佩卡姆定居下来。他们在石油热结束之后经济开始大衰退的时候离开了尼日利亚，然后立足于伦敦，形成了一个充满了活力的群体。2011 年，伦敦已有 11.5 万名尼日利亚裔居民，其中有约 13 600 人住在萨瑟克区。

5

大规模迁徙与自由

1700年—1900年

大规模迁徙与自由

1700年—1900年

欧洲各个帝国崛起所引发的大规模移民，在19世纪达到了新的水平。英国从18世纪80年代开始将囚犯流放到澳大利亚，后来又有自由殖民者和寻找黄金的勘探者前往；他们将澳大利亚原住民赶出了世代居住的土地。在非洲南部和西部，土著非洲人曾经奋起抗争，与拥有枪炮且训练有素的欧洲军队作战。但到了18世纪末，欧洲列强还是差不多控制了整个非洲，南非、肯尼亚和法属北非等地都有了大量的白人殖民者。

在欧洲本土，政治难民第一次变成了一种意义重大的现象；其中，有法国大革命导致的移民，有拉丁美洲独立运动导致的流亡者，还有逃离俄国沙皇统治的百姓。然而，最重要的迁徙活动却是人口流出欧洲；有大量的欧洲人徙居到了美国，当时美国不断增长的经济吸引了数以百万计的移民。有些移民是为了躲避政治迫害，还有一些移民则是为了摆脱极度严重的经济困境——比如在1845年至1849年那场大饥荒期间逃离爱尔兰的数百万民众。

“先民”（**Voortrekker**）在南非为冲突做准备的情景（参见第162页—第163页）。

19世纪的**纽约城**里到处都是移民（参见第174页—第177页）。

把你那疲惫而贫穷 / 挤在一起渴望自由呼吸的民众送给我。

——犹太裔美国诗人埃玛·拉扎勒斯（Emma Lazarus），
《新巨人》（The New Colossus），1883 年

来到美国的这些新移民中，许多人都往西而去，不但将土著民族赶出了他们世世代代生活的土地，还迫使许多原住民迁徙到了俄克拉何马的干旱地区。与此同时，美国南方的大量奴隶则利用被称为"地下铁道"（Underground Railroad）的逃跑路线，到北方的自由诸州去寻求庇护。

这一时期的迁徙，大多是由劳动力推动的。华人劳工纷纷前往美国，到西部各州去修建铁路；但他们也在东南亚地区广为迁徙，或是经商，或是到城市里去当劳工。从19世纪30年代起，英国人便诱骗了许多印度劳工前往加勒比地区，跟他们签订具有压榨性的合同，将他们变成种植园里的包身工；而自19世纪60年代起，许多日本工人也迁徙到了朝鲜半岛等邻近地区，或者签订了契约，到巴西、美国和夏威夷等地去当劳工。

交通运输领域里的革命，让人口迁徙变得更加容易了。汽船、运河船只、第一批铁路以及道路改良，都意味着旅行变得更加快捷和更加便宜；医疗保健方面的进步也意味着，即便是在最艰苦的旅程中，人们也更有可能存活下来。

一名英国士兵在澳大利亚看管着**一队囚犯**的情景（参见第 154 页—第 157 页）。

华人劳工抵达新加坡时的情景（参见第 164 页—第 165 页）。

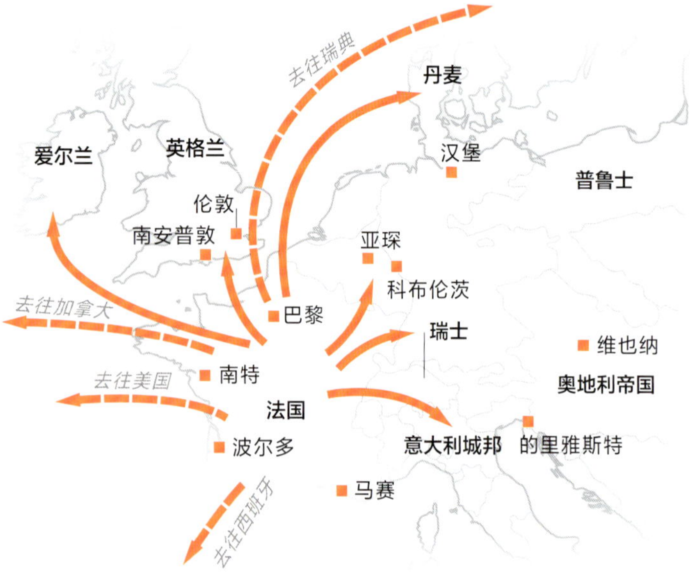

逃离恐怖

法国大革命中的流亡者

▲ **那些逃离法国大革命的人**移居到了欧洲的许多地区，包括英格兰、爱尔兰、丹麦、瑞典和普鲁士，还有一些人则逃往了北美洲。

▼**1789 年的一幅漫画**讽刺了法国大革命爆发之前的社会制度与苛捐杂税：供养众多贵族与神职人员令普通百姓背上了沉重的负担。

法国大革命始于1789年7月14日巴黎人民攻陷国家监狱巴士底狱。这一具有决定性作用的行为，象征着普通民众心中的愤怒与绝望；不同于统治阶级，他们当时既面临饥饿，还承担着他们无力缴纳的苛捐杂税。这场起义，导致一些贵族因为担心自己性命不保而逃离了法国；其中有些贵族立即逃跑了，而随着暴力活动愈演愈烈，更多的人也纷纷随之离去。

逃离革命

第一批逃走的移民，一般都是彻底反对这场革命的贵族，其中包括王室成员。他们和其他的所有逃亡者都被称为“流亡者”（émigré）。革命政府在“恐怖时期”（Reign of Terror，1793年—1794年）公开将路易十六及其王后玛丽·安托瓦内特送上了断头台，并且下令以叛国罪砍掉了数千人的脑袋，从而引发了规模更大的第二次难民潮。革命导致的流亡人数总计超过了10万，其中大多数都属于专业人士和受过教育的富有企业主，这些人日益增长的影响力导致他们与革命政府之间产生了冲突。与此同时，新政权还没收了流亡者的财产；后者若是回国，新政权就会判处他们死刑。

侨居生活

法国的所有邻国都接纳了难民，尤其是奥地利、德意志诸国和北美地区，但英国接收的难民数量最多，超过4万人。英国素以政策宽容著称，英吉利海峡的宽度也给人们增添了一分安全感。这些难民往往被吸引到了伦敦包括索霍区在内的一些地区；当时，索霍区早已有了侨居的法国移民（参见第134页—第135页）。

起初，英国当局曾对这些来自宿敌法国的移民心存疑虑，很多人以为他们纯粹是到英国来传播危险的革命思想的。一些年轻的激进分子原本很乐意见到这种可能性，但“恐怖时期”不经审判就大规模处决的报道，让他们的态度发生了改变，连那些起初同情革命者的人，也转而开始反对革命者。与此同时，对难民的支持力度也增加了；到1792年的时候，英国已经设立了一个筹措资金来照顾难民的“移民救济委员会”（Emigrant Relief Committee）。即便如此，流亡者的生活也很艰难，因为大多数难民来到英国时都穷困潦倒，许多贵族“流亡者”不得不以教授舞蹈、绘画、击剑和法语为生。

返回法国

1799年，拿破仑·波拿巴在一场政变之后上台掌权，这标志着法国大革命结束了。他对流亡者实施了一定程度的宽赦政策，因此许多人抓住机会，马上返回了法国。1815年法国王室最终重新掌权之后，之前的流亡者就变成了一个实力强大的政治派系。不过，有些人选择了留在海外，尤以留在北美洲和英国者居多；他们在那里创立了一种文化传统，对当地的艺术、文学、时尚和饮食都产生了影响。

艺术回应

这幅自画像，是逃离法国的画家伊丽莎白·维热·勒布伦（Elisabeth Vigée Le Brun）所作。在欧洲流亡和照料女儿朱莉（Julie）的那段时间里，她继续为欧洲的王室绘制画作。为了在国外养活自己，有些流亡者变成了裁缝、制帽师和艺术家。

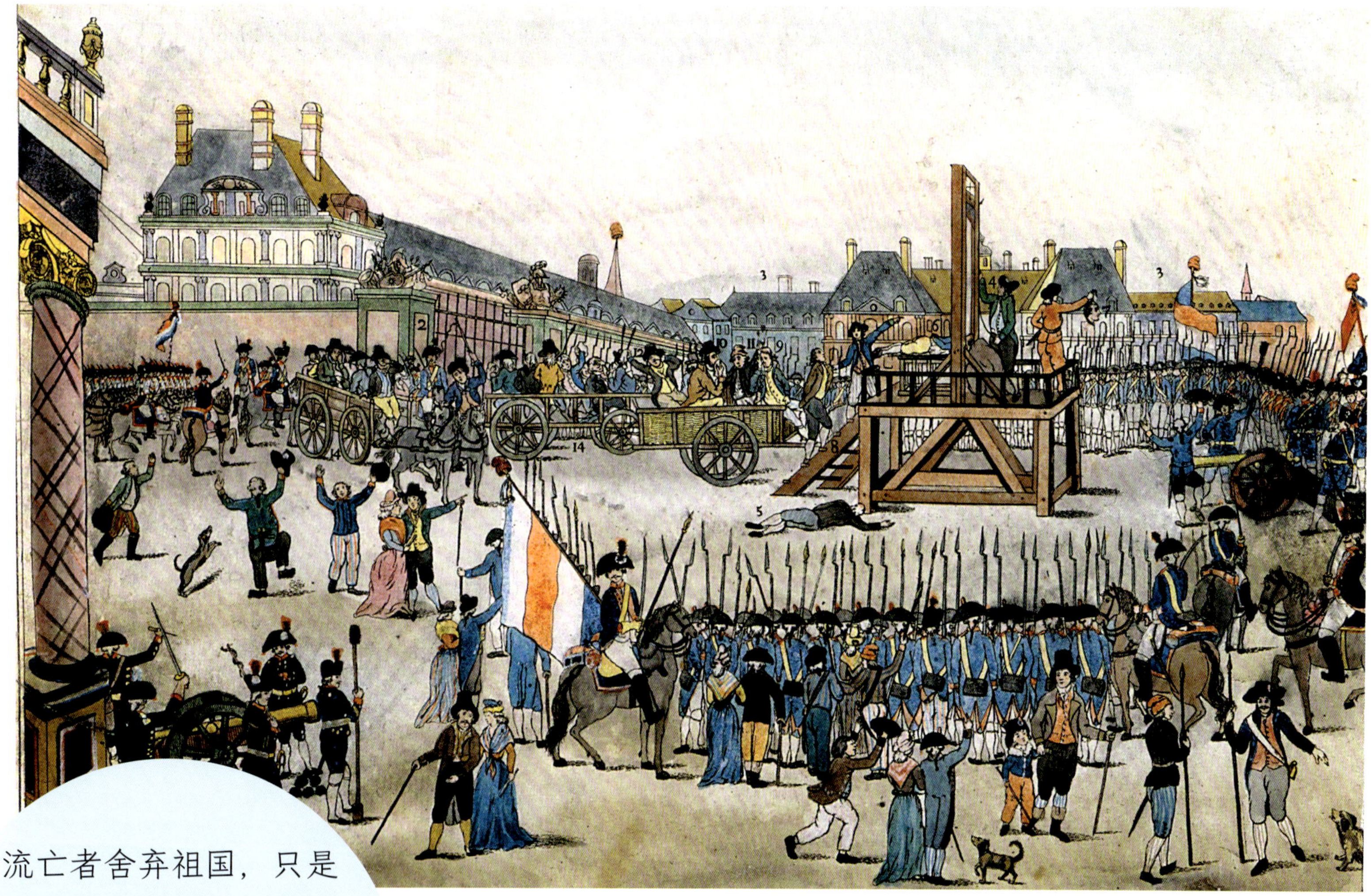

流亡者舍弃祖国，只是为了向祖国宣战；难民却只有在祖国向他们宣战的情况下，才会弃祖国而去。

——皮埃尔-路易·勒德雷尔（Pierre-Louis Roederer），制宪议会（Constituent Assembly）议员，1795 年

▲“恐怖时期”使用了**断头台**，当时的法国政府对疑似的革命敌人采取了残酷的措施。这种有可能被送上断头台的威胁，导致许多人逃离了法国。

▶ **波利尼亚克公爵夫人**既是路易十六的王后玛丽·安托瓦内特的密友，也是一位不得人心的贵族。她担心自己性命不保，便在 1789 年逃离了法国。

殖民者与囚犯

大洋洲的英国人

▶ **“第一舰队”**航行了约2.4万千米前往澳大利亚，途中停靠了3次进行补给；后来的舰队航行到了新西兰。

1776年以前，英国惩处囚犯的标准措施就是将他们押送到美洲的殖民地去。然而，北美殖民地获得独立后，刚刚成立的美国就不再愿意接收英国的囚犯了。随着英国的监狱里变得人满为患，英国政府便把目光转向澳大利亚，把那里当成了一个颇具潜力的流放殖民地。

虽然詹姆斯·库克船长宣布澳大利亚为英国所有，但那里其实早已是那些“最早的澳大利亚人”（这是现代对澳大利亚原住民的称呼，参见第18页—第19页）欣欣向荣的家园。英国无视这些土著居民，于1787年5月派遣一支由11艘船只组成的所谓“第一舰队”（The First Fleet）前往澳大利亚；船上载有750多名囚犯（其中约四分之一为女犯）和250位自由民，其中主要是海军陆战队员。1788年1月，这支船队在杰克逊港（Port Jackson，即如今的悉尼港）登陆。1790年和1791年，更多的船队随之而来。

对于生活在悉尼周边地区的“最早的澳大利亚人”依奥拉族（Eora）来说，英国的入侵极具毁灭性。他们的生活方式中包含着对大自然的深切尊重，可殖民者完全无视这一点，大肆清理土地用于耕作，并且过度捕鱼和狩猎，结果几乎让依奥拉人无物可食了。欧洲殖民者曾大肆屠杀依奥拉人，窃夺他们的土地，并且让他们感染了各种疾病，尤其是天花和传播给遭到殖民者强奸的女性的致命性病。不到10年的时间里，90%的依奥拉人都已死亡，他们的文化与历史也基本上消失殆尽了。

新来者的生活

在早期的新南威尔士殖民地，殖民者生活得十分艰难：那里的天气变幻莫测，土地也非常贫瘠。男性犯人从事政府的工程项目，通常是在农场或者建筑工地上干活。女性囚犯一般受雇去给军官做家仆，缝衣服或洗衣服。努力工作的囚犯会获得一张“假释证”，让他们可以获得一定程度的自由和赚钱机会。那些被无条件赦免的囚犯，则获得了彻底的自由。到19世纪20年代，这些“释放者”（包括那些已经服完刑期的人）就已多于囚犯了。

结束遣送

向澳大利亚东部遣送囚犯的做法结束于1853年。随着以前的囚犯开始获得与那些人数越来越多且自愿移民的自由殖民者平等的权利，新南威尔士殖民地的社会结构也开始发生改变。但是，殖民地依然需要人手到澳大利

▼ **囚犯的爱情信物**是在他们被送往澳大利亚之前送给朋友和爱人的纪念品，比如图中这枚便士硬币上的图案，就是19岁的科尼利厄斯·多诺万（Cornelius Donovan）在1825年雕刻出来的。

▼ **到1823年，悉尼形成了**繁荣兴旺的农业社会，并且因利用囚犯劳动力建设公共工程项目而迅速发展。

▲ 渥拉瓦尔·贝内隆（Woollarawarre Bennelong）是依奥拉族的一位长老，1789年被"第一舰队"的殖民者从部落中绑架，后担任依奥拉族与英国政府之间的调停人。

亚的内陆地区去工作，其中就包括了能够平衡男女两性数量差异的未婚女性。英国政府的解决办法，是补助移民（assisted emigration）。

1832年至1850年间，约有12.7万名贫困的爱尔兰和苏格兰农民以及其他英国移民获得了前往澳大利亚的旅费补助，占到了所有移民的70%。有些人来到这里时身无分文，却改变了自己的命运；但对其他一些人来说，这里的生活却十分艰辛。获得补助的移民在抵达之后找工作的那段时间里，可以到送他们前来的船上吃住，但10天之后，他们就必须自力更生了。对于女性来说，当家庭教师、裁缝和替贵妇做女仆的机会有限，因此有些人转而开始从事性工作。还有一些女性成了农场里的劳动力。

澳大利亚原住民的生活

尽管许多殖民者的生活有所改善，但澳大利亚原住民却并非如此。殖民者继续对他们犯下了许多暴行，但极少有人受到惩处。为了保护土地和确保生存，澳大利亚原住民也曾试图反击；只是到了此时，他们的人口已经因为殖民活动而大幅减少，便逐渐退出了殖民者所占地区的边界。

南澳大利亚成了第一个在没有囚犯参与的情况下建立的殖民地；它的目标，就是用农业和贸易机遇吸引殖民者前来。在维多利亚，19世纪50年代和60年代的一场淘金

“索布罗恩号”（*Sobraon*）上的乘客，这艘船是1866年至1891年间往来于英国至澳大利亚那条移民航线上速度最快的。这艘船只接待一等和二等乘客。

我们没法将你们赶上船，打发你们回老家，因此我们大家必须一起照管好这个国家。

——艾伦·麦登（Allen Madden），依奥拉族盖迪该尔人（Gadigal）的长老，2009年

▲1880年，新西兰罗托鲁阿湖（Lake Rotorua）畔的**毛利人社区**同意将土地租给英国政府，为游客与殖民者修建一座欧式温泉度假村。

热让来自澳大利亚和英国各地的移民激增，进一步加剧了引进牛羊时已对原住民造成的损害。矿工们砍伐树木，污染河流，让地形地貌变得千疮百孔。然而，当时确实有原住民向导跟殖民者合作，为殖民者指出新金矿的地点，并且为殖民者找寻食物和水源。他们甚至本身也买卖黄金。与此同时，英国的中产阶级也在澳大利亚看到了机会，在这里他们有可能跻身于殖民地上等阶层。1851年至1861年间，澳大利亚的欧洲人口便从45万猛增到了115万。

吞并新西兰

在19世纪初，由于被岛屿上丰富的自然资源所吸引，越来越多的欧洲殖民者［或称帕克哈（Pākehā），这是毛利人对定居于新西兰的欧洲白人的称呼——译者注］，在新西兰定居了下来。1840年，英国凭借《怀唐伊条约》事实上吞并了新西兰；那是英国与500多位毛利族原住民（Māori Tangata Whenua）酋长签署的一份条约，后者在700年里一直都是新西兰的传统管理者（参见第100页—第101页）。毛利人的社会建立在历史悠久的习俗和一种尊重和保护自然界的意识基础之上，这与殖民者的行为可谓格格不入。毛利人认识到，与英国人建立一种积极的合作关系应该会给他们带来经济利益；只不过，尽管那份条约是用毛利语和英语两种语言起草的，却并非完全对应的翻译。条约表面上赋予了两个民族平等的权利，但其中确保给毛利人的许多权利却被忽视了。英国人后来认为那份条约赋予了他们绝对的统治权。在新西兰购买了土地的英国殖民者，此时也加入了政府补助的移民队伍之中。到1867年时，已有20多万移民在发现黄金和农业机会的吸引下抵达了这里。随同他们而来的还有传教士，他们的目的是用基督教取代毛利人的那种泛神论信仰。政府强制推行英语读写，并且征收了大量的土地。殖民政府还废除了毛利人传统的集体土地所有权和个人土地所有权，因此土地可以轻而易举地进行交易了。同澳大利亚的情况一样，殖民者也带来了疾病。到1870年时，在经历了数十年的冲突之后，毛利人已经所剩无几，无法反抗殖民统治了。

殖民夏威夷

约1 500年前，第一批拓殖者乘船从波利尼西亚抵达了夏威夷。英国的詹姆斯·库克船长于1778年来到这里之后，一个新的殖民时代开始了。在19世纪，英、美两国都有许多新教传教士和殖民者前来。下图中描绘的，是夏威夷国王卡美哈梅哈二世（King Kamehameha Ⅱ）的首相卡拉尼摩库（Kalanimoku）接受洗礼的场景，背景中挂着夏威夷的旗帜。殖民者兴建了甘蔗种植园、买断了土地；1898年，美国最终吞并了夏威夷。

悉尼

海港城市

如今是澳大利亚新南威尔士州一座海滨城市的悉尼，在1788年英国船只载着囚犯和水手抵达的时候（参见第154页—第157页），早已有澳大利亚原住民生活于那里了。殖民者利用原住民对当地的了解，并且利用他们的劳动力，慢慢地把土地原本贫瘠的悉尼变成了一个繁荣兴旺的殖民地。他们修建了带有花园的英式村舍，并且兴建了许多宏伟的、带有殖民时期乔治王朝风格的公共建筑。

吸引新移民

从19世纪30年代至50年代，许多贫困的英格兰农民和爱尔兰农民借助政府补助的移民计划迁徙到了悉尼。1851年，新南威尔士的一场淘金热又吸引了来自欧洲、美国和中国的新一批移民。许多华人淘金者都留了下来，定居在悉尼如今的中央商务区（CBD）和干草市场（Haymarket）。

第二次世界大战之后的劳动力短缺局面，导致了一场“不移民，就灭亡”（Populate or Perish）的运动，这是澳大利亚政府试图鼓励欧洲和中东地区的白人移民该国的一项举措。这些移民在悉尼的郊区创建了一个个联系紧密的社群，并且逐渐形成了一种新的饮食文化。20世纪70年代，澳大利亚废除了“白澳”政策（参见第236页—第237页），因此有许多亚洲移民来到了这里，其中尤以越南移民为甚（参见第240页—第241页）。进入21世纪后，大多数新移民都是拥有信息技术、医疗保健和工程方面技能的印度移民，以及来自中国的移民，后者在这里开办了很多企业。这一切，都使得悉尼变成了一座多元化的城市，成了世界上移民人口最多的城市之一：如今，悉尼40%以上的居民都出生于海外。

> 永别了，老英格兰……永别了，赫赫有名的老贝利街……我们即将动身，前往植物学湾
>
> [老贝利街是英国中央刑事法庭所在地，植物学湾是库克船长首次登陆澳大利亚的地点——译者注]。
>
> ——19世纪的流行民歌

▲▲2018年，悉尼的**希腊正教群体**举行游行，庆祝希腊独立200周年。这是一个每年举行的节日中的组成部分，该节日如今成了悉尼最大的文化盛事之一。

▲**传统的斐济米克（Meke）舞者**在悉尼一年一度的“斐济日庆典”（Fiji Day Festival）上为其长老进行表演。澳大利亚的斐济人中，超过半数都生活在新南威尔士州。

▶2016年**投射在悉尼歌剧院上的旺吉纳神（Wandjina）形象**，展示了“最早的澳大利亚人”艺术家唐尼·乌拉古达（Donny Woolagoodja）的作品，弘扬了原住民文化。这些形象都是神话中与创造世界有关的云雨精灵。

文化影响

英国机构

1788年，英国人开始殖民悉尼。他们在19世纪设立了许多文化机构，兴建了许多公共建筑，比如总医院（General Hospital，如今是铸币厂）和圣玛丽大教堂（St Mary's Cathedral）。1879年，悉尼开通了蒸汽动力轻轨；到1930年时，它已经发展成了世界上最大的有轨电车系统之一。

华人传统

1851年，数千广东人在淘金热期间来到了悉尼，寻找发家致富的机会。许多人留了下来，变成了菜农、橱柜制造商、银行家和商人。悉尼具有强大的华人传统，城中有一条大型的唐人街和一座明代风格的公园。华人也是这里规模最大的移民群体之一。

意大利移民街区

19世纪末，只有少量意大利人生活在悉尼，但他们的数量在20世纪20年代，尤其是在第二次世界大战之后增加了。许多意大利人在建筑业或者食品行业里工作。他们开办了许多商店、糕点铺、熟食店和餐馆，主要位于莱卡特（Leichhardt，那是一个被称为“小意大利”的地区），他们还让橄榄油和花椰菜在澳大利亚变得广受欢迎了。

黎巴嫩难民

第一批黎巴嫩人在 19 世纪末逃离奥斯曼帝国，来到了悉尼。他们定居于雷德芬地区（Redfern），并在那里开办了货栈和工厂。第二次世界大战之后和黎巴嫩内战期间，一批批人数更多的黎巴嫩人来到了这里。1972 年，黎巴嫩穆斯林在拉肯巴（Lakemba）修建了伊玛目阿里·本·阿比·塔利布（Imam Ali bin Abi Taleb）清真寺。

越南人的小企业

越南战争结束之后，寻求庇护的难民开始来到悉尼。其中的大多数人都定居于卡布拉玛塔区（Cabramatta），并在那里开办了许多的小企业——主要是杂货店、面包店和餐馆。

印度的新移民潮

进入 21 世纪以后，印度移民纷纷来到悉尼，从事着医生、护士、信息技术专家和工程师等职业。如今，他们已经成了悉尼最大的移民群体之一。他们引入了盛大的印度教节日，比如排灯节（Diwali）和霍利节（Holi），而宝莱坞的舞蹈演员也会参加多元文化交融的帕拉马萨拉节（Parramasala Festival）。

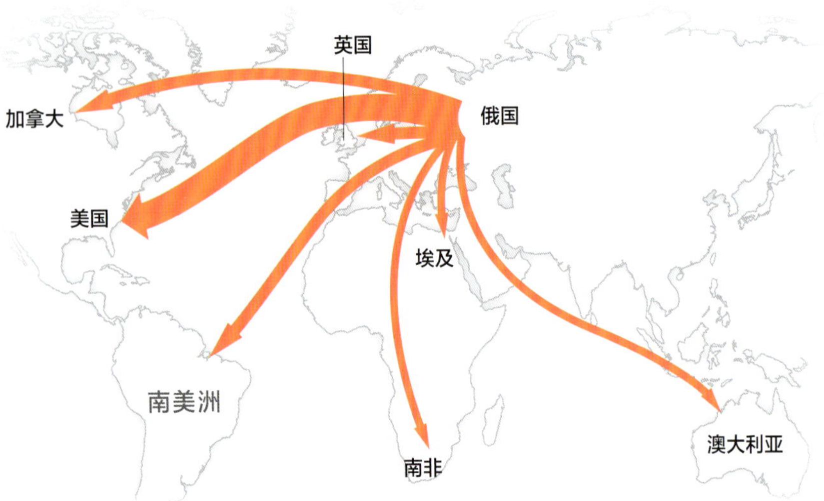

图例
犹太人的迁徙
0—5万（含）
5万—25万（含）
25万—200万

集体迫害与“栅栏区”

俄国的犹太人逃离迫害

▲ 在1880年至1924年间，**俄国的犹太人**主要**逃往**了南北美洲、英国、非洲和澳大利亚。

◄20世纪初的**一张美国明信片上**，描绘了一个徙居美国的移民家庭庆祝犹太新年时的情景。背景中是这种场合的一句祝酒词，是用意第绪语写的：“干杯，糟糕的一年终于过去了。”

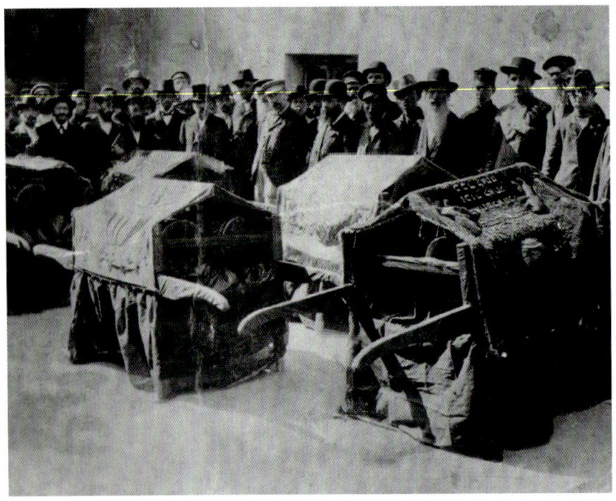

▼ **基什尼奥夫**（今摩尔多瓦的基希讷乌）**的犹太人**举行仪式，埋葬了在1903年复活节的一次集体迫害期间遭到亵渎的犹太教经典“托拉”卷轴。基什尼奥夫的屠杀引起了全球对俄国犹太人遭遇迫害的关注。

18世纪初，在俄罗斯帝国境内生活的犹太人还极少。然而，瓜分波兰（1772年—1795年）之后，俄国获得了大量的犹太人口。排犹情绪导致叶卡捷琳娜大帝对犹太人实施了经济和居住限制措施（disability）。这些措施给犹太人正式划定了一个他们可以居住的、受限的区域，称为“定居栅栏区”（Pale of Settlement）。这个区域，包括了帝国西部犹太人已经生活了数个世纪之久的居住区，以及黑海的周边地区。

“栅栏区”里的生活

根据1783年、1791年和1794年颁布的法令设立的“定居栅栏区”，位于俄国的西部边缘，包括波兰、立陶宛、拉脱维亚、白俄罗斯、摩尔达维亚（Moldavia，今摩尔多瓦）和乌克兰等地区。到了19世纪80年代，俄国的530万犹太人中有约95%生活在“栅栏区”里——其余5%的犹太人则是在没有合法居住许可的情况下生活于“栅栏区”以外——但即便是在这个区域里，他们在定居方面也受到了限制。犹太人被禁止居住在基辅（今属乌克兰）等大城市，以及农村的大部分地区。这种限制，将犹太人完全集中于少数城镇里，其中包括明斯克（今属白俄罗斯）和华沙（今属波兰）。

由于接受教育的机会受到了限制，并且被禁止从事农业，因此犹太人只能从事为数不多的职业，包括经商和像裁缝之类的手艺。少得可怜的经济出路和迅速增长的人口，导致俄国的犹太人陷入了极度贫困之中。19世纪60年代，沙皇亚历山大二世批准一些犹太人（包括商贾、学者、退役老兵和工匠）暂时离开“栅栏区”。

逃离“栅栏区”

19世纪80年代末，俄国发生了一系列暴力屠杀事件（pogrom）之后，危机达到了爆发的边缘。谣言满天飞，称1881年亚历山大二世遇刺是犹太人策划的阴谋，从而引发了一波袭击犹太人的浪潮。暴民经常在当局的怂恿之下凌辱和谋杀犹太人，掠夺他们的财物。成千上万的犹太人开始逃离俄国，并且常常是在没有护照和不带任何财产的情况下逃亡。1890年莫斯科、基辅两地驱逐犹太人的做法和进一步的集体迫害，更是加剧了犹太人的逃离趋势。1880年至1914年间，俄国有200多万犹太人坐船逃离欧洲，前往美国、加拿大、阿根廷、澳大利亚、埃及和南非等地，还有数十万人逃到了英国和法国。那些留在俄国的犹太人，后来还将面对纳粹占领波兰期间实施的宗教限制政策。

当时通常是男人先走，找好工作和住处之后才会去接妻儿。他们一般是前往大城市里一些已经有了犹太人群体的地区，比如伦敦的东区和纽约的下东区（Lower East Side）。对他们当中的大多数人来说，生活都很艰辛，因为抵达的时候他们掌握的技能很有限，而且没有多少人会讲英语，只能用意第绪语进行交流。然而，随着时光流转，俄裔犹太人群体和他们的文化还是开始在新的家园蓬勃发展起来。

一夜又一夜……从码头领来可怜的犹太人……他们来自俄国，仍然惊恐万分。

——关于犹太人徙居东伦敦白教堂区（Whitechapel）的报道，1884 年

1897 年聚集在华沙一条狭窄街道上的**犹太儿童**，当时该市还在俄国治下。

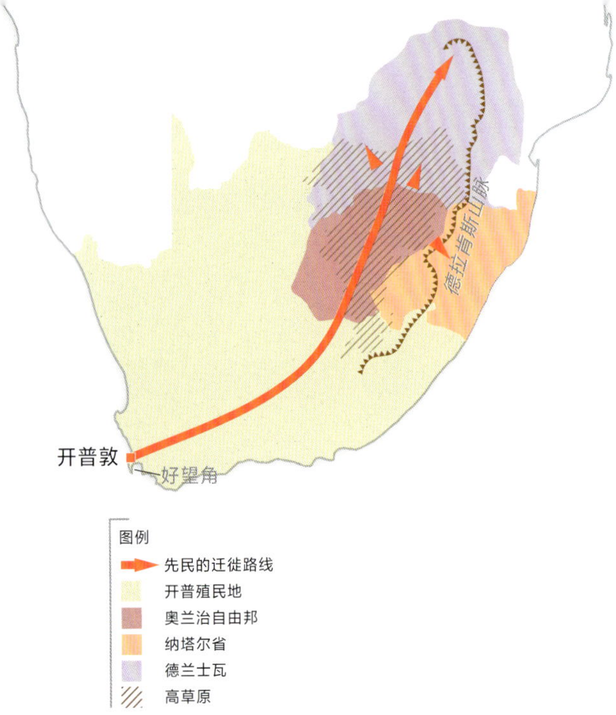

穿越高草原

南非的先民

▲ 先民们从开普殖民地往东北而去，然后扩散到了如今的自由邦省和夸祖鲁－纳塔尔两省，并且越过高草原（Highveld），前往德兰士瓦。

◀ 与非洲土著民族爆发冲突后，全家人都参与战斗：男人们用火枪射击，女人和儿童则装填弹药。枪支让布尔人在使用长矛和棍棒的非洲人面前拥有了巨大的优势。

在1835年至1845年间，为了寻找新的土地，约有1.5万名荷兰裔农民（或称“布尔人”，就是荷兰语里的“农民”一词）带着1万名非洲奴隶和大批牛群，离开了位于英属开普殖民地（在今南非境内）的家园，往东北方向迁徙。这场大规模的移民，史称“大迁徙”（Great Trek），而参与迁徙的人则被称为“先民”（即“第一批长途迁徙的人”）。一个世纪过后，南非白人民族主义者却借用这段历史来支持他们在南非实施的种族隔离制度（Apartheid）。

从荷属到英属

布尔人是1652年抵达开普地区的荷兰殖民者的后裔。随着人口不断增加，布尔人开始往内陆和沿海地区迁徙，在此过程中常常把科萨人等非洲土著民族赶出他们的土地。1806年，英国控制了这个地区，并且开启了一场驱赶科萨人的野蛮运动。尽管科萨人进行了反击，但到1879年时，英国人已经吞并了科萨人的领地。为了有更多说英语的人口和进一步加强控制，英国政府在1820年推出了一项移民计划，旨在吸引英国民众到南非去定居，由此导致了大量移民涌入，使得厌恶英国化的布尔农民产生了不满情绪。此外，英国在1834年废除奴隶制度之后，布尔人无法再用之前的方式来经营他们的农场，他们依赖于非洲的奴隶劳动力。为了保持自己的生活方式，布尔农民决定离开，到英国控制的范围之外去寻找新的土地。

▼ **欧洲殖民者将科萨人**赶出了开普殖民地，并且为了土地而在1779年至1879年之间与他们进行了一系列战争。

领土争议

1835年，第一队先民启程前往新的土地上殖民；他们大多骑着马，赶着大型牛车前行。那是一趟走进茫茫荒野的艰难之旅。由于对前往哪里去定居的问题意见不一，这队农民便分道扬镳了。

其中的一群人去了如今的自由邦省北部，并与当时生活在那里的恩德贝莱人（Ndebele）发生了冲突。1837年，他们将恩德贝莱人往北赶出了如今的南非边境。

另一群人则由前陆军指挥官皮耶特·雷蒂夫（Piet Retief）率领，在1837年越过了德拉肯斯山脉，进入了纳塔尔。由于布尔人觊觎的东部沿海地区恰好位于祖鲁人的领地以南，所以雷蒂夫问祖鲁人的国王丁干（Dingane），愿不愿意将土地授予布尔人。丁干签署了一份协议，却还是把这些先民视为侵略者，认为他们会对祖鲁人的主权构成挑战；于是，丁干发动一场突然袭击，对这群布尔人进行了大肆屠杀。1838年，布尔人在“血河之战”（Battle of Blood River）中以牙还牙，杀死了3 000多名祖鲁人。

“血河之战”过后，祖鲁国王姆潘德（Mpande）批准布尔人在某些地区定居下来，作为布尔人帮助他把丁干赶下台去的交换条件。布尔人就此创建了3个独立的国家：纳塔利亚（Natalia，即纳塔尔，1843年被英国吞并），奥兰治自由邦，以及南非共和国（即德兰士瓦）。

我们离开这个殖民地的时候，曾经笃信英国政府……会允准我们自治，而不会进行干涉……

——先民领袖皮耶特·雷蒂夫，1837 年

◀ **先民们的迁徙路线**经常危险重重。他们的马车被称为“颌骨大车”（kakeebeenwaen），有一种非常巧妙的设计特点：巨大的后轮可以卸掉，再在下面绑上沉重的树枝，以防马车冲下陡峭的山坡和峡谷。

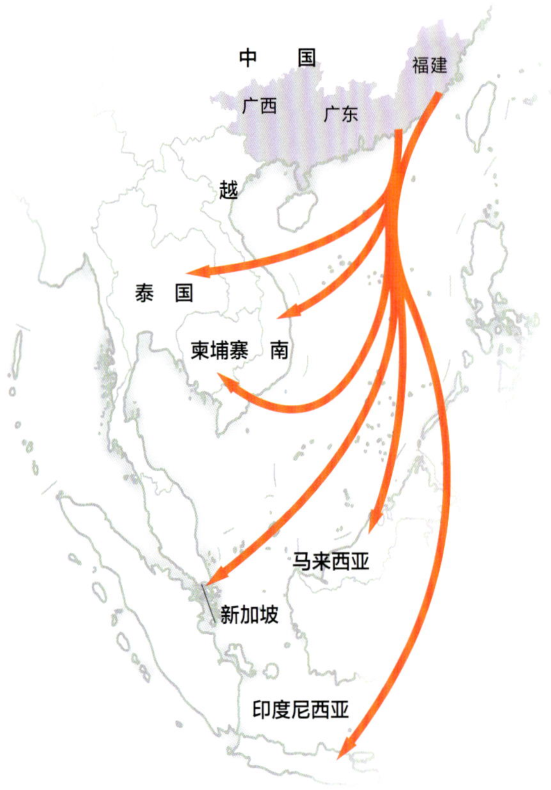

▲ **第一批**迁徙到东南亚的**华人移民**来自华南地区。他们定居到了马来西亚、印度尼西亚和新加坡，后来还有泰国和越南。

◀ 印度尼西亚的华人群体用传统的烟花和表演庆祝**春节**。

横渡南海

从中国到东南亚

至少从15世纪起，来自华南地区的福建省和广东省等贸易中心的中国商贾就已经在东南亚的其他国家中游历和定居了。到了17世纪，华人移民已经用不同的方式在整个东南亚地区站稳了脚跟。许多人仍然经商，在印度尼西亚爪哇岛上安顿下来的一些华人成了富裕的农民，还有一些华人则在当地担任了行政职务。这些移民大多是男性，并且许多人都娶了当地女子为妻。在数个世纪的时间里，他们的后代构成了生活在马来西亚、印度尼西亚和新加坡等地的“土生华人”（Peranakan，在马来语和印度尼西亚语中指“本地出生者”）等民族群体。

17世纪中叶明朝衰亡带来的社会动荡，导致了新一波华人难民纷纷逃往东南亚地区的大潮，并且一直持续到了18世纪。他们大多是没有受过教育的农民，许多人来到了越南和柬埔寨，最终在那里过上了不错的生活，他们往往是通过种植水稻而变得生活富足起来。

▼19 世纪，**华人商贾**曾在东南亚地区经营着许多成功的企业，比如位于缅甸曼德勒国王市场（King's Bazaar）的这家杂货店。

欧洲殖民地的华人劳工

随着清朝政府允许商贾在英属的新加坡和马来亚（半岛马来西亚）两地定居，19世纪出现了华人大规模移民东南亚地区的一个时期。与此同时，欧洲列强也在这个地区建立了殖民地。殖民者需要大量的劳动力；而在中国，人口增长与两次“鸦片战争”导致贸易中断所带来的经济衰退，正在推动民众到其他地方去寻找工作。在两次战争中的失败也迫使中国开放了许多港口，进行对外贸易和接纳外国侨民。这种情况，推动了本国民众的离境移民活动，使得欧洲殖民者更加容易招募中国劳工并将他们送到东南亚的各个殖民地去。

英国人尤其青睐华人劳工，因为他们认为华人劳工勤劳肯干，而许多华人移民也自愿或者被迫来到英国的殖民地当“苦力”（coolie，即廉价的无技能劳工）。到了1850年前后，新加坡已经变成了华人掮客为英属马来亚和荷属东印度群岛的矿山和种植园提供华人劳工的一个中心。

通常情况下，劳工们是由两位华人掮客负责运送，其中一位掮客在中国境内，另一位则在欧洲的殖民地。劳工们获得的工资很少；不但路费、伙食费和住宿费必须由他们自己承担，而且要另加利息，他们欠下的债务则从欧洲雇主支付的工资中扣除。他们的工作很辛苦，待遇也很糟糕。

华人群体与影响

东南亚地区的早期华人移民适应了当地的传统，而19世纪以后来到这里的移民却保持着他们自己的习俗，兴建了寺庙和教授汉语的学校。许多移民的祖籍地福建省所说的闽南话（Hokkien），如今仍在东南亚的部分地区被使用着。

暹罗（即泰国）虽然从来没有遭到过殖民，但该国也曾鼓励大量华人移民去修建公路、铁路，以及到那里的矿场和种植园里去工作。随着华人群体日渐壮大，该国政府开始限制他们的势力，并且鼓励同化。然而，到了20世纪，一些华人移民已经开办了许多的大型企业，主导了泰国的经济。

▲20世纪初**华人劳工**乘船从中国的福建省抵达新加坡的情景。他们大多是穷人，被派去修筑公路、铁路和市政建筑。这张照片经过了上色。

血泪之路

美国的土著民族被迫迁徙

▲ **这幅地图显示了**五个部族被迫迁走之前的**土地**，以及他们迁往印第安准州（Indian Territory）时所走的路线。

◀ **克里斯·沃尔夫·埃德蒙兹（Chris Wolf Edmonds）设计的这条被子**，灵感源自切罗基人的历史。凤凰象征着对未来的希望，男性形象则代表着旅程中的绝望。

美国境内除了西南部过着定居生活的普韦布洛诸族（Puebloan Nations），绝大多数土著民族都有过被迫迁徙的历史。“开化五部族”（Five Civilized Tribes）的迁徙经历，位居最著名的土著民族迁徙故事之列。这五个部族，都是已经皈依基督教，并且接受了众多欧洲生活方式的部族，包括乔克托人（Choctaw）、契卡索人（Chickasaw）、切罗基人（Cherokee）、塞米诺尔人（Seminole）和默斯科克人［Muscogee，亦称克里克人（Creek）］。美国白人曾以“天定命运”（Manifest Destiny，参见第168页—第169页）为借口，来为土著民族的被迫迁徙进行辩护。1830年，美国政府颁布了《印第安人迁移法》（Indian Removal Act），开启了将土著民族从美国中南部强制迁往刚刚设立的印第安准州（即今俄克拉何马州）的进程。

西行之路

乔克托人是五个部族中第一个遭到驱逐的，1831年被迫迁出了密西西比州。据乔克托历史学家穆丽尔·赖特（Muriel Wright）称，一首描述这场被迫迁徙的歌曲中如此悲叹道：“看到一条通往大河的小路，我不禁泪水如注。”塞米诺尔人从1832年开始被迫迁出佛罗里达州，但在数百名美国黑人的帮助下（其中有些黑人是从实行奴隶制度的佛罗里达州逃出来的），他们进行了反击；这就是所谓的“第二次塞米诺尔战争”。与其他被迫迁徙的部族不同的是，塞米诺尔人没有踏上漫长的西行之路。他们的被迫迁徙持续了大约20年，导致美国政府花费了许多资金，派遣军队带着猎犬去追捕塞米诺尔人，然后强制他们登上停在密西西比河上的船只。最终约有4 400人去了印第安准州，但还有大约500名塞米诺尔人留在了佛罗里达州。

1834年至1835年间，默斯科克人被强制迁往了印第安准州；但踏上迁徙之路的1.5万人中，只有1.15万人在这趟旅程中幸存了下来。1837年，契卡索人遭到了驱逐；而在1838年至1839年间，大约有1.6万名切罗基人被迫迁徙到了密西西比河以西。

“血泪之路”一词，源自切罗基人对他们被迫迁往印第安准州过程的描述。当时，切罗基人被强制关进营地，士兵们则将他们的家里洗劫一空。这些营地的卫生条件常常极其糟糕。接下来，切罗基人被迫从营地启程，在主要是徒步且经常没有鞋子可穿的情况下西行了1 600千米，前往印第安准州。在这场耗时达3个月的长途跋涉中，许多人都死于疾病、饥饿或者风吹雨打，还有一些人在途中被白人杀害。有4 000至8 000名切罗基人死在了途中。

印第安准州的生活

抵达印第安准州之后，土著民族便努力将他们这种新的开端充分利用起来。切罗基人兴建了牢固的基础设施，并在有些人所称的一个“黄金时代”中蓬勃发展起来了——不过，这种繁荣却是他们适应了美国白人的生活方式、牺牲了切罗基文化的结果。“开化五部族”在印第安准州兴建了新的学校，这种学校常常结合了基督教的传道使命，让原住民儿童学习融入社会。

如今，俄克拉何马州生活着美国大约14%的原住民人口。尽管有过被迫迁徙的历史，切罗基人却是该国当今最大的一个部族，有14.1万切罗基人依然生活在俄克拉何马州的保留地内，还有14.9万人生活在保留地以外。

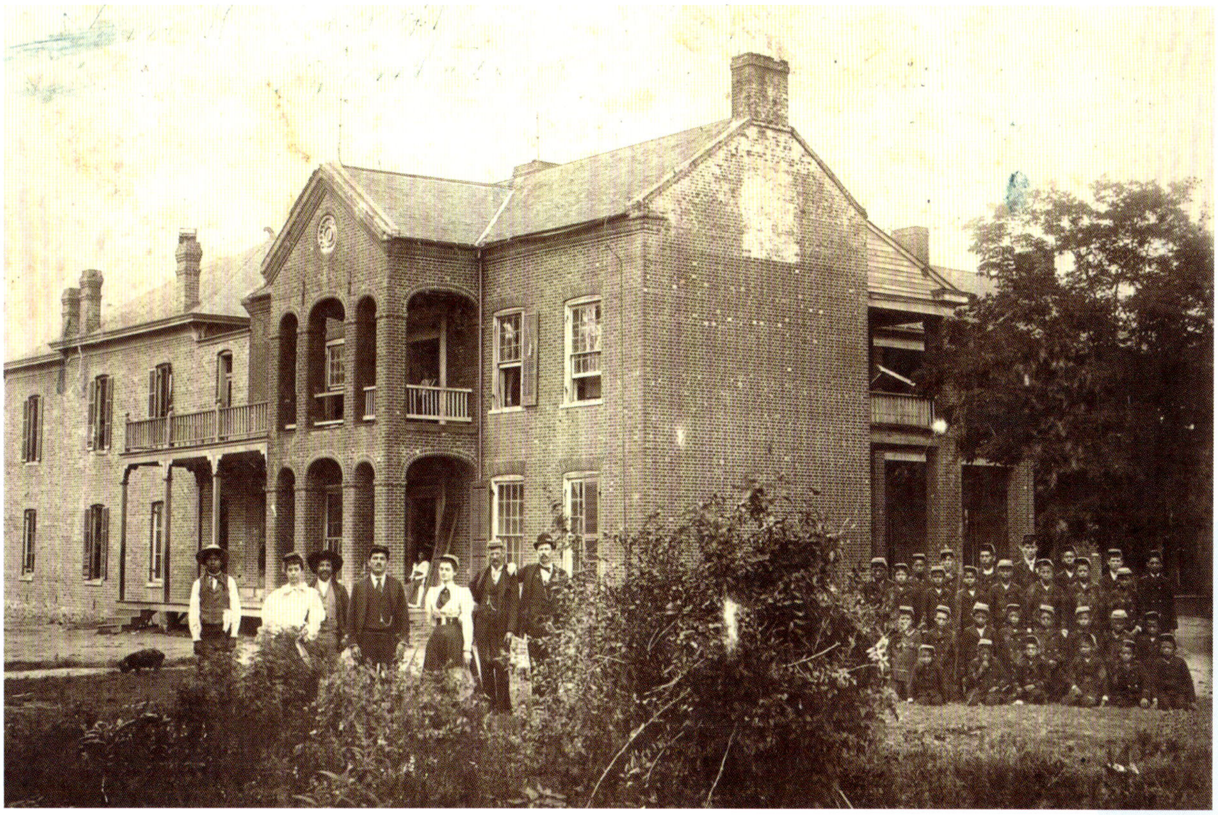

▲ 默斯科克画家约翰尼·迪肯（Johnnie Diacon）为阿肯色州的美国原住民历史博物馆（Museum of Native American History）创作的**这幅反映“血泪之路”的壁画**，描绘了默斯科克人在严冬时节踏上漫漫长路、徒步迁往印第安准州的情景。

◀ 查特塔马哈（Chahte Tamaha）的**“阿姆斯特朗私立学校”（Armstrong Academy）**，是乔克托人在1845年兴建的一所男子学校。乔克托人极其重视教育，认为接受良好教育是他们在白人世界里生存下去的必要条件。

19 世纪 40 年代的**淘金热**吸引了数以万计的移民前往“狂野西部”（Wild West）。淘金者大多为男性，他们的生活可能很孤单，充斥着暴力。戴德伍德（Deadwood）是南达科他州黑山地区（Black Hills）的一座矿业小镇，曾因无法无天和腐败盛行而臭名昭著。

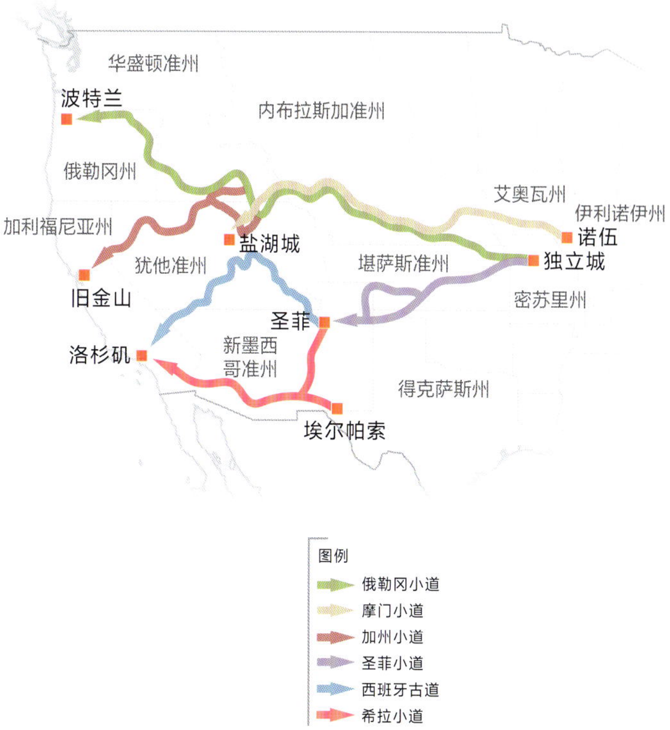

篷车西行

美国的西部边疆

▲当时最受欢迎的路线，是从（伊利诺伊州的）诺伍或者（密苏里州的）独立城出发，往西北方向到达波特兰，往西到达旧金山，或者往西南方向到达洛杉矶，避开得克萨斯州。

▼大篷车队由数百位移民组成，他们团结起来保护自己、相互支持。

◀黄金的发现，吸引了许多探险者到加州去寻找发迹的机会。

在整个19世纪，曾有大量欧洲殖民者把食物和少得可怜的财物装上马车（当时称“草原篷车”）向西部进发，穿越北美大陆，去寻找新的耕地和开阔的狩猎空间。采矿业也吸引着新的移民前往西部；还有一些移民，比如摩门教徒，则是为了躲避中西部地区的宗教迫害才往西迁徙。从1843年至1869年，曾有50多万移民沿着区区三条主要路线迁徙，它们就是俄勒冈小道（Oregon Trail）、加州小道（California Trail）和摩门小道（Mormon Trail）。

领土扩张

殖民者一路向西扩张，完全不顾土著民族已经在这些土地上生活了数千年之久的事实；如今，土著民族被他们逐出家园，被军队驱赶到了面积日益狭小的地区。许多殖民者都相信“天定命运”，错误地认为欧洲人到美洲殖民是上帝的旨意，因为他们在种族和文化上都具有优越性，故而有义务让“信奉异教的”原住民“开化”并皈依基督教。

当时最著名的西行路线，就是俄勒冈小道：它始于密苏里州的独立城，全长3 200千米，一路穿越平原和落基山脉，直到西北部的俄勒冈城。1841年，在一些声称他们可以获得肥沃土地的宣传小册子吸引下，第一批移民赶着十几辆篷车，沿着皮草商人开辟出来的一条小路启程了。但没过几年，就有一支支规模上百辆篷车的队伍定期在每年的夏初出发，希望在冬天到来之前越过落基山脉。这趟行程耗时5个月之久，途中极其艰辛；篷车由牛拉着前进，一家人则在车旁徒步而行。在这场人口迁徙的高峰时期即19世纪中叶，曾有数万人死于这些小道上；他们大多是染病而亡，或者死于车队在陡峭山隘间发生的事故。接下来，1869年建成了“横贯大陆铁路”（Transcontinental Railroad），人们在8至10天的时间里就可以从东海岸抵达西海岸了。

宅地家园与养牛小镇

对许多农民家庭而言，他们来到西部之后的第一栋住宅，不过是在山坡上挖出来的一个掩蔽之所罢了。在树木稀少的平原上，早期的房屋都是用人们从地上铲来的一块块草皮盖成的（因此这种房屋曾称“草皮屋”）。最早抵达西部的殖民者必须自给自足，但随着更多移民前来，这里出现了一座座小镇：有了零售店铺和银行来为不断增长的人口服务，还出现了学校、教堂和酒吧。被称为“养牛小镇”的小型边境聚居地，也如雨后春笋一般涌现出来。为了满足养牛业的需要，它们通常位于铁路的相交之处；牛仔根据季节把牛群从得克萨斯州赶过来，在这些地方把牛卖给牧场主（牧场主住在平原上，从事肉畜养殖业）或者肉类加工商，接下来肉类加工商会用火车把牛运送到城市里去。

唐纳移民队（The Donner Party）

1847年，87位移民在乔治·唐纳的率领下从密苏里州启程了。由于是到季末才出发，所以他们选了一条“近路”，可实际上这要多走两个星期。在途中，他们丢掉了牲畜、遭到了袭击，还为大雪所困；于是，有些移民开始吃人。最终只有47人幸存了下来。

我可以看着我们的房子，我们的草皮屋一天天地拔地而起。我们赶着运送木料的马车过去，靠近细看，那是多么令人兴奋的时刻啊……我们觉得，自己终于又有了一个全新的家……它是一座避风港，我们都很喜爱。

我们面临着两大问题，那就是灰尘和苍蝇。夏天里，我们把报纸卷起来，然后点燃顶端驱赶蝇虫……爷爷米汉锦上添花，给他的草皮屋内侧全都抹上了灰泥；因此没有哪个人的家比我奶奶家更容易保持干净整洁……

黑人拓荒者辛勤劳作，除了种植大量玉米、豆类和手头拥有的各种蔬菜，家家还养了牛。沙子太多的土地不能种植谷物，因此只能养牛。

——非裔美国自耕农阿娃·斯皮兹·戴（Ava Speese Day），她们一家在1907年定居于内布拉斯加州的沙山（Sand Hills）地区。她是摩西·斯皮兹（Moses Speese）的后人，后者曾是一名奴隶，19世纪80年代定居于内布拉斯加州的卡斯特县（Custer County）。

1887年，**肖尔斯（Shores）一家**坐在位于内布拉斯加州卡斯特县的自家草皮屋外。耶利米·肖尔斯（Jeremiah Shores，右二）是摩西·斯皮兹的兄弟，以前也是奴隶。肖尔斯和斯皮兹属于一群被称为“出逃难民”（Exoduster）的黑人移民，他们在内布拉斯加州开启了新的生活，因为那里是黑人移民一个安全的避风港。

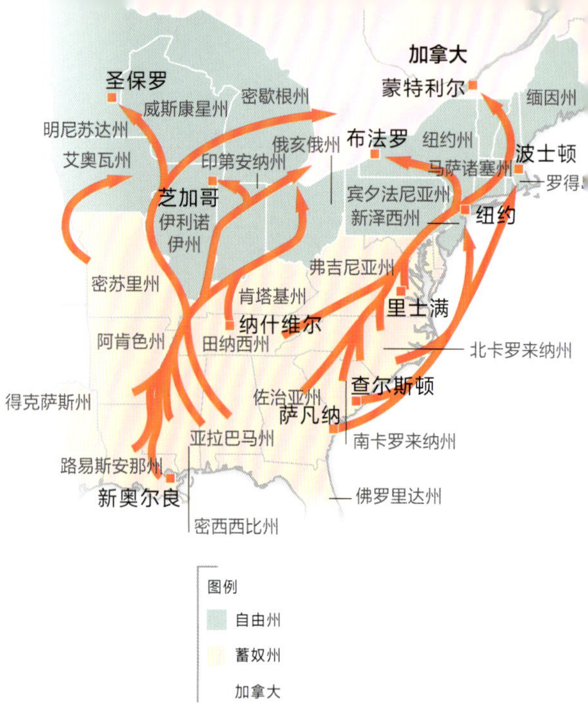

地下铁道

美国黑人逃离奴隶制度

▲ **寻求自由之身的逃亡奴隶所走的路线**，是从南方的蓄奴州出发，通往北方的自由州，再到已经废除了奴隶制度的加拿大。

▼ 贵格会教徒兼**废奴主义者利瓦伊·科芬**（Levi Coffin，中间戴帽者）和朋友乔纳森·拉梅尔（Jonathan Rummel，后排最右）被他们解救的一群前奴隶簇拥着。

1860年，美国南方有近400万人生活在奴隶制度之下。他们大多被迫在棉花和甘蔗种植园里劳作，为一种剥夺了他们的人权并把他们当成奴隶主私产来对待的制度所困。

对奴隶来说，美国南方是一个充满敌意的地方；根据1793年制定的《逃奴法案》（Fugitive Slave Act），地方当局可以逮捕那些寻求自由之身的逃亡奴隶，并将他们送回奴隶主的手中，就算是在所谓的自由州里抓到他们也不例外。当局对抓到的所有逃奴都会进行严厉的惩处，而那些逃离了奴隶制度的人也没法过上合法的生活。奴隶主还悬赏捉拿逃亡的奴隶，使得追捕逃奴成了一门有利可图的生意。

从1750年到1860年美国内战爆发，一项叫作“地下铁道”的行动曾经帮助4万至10万奴隶成功地逃到了北方（那里已经宣布奴隶制度是非法的，只不过美国黑人并未拥有与白人同等的权利）和加拿大（该国已经废除了奴隶制度）。这是一个由逃亡路线和安全住所构成的秘密网络，由获得自由的奴隶和废奴主义者负责照管。

自由之路

实施“地下铁道”行动的人，用铁路术语来隐藏他们的真正目的。虽说逃亡的奴隶必须独自设法来到南、北之间的交界州，但抵达之后，他们就可以与一名“售票员”取得联系，后者会把他们带到一些被称为“车站”的藏身之所，即由一名“站长”管理着的私人住宅、教堂或者学校。实施者确定了一些路线，在西部是北上经由俄亥俄州前往印第安纳州和艾奥瓦州，在东部则是经由宾夕法尼亚州北上。然而，对于逃亡的奴隶和帮助他们的人而言，这些路线仍然极其危险。逃亡者随身几乎不带什么东西，因此在这趟可能需数个星期才能完成的北上旅途中，他们都面临着饥饿、寒冷与过河时的重重危险。逃亡的奴隶一般是几个人为一组，在夜间赶路，所以途中并不安全，就算他们抵达了北方也是如此。赏金猎人会一路尾随而来；他们有自己的路线，可以把他们绑架的逃亡奴隶偷偷送回南方。

许多逃亡奴隶的目的地都是加拿大，因为该国取缔了赏金猎人，而以前的奴隶群体也已建起了自己的农场和教堂。在这里，逃离奴隶制度的人获得了比美国的北方诸州更大的自由；他们甚至可以谋求公职，可以当陪审团成员。许多人都尽力帮助别人获得自由之身，或者把一些技能教给新来的人，使之可以找到一份工作。

帮助其他人逃离

那些为逃亡奴隶提供帮助的人，有可能遭到罚款、监禁，甚至有被愤怒的暴民以私刑处死的危险。尽管有些白人贵格会教徒也在“地下铁道”行动中发挥了重要作用，但大部分“售票员”都是美国黑人，包括以前的逃亡奴隶。其中最有名的一位，就是哈丽雅特·塔布曼（Harriet Tubman，参见右图），她曾多次冒险回到美国南方。

废除奴隶制度的政治压力日益增加，但直到1863年1月1日亚伯拉罕·林肯总统颁布了《解放宣言》，解放数百万奴隶的进程才终于开启。1865年12月18日，美国国会批准了第十三条宪法修正案，最终在法律上废除了奴隶制度。

哈丽雅特·塔布曼

哈丽雅特（1822年—1913年）生于实行奴隶制度的马里兰州，1849年逃到了费城。她曾返回马里兰州去帮助其他奴隶逃走，总计回去了13次，帮助70名奴隶经由“地下铁道”逃到了加拿大。

▲ 纽约州多尔吉维尔（Dolgeville）的**一幅“地下铁道”壁画**，描绘了一位“售票员”领着一群逃亡奴隶在夜间赶路的情景。

◀ **利瓦伊·科芬的家**位于俄亥俄州的辛辛那提，曾经是“地下铁道”沿线的一座“车站”，逃亡奴隶北上途中可以在此落脚歇息。

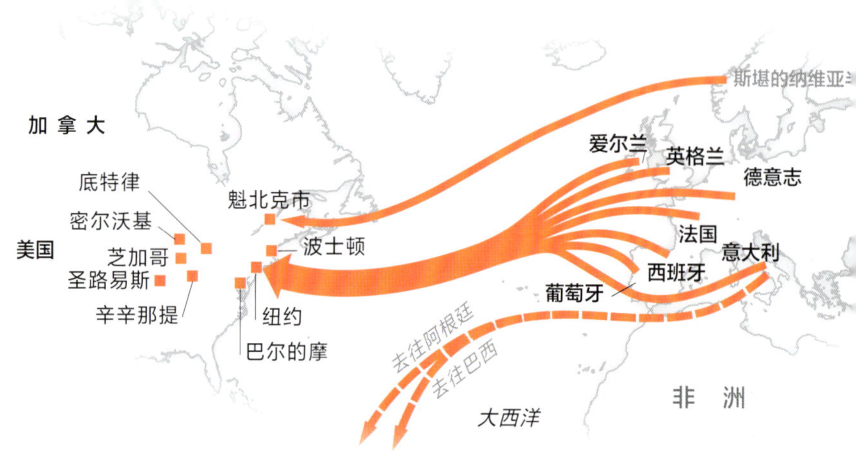

前往自由之地

大西洋上的大迁徙

▲ 从 19 世纪 20 年代开始的**跨大西洋移民**为穷困潦倒的欧洲人提供了在南、北美洲获得土地和工作的机会。

▼ 航运公司颁发的**检查卡**证明移民出发时进行过体检，但许多人会在途中生病。

1846年至1940年间发生了人类历史上规模数一数二的一场人口迁徙，有5 500万欧洲人跨过了大西洋；其中，大多数人定居于美国，也有人去了加拿大和南美洲。引发这场大迁徙的原因虽然很复杂，但不外乎贫困、生活艰难、欧洲各国的政治与宗教压迫，以及人们在美国可以获得较高报酬、耕地、更多机会和自由的诱惑等方面。

第一批移民

19世纪初抵达北美洲的大多数移民来自爱尔兰。当时，爱尔兰年轻人的生活前景十分渺茫，家中长子以外的其他儿子尤其如此，因为他们不能继承土地；所以，有近100万人在19世纪20年代和30年代登上了前往美国和加拿大的船只。他们为有可能去修建伊利运河、新公路和新铁路等项目的前景所吸引，大多在美国东部沿海的城市里安顿了下来。

19世纪40年代肆虐整个爱尔兰的“大饥荒”，则让爱尔兰移民数量激增。当时，一种马铃薯疫病加上地主和英国政府实施的残酷应对措施（此后被称为一场种族灭绝），导致数十万人陷入了一贫如洗和挨饿受冻的境地，并且被赶出了自家的村舍，没有了收入来源。绝望无助的他们只得举家迁徙，朝美国而去。

到1847年的时候，已经有数百艘“棺船”（Coffin Ship，指破旧不堪、原本不适合航海的船只——译者注）满载着爱尔兰移民，从利物浦启程驶往了北美洲。船主们利用移民的困境大发其财，使用各种各样的船只运送他们，而不管它们合不合适。船上的条件极其糟糕。在长达2个月的航程中，乘客们大部分时间挤在阴暗的甲板下面，几乎得不到食物和饮水。船上疾病肆虐。当时的一篇文章描述说，“那些喘不过气来的病人反复呼吸着污秽的空气”。抵达之后，许多移民都被关进了像魁北克的格罗斯岛（Grosse Île）之类的检疫站，以防传染性疾病扩散。在1847年夏季一桩臭名昭著的事件中，格罗斯岛检疫站里曾暴发斑疹伤寒疫病，导致5 000名爱尔兰移民死亡，之后还蔓延到了魁北克城。

寻觅希望

19世纪40年代和50年代的爱尔兰移民大多没有技能，没有钱财，衣物很少，也几乎没有什么希望；即便是在“大饥荒”之前，他们也属于欧洲最贫困者之列。可抵达北美洲之后，他们却发现那里的情况好不到哪里去。他们常常挤在破旧不堪的出租房屋里，面临着可能雇用他们的人的敌视，以及因为信奉天主教而招致的宗教歧视，尤其是在美国。

不过，美国和加拿大为他们提供的机会还是多于爱尔兰，因此许多移民开始努力为自己创造新的生活，在建筑、采矿、军队、警队等行业里工作，或者给别人当家仆。爱尔兰人的移民活动在“大饥荒”之后持续了很长一段时间，在19世纪有超过三分之二的爱尔兰人口流往了北美洲。

19世纪60年代发展起来的汽轮大大加快了横渡大西洋的速度，使得这段航

▼**19 世纪 80 年代**，地主和难以支付地租的爱尔兰佃农之间爆发了“**土地战争**”（Land Wars），导致爱尔兰人遭到了驱逐。许多家庭一无所有，便效仿早期的爱尔兰移民迁往了美国。

从 1886 年起，经由纽约**来到美国的移民**首先看到的就是“自由女神像”，这座雕像象征着他们有了获得庇护和得到新的机会的希望。

程缩短到了10天以内；只不过，船上的条件几乎没有什么改善。

这一时期横渡大西洋的其他群体，则是在经济困境、政治动荡以及渴望获得更多宗教信仰自由等因素的驱动之下进行迁徙的德意志、挪威、瑞典和荷兰移民。

1840年以前，欧洲北部的这些移民大多是经验丰富的农民，他们选择在美国的中西部地区安顿下来，开辟出了美国一些最丰饶多产的农场。1848年以后，德意志的政治动荡和失业率居高不下的局面则导致其移民迁徙到了芝加哥、密尔沃基、辛辛那提和圣路易斯等城市。

第二批移民

到了19世纪90年代，北欧和西欧人口向外移民的速度已经放缓，但来自南欧和东欧的移民却越来越多。这些地区的工业化进展非常缓慢，而大西洋彼岸有可能提供一种更加美好的未来这一点极具吸引力，让人难以忽视。许多来自俄国和东欧各国的犹太移民是为了躲避迫害；匈牙利人、波兰人、捷克人、塞尔维亚人、斯洛伐克人、希腊人以及来自叙利亚、土耳其和亚美尼亚等地的非欧洲移民，则是为了逃避农业危机、政治压迫和人口过多的不利影响才离乡背井的。他们大多定居在纽约、波士顿和底特律等城市，在快速发展的工业行业里找到就业岗位。

这一时期人数最多的是意大利移民，当时约有700万意大利人漂洋过海，迁徙到了美洲。来自意大利南部和西

入境检查

美国哈得孙河上的埃利斯岛（Ellis Island）和加拿大圣劳伦斯湾里的格罗斯岛等入境口岸都设立了移民站（如下图所示），对新到的移民进行审查。每天都有几千位移民排着长队通过，等待接受检疫和法律审核。对大多数移民来说，这种严苛的检查只需几个小时，但还有一些人会被扣留数周之久，尤其是那些疑似生病的人。孤身一人的妇女和姑娘若是没有男性陪同，也不能离开。

凡是有进取之心、想出人头地的人，都愿意不顾一切地来到这个自由的国度，因为他可以在这里一展身手，飞黄腾达……

——约翰·多伊尔（John Doyle）寄往爱尔兰的一封信，1818年

◀ 到 1900 年之时，**曼哈顿的马尔伯里街（Mulberry Street）**成了美国境内最大的意大利人聚居区之一，移民于此的街头摊贩、店主和居民形成了一个“小意大利”。这张照片经过了着色。

◀ **狭窄的出租房间**既是住处，也是工作场所；许多移民家庭靠缝制衣服或制作小物件等计件工作谋生。

西里岛的移民大多为农民，许多人一路来到了南美洲，尤其是阿根廷；在抵达美国的移民已经“塞满”了该国从大西洋沿岸到太平洋沿岸的所有土地之后，意大利移民仍然希望自己能够在南美洲找到土地。来自城市化程度较高的意大利北部的移民，则被吸引到了美国东北部的一些城市，比如纽约、巴尔的摩、波士顿和费城。

许多意大利移民是年轻男性，他们原本并未打算留在海外，而是希望自己能够攒够积蓄，最终回国到家庭农场里工作，或者继承家庭农场。但有超过半数的移民最终留在了北美洲，他们更愿意寄钱供养留在意大利的家人。意大利移民发现，他们与一代人以前的爱尔兰移民一样遭到歧视，只能去从事体力劳动，包括修建公共工程。许多城市里都出现了“小意大利”区，因为联系紧密的移民群体常常住在狭窄的出租房屋里，而来自意大利同一个村庄或地区的家庭，有时则会聚居在几条街道的周边。

跨大西洋的传承

到了1900年，由于美国和加拿大的政府响应本国民众日益增长的反移民情绪（连自己以前也是移民的人都是如此），因此移民入境美、加两国变得较为困难了。起初，限制措施针对的是亚洲移民，虽然法律法规允许他们入境美国，他们却不会获得美国公民的身份，而入境加拿大时还要纳税。第一次世界大战（1914年—1918年）之后，限制措施变得更加严厉，从大西洋彼岸的欧洲各国前来的移民也受到了限制。

虽说移民速度趋缓，但那时美洲大陆上的社会结构已经发生了变化。长达一个世纪的移民活动已经改变了城市与农村的面貌、推动了工业化进程，并且创造出一座多民族融合的大熔炉，形成了一种新的美洲文化的基础。

1932 年修建纽约“美国无线电公司大楼”（今通用电气大楼）期间，**坐在一根横梁上摆好姿势拍照的钢结构工人**。建造了这座城市众多标志性建筑的人当中，许多都是移民或者来自移民家庭。人们对这幅题为《吃午餐的男人们》（经过了着色处理）的照片进行的研究表明，其中两人可能分别是爱尔兰移民马蒂·奥肖内西（Matty O'Shaughnessy，最左）和桑尼·格林（Sonny Glynn，最右）。

文化影响

荷兰殖民者

1626 年，**荷兰殖民者**在曼哈顿岛上**建立了**新阿姆斯特丹镇。他们修建了一座荷兰风格的市政厅和一座港口，在那里将河狸皮装上船只运往欧洲，再带着欧洲商品返回，然后在北美洲销售。

意大利移民聚居区

从 19 世纪 20 年代开始，**有数批意大利移民**来到了美国。19 世纪末和 20 世纪初，抵达美国的意大利移民中约有三分之一在纽约安顿了下来。起初他们定居于东哈莱姆（East Harlem）和下曼哈顿（Lower Manhattan），其中马尔伯里街周围的社区后来被称为“小意大利”（如图所示，经过了着色处理）。

犹太企业

新阿姆斯特丹原本就**有一些犹太移民**，不过，大量犹太移民是 19 世纪 80 年代之后从欧洲前来的。到 1920 年时，纽约的犹太人口已达 150 万左右，其中大多数人住在下东区，他们在那里经营着许多的犹太商店和餐馆。如今，生活在纽约的犹太人数量超过了全球其他任何一座城市。

纽约市

大苹果

如今纽约市所在的地区，在欧洲殖民者于17世纪初来到之前早已有原住民群体雷纳佩人生活在那里。最早前来的殖民者是荷兰人，他们在1626年与土著民族达成了交易，获得了曼哈顿岛。荷兰殖民者在这座岛屿上设立了一个毛皮贸易定居点，并且取名为“新阿姆斯特丹”。他们不断驱逐土著居民，并且把非洲奴隶当成强制劳动力，先是用于兴建该殖民地的基础设施、保护荷兰人免遭土著民族报复，后来又让他们到码头上去干活和当家仆。

1664年，英军占领了这个殖民地，将其重新命名为“纽约”，并且鼓励英国移民前来。当时，奴隶制度仍然对这个殖民地十分重要：1703年，城中42%的家庭都蓄有非洲奴隶。美国获得独立后，纽约继续扩张；到1790年的时候，它就是北美洲最大的城市了。

大规模移民与发展

在19世纪和20世纪初，大量的欧洲移民来到了这里，其中包括在“大饥荒”之后背井离乡的爱尔兰移民（参见第174页—第177页），以及逃离集体迫害的俄国犹太人（参见第160页—第161页）。在1910年至1970年间，许多黑人也从美国南方各州移居到了这里（参见第202页—第203页）。纽约迅速扩张开来。1898年，纽约的5个区——曼哈顿区、皇后区（昆斯区）、布鲁克林区、布朗克斯区和斯塔顿岛（Staten Island）——合并起来，形成了一座城市。到1920年的时候，纽约的人口已经超过了560万。

从20世纪50年代起，有大量的波多黎各移民在这座城市定居下来；而在20世纪60年代末，中国和东南亚地区的移民也纷纷来到了这里。近几十年来，拉丁美洲、亚洲、非洲和欧洲都有很多移民迁徙至此。如今，这座拥有880万人口的城市里，人们使用的语言竟然有800多种。

> 从皇后区大桥望去，这座城市总如初见之模样，恣意呈现出世间所有的神秘与美丽。
>
> ——F. 斯科特·菲茨杰拉德，《了不起的盖茨比》，1925 年

▲▲ 这幅 1943 年的画作描绘了**纽约的轮廓**，作者是黑人画家威廉·H. 约翰逊（William H. Johnson），他在 17 岁的时候从南卡罗来纳州的弗洛伦斯（Florence）搬到了纽约。

▲**2018 年，雷纳佩诸族**自 17 世纪被荷兰殖民者逐出这一地区以来首次在曼哈顿举行了集会（powwow）。

◀ **街头音乐家**在纽约中央公园**演奏爵士乐**。尽管爵士乐起源于新奥尔良的黑人群体中，但在 20 世纪初，由于出了一些著名的音乐家和哈莱姆的“棉花俱乐部”（Harlem's Cotton Club）等热门演出地，爵士乐便成了纽约的代名词。

哈莱姆的黑人文化

20 世纪初，美国黑人从南方诸州前往北方各州的“大迁徙”（Great Migration），以及加勒比地区移民的到来，让哈莱姆地区发生了巨变。在 20 世纪的头 30 年里，这里曾是“哈莱姆文艺复兴”运动（Harlem Renaissance）的所在地，出现了黑人音乐、文学、戏剧和政治参与蓬勃发展的局面。

华人的节庆活动

19 世纪，**许多华人移民**被加利福尼亚的“淘金热”或者修筑铁路的就业岗位所吸引，来到美国并在纽约定居了下来。美国政府在 19 世纪 80 年代到 20 世纪 60 年代末曾经限制华人移民，但此后华人移民人数又有所增长。如今，纽约是亚洲以外华侨人口最多的城市，已经举办了多次春节游行庆典活动。

波多黎各血统

1898 年，**波多黎各岛**并入了美国。19 年之后，波多黎各人获得了有限的美国公民权，许多人都在纽约安了家。20 世纪 50 年代，更多的波多黎各人来到了这里。如今的纽约居民中，大约 9% 的人有波多黎各血统，他们会举办一年一度的“波多黎各日大游行”来加以庆祝。

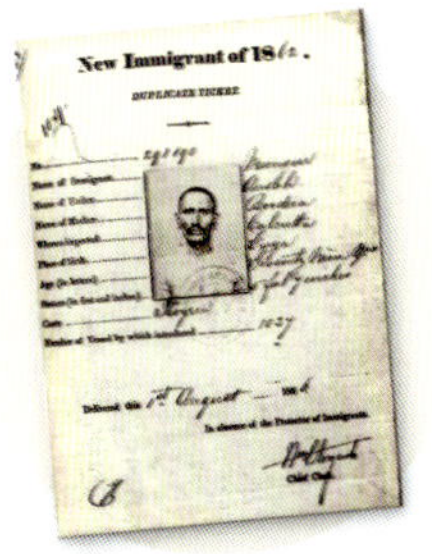

殖民剥削

加勒比地区的包身工

到1830年的时候，工业革命开始摧毁印度的经济。从英国进口的廉价工业制成品，正在破坏印度的手工业，而为了给英国供应原材料（比如棉花、茶叶和靛蓝），商业性农业生产日益发展起来，生产粮食的土地被挪作他用，使得农民流离失所。由此带来的结果就是大范围的失业和粮食短缺，并且日益严重起来，在19世纪30年代末和19世纪60年代至70年代发生干旱的时候导致了饥荒。

在加勒比地区的英国种植园主看来，印度的高失业率似乎为废除奴隶贸易之后他们面临的劳动力短缺问题提供了一个解决办法。于是，他们根据一种契约制度，提出为印度劳工支付路费，但后者必须替他们工作至少5年的时间。对于面临着贫困与饥饿的印度人来说，这种情况有可能给他们带来急需的经济稳定性，所以在1838年至1917年间，有40多万印度劳工迁徙到了加勒比地区。

误导与虐待

印度劳工曾经获得承诺，说他们会有固定的薪资、体面的生活水平、医疗保健，而且工作任务结束后会被送回国内。可实际上，大多数人都遭受了严重的虐待。在前往加勒比地区的17 700千米、乘船耗时10至20个星期的航程中，大约有17%的劳工由于条件恶劣而染病死亡。抵达那里之后，他们每天都须长时间工作，干繁重的体力劳动，忍受拥挤不堪的糟糕居住条件。雇主们经常克扣工资和饭菜，对劳工实施严酷的处罚，并且在合同期满后食言，没有将移民送回国内。由于没有办法返回印度，一些劳工不

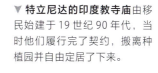

▶ **印度劳工移民**到加勒比地区和毛里求斯之后，19 世纪 60 年代又有大批劳动力流向了斐济、马来亚以及非洲的东部和南部。

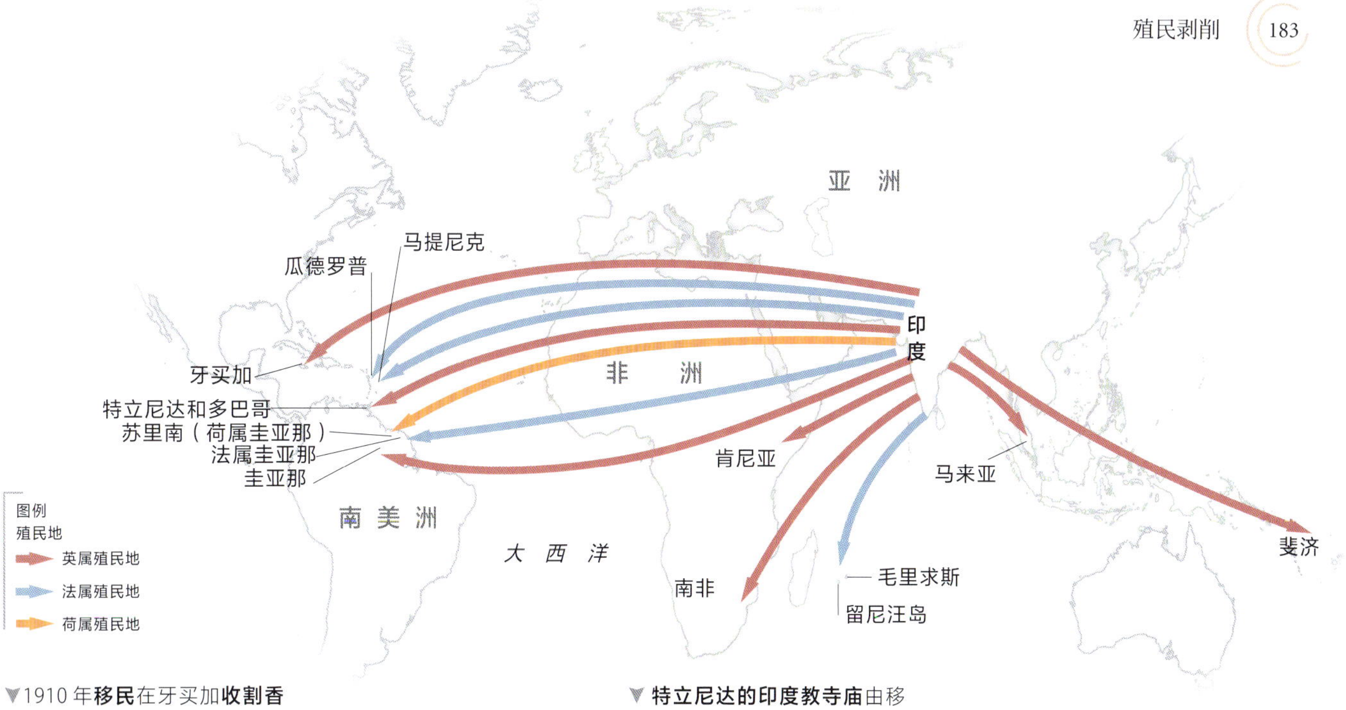

▼ 移民抵达时签发的**登记证**，它证明移民由一位执业承运人送来，并且经过了一位移民官员的审核。

▼1910 年**移民**在牙买加**收割香蕉**时的情景。原先签约到甘蔗种植园里干活的劳工，也曾从事这样的工作。

▼ **特立尼达的印度教寺庙**由移民始建于 19 世纪 90 年代，当时他们履行完了契约，搬离种植园并自由定居了下来。

得不续签契约，然后一直困在种植园里，陷入一种遭受奴役的恶性循环之中。

变革的压力

到了19世纪末，许多印度劳工开始对那种不公平的制度和他们的恶劣待遇提出抗议。在印度国内的民族主义运动和一系列官方调查所带来的压力之下，英国政府于1917年废除了包身工移民政策。

大多数履行完契约的劳工，都选择留在加勒比地区经营小型的独立农场，而他们的存在也创造了一种持久的文化传承。圭亚那、特立尼达和多巴哥等国家不但形成了一些大型的印度移民社区，还出现了一种新兴的印度-加勒比文化，将印度的饮食、音乐、习俗、节日、庆典等方面与非洲-加勒比人和欧洲人的传统结合了起来。

咸丰二年造金山，担起遥仙万分难。竹篙船，撑过海，离妇别姐去求财……

——广东民歌，描述了赴美华工的经历，19 世纪

在修建“横贯大陆铁路”东端的劳动力中，**华工**占了绝大多数。从 1863 年起，直到 1869 年这条铁路完工，曾有多达 1.5 万名华人劳工在恶劣的条件下工作。

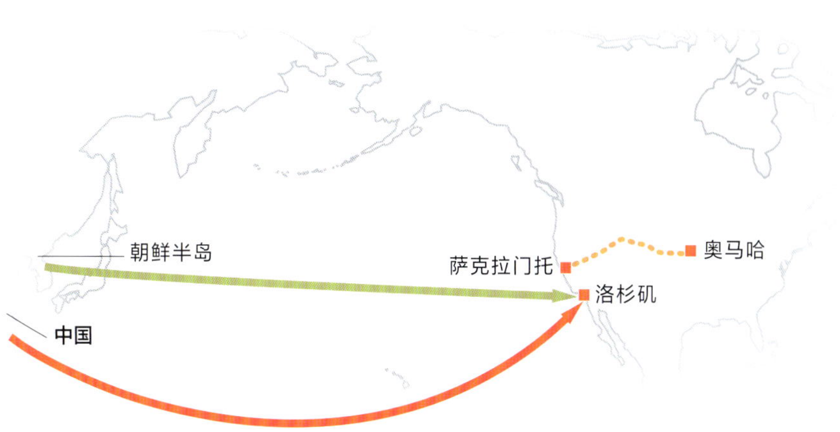

从东到西

亚洲到美国的移民

▲ 自19世纪以来，**亚洲移民**（尤其是来自中国和朝鲜半岛的移民）曾纷纷东渡美国，去追寻新的生活。

▼ 纽约市第六大道（6th Avenue）上，**韩裔美国人**在一年一度的“韩国日”（Korean Day）游行和纪念活动中**颂扬**他们的传统。

从亚洲到美国的第一场大规模移民出现于19世纪50年代；当时，有大约2.5万名华人在加利福尼亚州“淘金热”的诱惑下，从中国来到了美国的西海岸。这些人大多是年轻人，他们很快就发现加州并不是自己所向往的那个梦幻国度。他们不但很难找到黄金，就业机会稀少，而且很不受美国淘金者的欢迎。他们抛下了留在中国的家人而来，如今却穷得没法回去了；于是，这些人只得去当修建“横贯大陆铁路”的劳工。在1863年至1869年间，约有1.5万名华人劳工辛勤劳作，建成了这条铁路。他们的美籍工友睡在火车车厢里，拿着双倍于他们的工资，可华人劳工却睡在帐篷里，过着居无定所的生活。由于长时间在危险的条件下工作，有成百上千名华人劳工受了伤或者丧了命。

敌视与排斥

有些美国公民对新来的华人劳工心存不满，便袭击他们，甚至对他们动用私刑，尤其是在19世纪70年代美国遭遇经济萧条的时候。1882年的《排华法案》（Chinese Exclusion Act）进一步禁止华人来到美国；只不过，其中有一个漏洞，那就是允许学生入境，也允许在美华人企业主从中国招募雇员，从而导致这一禁令实施期间仍有大约20万华人移居到了美国。

尽管美国社会的排斥曾经让他们处境艰难，但这种情况也促使华人移民建立了自己的强大社群，导致“唐人街”在各大城市里发展了起来。到了20世纪，随着这些华人人口不断增长及其子女获得美国公民的身份，他们的社会地位提高了，他们对美国的归属感也增强了。日本在第二次世界大战期间对中国的侵略促使许多华裔美国人从戎，加入了美国军队。这种情况帮助消除了美国国内的反华情绪，导致美国政府在1943年废除了《排华法案》。

朝鲜战争

第二次世界大战之后，朝鲜半岛分裂成了美国支持的韩国和实行社会主义的朝鲜，导致大量移民开始涌向美国。这个地区随后爆发的战争，又导致更多的移民来到了美国。美军士兵所娶的韩国妻子（即所谓的“战争新娘”）纷纷移民美国，成千上万流离失所的韩国民众和战争孤儿也是如此，其中包括美军士兵的孩子。在1955年至1977年间，约有1.3万名这样的孤儿被美国家庭所收养。

1965年，新的《移民和国籍法案》（Immigration and Nationality Act）允许更多来自非欧洲国家的移民进入美国，导致中国和韩国的熟练技术工人和学者大量涌入了该国。来自韩国的移民中，许多人上过高中，但几乎都不会说英语；于是，他们开办了一些规模虽小却经营得很成功的企业，比如干洗店和便利店。20世纪80年代，洛杉矶和纽约的韩裔移民群体都不断发展壮大了起来。

1990年以后，尽管随着韩国的经济企稳，移民美国的韩国人数量有所下降，但华人移民的数量却持续增长，并在2016年达到了210万。如今，美国有520万华裔美国人和190万韩裔美国人。

▼ **“战争新娘”尹顺**（Yoong Soon）和丈夫抱着两人的第一个孩子，她的丈夫曾在朝鲜战争期间驻扎于韩国。这也是美国第一名由一对韩国新娘和“美国大兵”所生的孩子。

▶20 世纪初迁徙到巴西的**大多数移民**都来自葡萄牙和意大利，但也有很多移民来自德国、西班牙、黎巴嫩和日本。

废除奴隶制度之后

移民巴西

▼1908 年圣保罗州出版的**一部**补助移民**宣传册**，旨在鼓励欧洲移民前来。

1889年导致“巴西第一共和国”（First Brazilian Republic）成立的那场政变，在巴西开启了一个经济和社会变革的新时代。变革之一，就是1889年至1930年间，约有400万移民来到了巴西。这些移民人口既为巴西的种植园和新兴的工业化城市提供了劳动力，也改变了巴西的民族构成，助力形成了一个多元文化的现代国家。

欧洲移民

新成立的“巴西第一共和国”的当务之急，就是填补1888年废除奴隶制度之后出现的劳动力短缺。由于市场对巴西咖啡的需求不断增长，急需廉价的劳动力来发展经济，所以巴西政府开始到海外寻找新的劳动力。由于该国信奉种族主义意识形态，认为让巴西人口“白化”是一种崇高的理想，所以当局决定招募欧洲移民。

巴西政府开始大力投资于欧洲移民项目，甚至对乘坐汽轮横渡大西洋的移民进行旅费补贴。由于欧洲很多地区陷入经济或者政治危机，所以来自葡萄牙、西班牙、德国尤其是意大利（意大利人占到了移民总数中的近70%）的劳工都渴望利用这种现成的机会。

大多数意大利移民都是举家迁徙而来。有些人在巴西南部获得了土地，并在那里以自给自足的小农场为基础，建立了一个个意大利社群。大部分人都在圣保罗地区安顿下来，他们在扩大咖啡生产的过程中发挥了关键的作用。当时这些家庭的处境都很糟糕，而在一些措辞严厉的领事报告描述了他们那种类似于奴隶的遭遇之后，意大利政府于1902年通过了《普里内蒂法令》（Prinetti Decree），禁止对迁往巴西的移民进行补贴。这一举措暂时放缓了移民速度，但到了20世纪20年代，由于美国等其他国家实施入境限制，再加上意大利和巴西两国政府间签订了新的协议，移民人数再度增加了。

多元化社会

与此同时，一波新的移民大潮正从黎巴嫩和叙利亚涌来，这些移民在奥斯曼帝国经济崩溃、针对基督教群体的暴力活动以及征兵威胁等因素的驱动下离开了黎凡特地区。他们大多为基督徒，与巴西人类似，所以很快融入了当地社会。大多数阿拉伯移民被吸引到了快速发展的城市里，而没有前往农村地区；他们或是当小摊贩，或是在纺织行业里工作，并且最终开办了自己的企业。

随着欧洲人的移民速度在20世纪初放缓，巴西再度面临劳动力短缺的问题。这一次，巴西政府转向了日本劳工。到1933年的时候，约有15万日本移民来到了巴西，主要在咖啡种植园里工作。履行完合约之后，大多数日本移民就成了独立自主的小农场主；他们一般是家族联手购买土地进行耕作。这些日本移民对当地社区的投资开发，推动了全国的经济增长，一路将巴西带入了20世纪，为形成一种以多样化为基础的、新的巴西身份认同感做出了贡献。

> 我们离开了意大利的统治者，有了自己的生活。我们吃喝富足，还有新鲜的空气，这一点意义非凡……
>
> ——意大利移民保罗·罗萨托（Paolo Rossato），1884 年 7 月 27 日

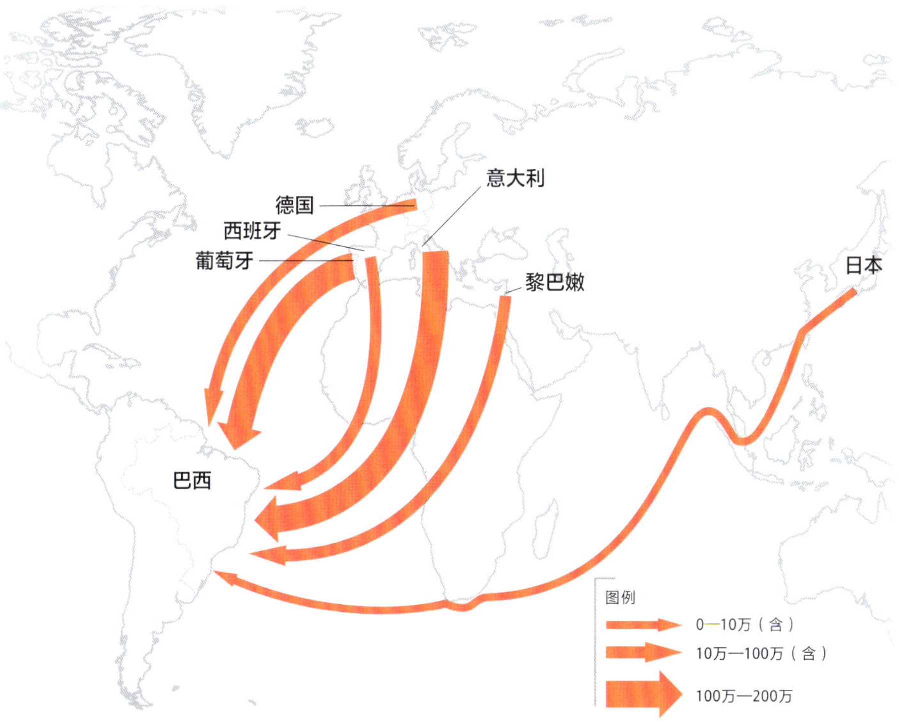

▲ 从欧洲输入的**文化、饮食、节庆和建筑**是巴西南部的德国移民城镇的特色，比如布卢梅瑙（Blumenau），那里吸引了一批又一批的移民。

◀ **日本移民**通过在咖啡种植园里劳作并以小农场主的身份将新的土地开发成蔬菜农场，促进了圣保罗地区的经济发展。

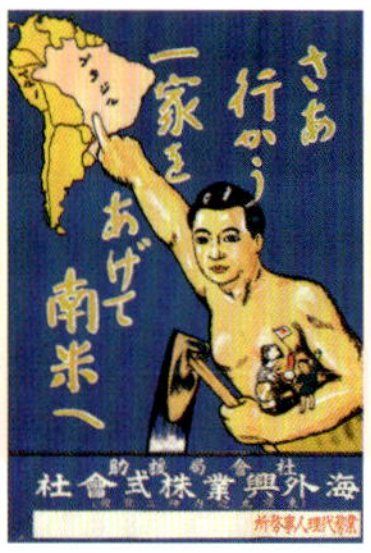

输出劳动力

日本劳工移民

1868年，日本出现了第一批大规模的移民；在经历了200多年的闭关锁国之后，这一年的“明治维新”开启了该国的现代化进程。此前实行的锁国政策，意味着很少有移民进出日本；但在1868年，日本向夏威夷王国派遣了147名男性和6名女性，到那里的甘蔗种植园里去工作。当时日本农民的处境极其艰难，夏威夷则因为疾病肆虐而丧失了大量劳动力，因此两国政府达成协议，日本劳工可以签署为期3年的合同，前往夏威夷工作。

尽管种植园里的待遇很糟糕，但日本国内的贫穷还是促使2.7万人在1894年夏威夷王国灭亡之前迁徙到了那里。许多移民并未打算留下来——有些人往返于夏威夷和日本之间，或者在完成工作之后回到了国内——但还有一些人留在了夏威夷，参与到了当地不断发展的咖啡产业之中。

移民美洲

接下来，日本工人开始移民到美国本土，在加利福尼亚州的农场、罐头厂、铁路上和锯木厂里找到了工作。随着他们的群体日益发展壮大，许多日本移民开办了自己的农场和其他企业。然而，美国人的反日情绪逐渐高涨，认为日本移民在经济领域的成功对他们构成了威胁；于是，1907年美、日两国之间签署的一份非正式协定即《君子协定》(Gentlemen’s Agreement)，将更多的日本移民阻挡在了美国之外。由于移民的家属仍能获准前来与他们团聚，所以移居美国的日本男子开始寻找日本女性，将她们以妻子的身份接到美国，哪怕他们此前只看到过那些女性的照片。到1920年时，已有1万多名“照片新娘”来到了美国。

随着美国的限制措施越来越多，社会矛盾也日益加剧，日本政府转而开始组织民众向拉丁美洲移民：1897年从墨西哥开始，1899年成了秘鲁和玻利维亚，1908年则是巴西。这些移民都在种植园里工作，面临着疾病、歧视和低薪等问题。但在20世纪20年代，日裔移民的数量还是持续增长，许多移民也逐渐变成了独立自主的耕作者。

殖民扩张

19世纪初，日本开始在东亚地区扩张国家的疆域，该国政府则鼓励民众迁徙到那些领地上去，将其当成解决该国农民过剩问题的另一个办法。1906年，朝鲜变成了日本的保护国，外国人在朝鲜的土地所有权也被合法化。这种情况，让日本移民在那里获得了大量的可耕种土地。到1910年日本正式吞并朝鲜之时，生活在那里的日本移民已经达到了17万。仅仅十多年后，这一数字又增长到了40万。

在1932年至1945年间，还有27万日本移民迁徙到了中国东北的日占区。其中许多移民都是希望改善生活的贫困农民。然而，到1945年，这种拓殖移民大潮就结束了。侵华战争和第二次世界大战导致各地有成千上万的日本人死亡，而许多幸免于难的移民则选择了返回日本。

▼20世纪初，吸引日本人移民巴西的**宣传海报**，上面写着：“全家一起去南美洲。”

▶在19世纪末和20世纪初，**有数十万人**从日本移民到了亚洲、北美洲和南美洲的部分地区。

▲1920 年，**农业劳工**在夏威夷一座种植园里收割菠萝。到农场里去干活是日本移民的一种常见选择，许多人还创办了一些经营得很成功的农业企业。

◀1920 年乘船抵达加州旧金山的**日本移民**。从 19 世纪 80 年代起，加州和夏威夷劳动力短缺的局面将越来越多的移民吸引到了两地。

▲ 法军和德军的**殖民地士兵**在德属东非的边境地区相遇的情景。欧洲殖民列强瓜分了许多地区。这张照片经过了着色处理。

◀ 德属西南非洲（即今纳米比亚）的**赫雷罗人**曾奋起反抗殖民统治。结果，从 1904 年至 1907 年，德国殖民者杀害了大约 75% 的赫雷罗人，还将这场种族灭绝中的幸存者关进了集中营。

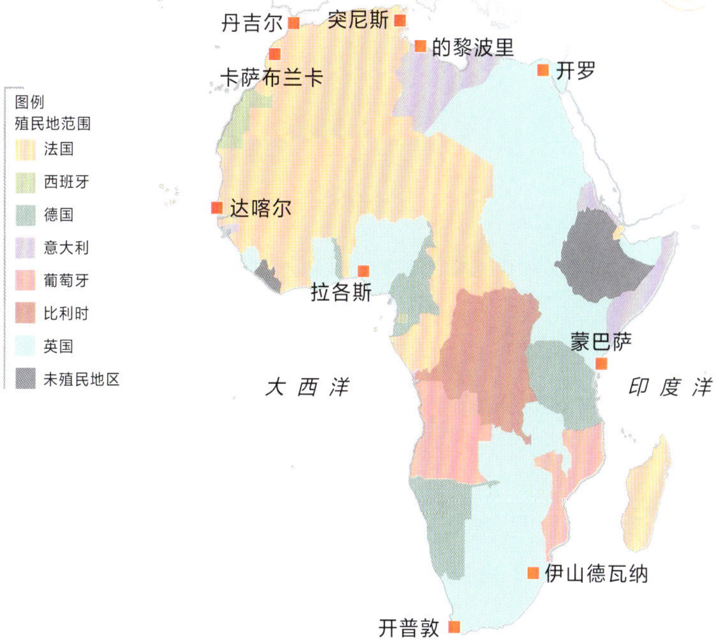

瓜分非洲

欧洲人殖民一个大陆

▲ 到 1914 年，欧洲人**在非洲的殖民活动**导致那里只剩下了利比里亚和埃塞俄比亚两个独立的国家。

▶ **殖民时期的教科书**强化了一种意识形态上的神话，即欧洲人启蒙了非洲这个“黑暗大陆”。

自15世纪以来，非洲一直被欧洲人蚕食着土地：首先是英国人、荷兰人和葡萄牙人建立的贸易站，然后是传教士和寻找财富的探险家。接下来，19世纪欧洲各国对非洲丰富资源所有权的争夺，又导致1884年列强在没有非洲代表参与的情况下召开了“柏林会议”（Berlin Conference）来解决所有权的问题。列强之间争夺土地和势力范围的局面愈演愈烈，为了将所有权正式化，欧洲的主要强国都匆匆开始征伐和殖民非洲。

在法国占领的北非地区，地理位置的邻近性与可耕种的土地促进了农业移民；而在南非，则有丰富的矿产资源吸引着英国人前去殖民。数十万欧洲移民的到来，彻底改变了这些地区的人口结构。在移民较少的地区，随着文武官员强化欧洲对这些地区的控制，权力平衡发生了改变。殖民统治导致非洲人民流离失所，而在西南非洲等地区还导致了种族灭绝。

失去土地与自由

政府批准的公司和政府当局纷纷没收土地用于私人殖民，并为欧洲的移民活动提供资金。商业利益集团也争抢黄金地盘，用于开办大规模的种植园和矿场。在许多地区，非洲人都被迫生活于“保留地”里，也就是殖民者分配的、农业价值通常很低的土地上。

由于小规模的农业耕作变得无法维持，非洲人便迁徙到港口或者矿业城镇里去找工作。这种情况，进一步让农村地区变得贫困起来，导致了饥荒和传统村庄的衰落，因为几乎没有人留下来为当地生产粮食了。

欧洲人招募非洲人到种植园、矿山去工作，或者去修建公路和铁路，但报酬微薄，工作条件也很恶劣。他们利用的劳动力当中，还有从东南亚其他殖民地引入的劳工；在许多非洲国家里，这些劳工后来都变成了举足轻重的少数民族。

行政压迫

越来越多的欧洲人来到非洲担任殖民地的行政管理者，而随着一些有利于殖民者却剥夺了非洲人公民权的新法律出台，欧洲人的影响力也不断增强。传教士们则巩固了这种权力平衡，鼓吹欧洲人是优等民族的神话，宣扬非洲人应当屈服于欧洲的剥削。

以欧洲列强的势力范围而非民族构成为基础划分各国边界的做法导致了动荡不安的局面，并且一直持续到了殖民时期之后。人为划定的边界将不同的民族群体集中到了一起，比如卢旺达的图西族（Tutsi）和胡图族（Hutu），形成了一个个没有民族团结意识的国家；又武断地使某些民族分属不同国家。由此导致的民族冲突，严重损害了各个本已受到殖民入侵削弱的群体。

到1914年底的时候，非洲90%的地区都处于欧洲的控制之下了。社会的重建和当地社群遭到的破坏，在殖民地自治之后的很长一段时间里，仍然对非洲产生着影响（参见第262页—第263页）。

> 世间或许从未目睹过一种如此大规模的强盗行径。非洲全然无力阻止。
>
> ——《拉各斯观察家报》（*Lagos Observer*），1885 年 2 月 19 日

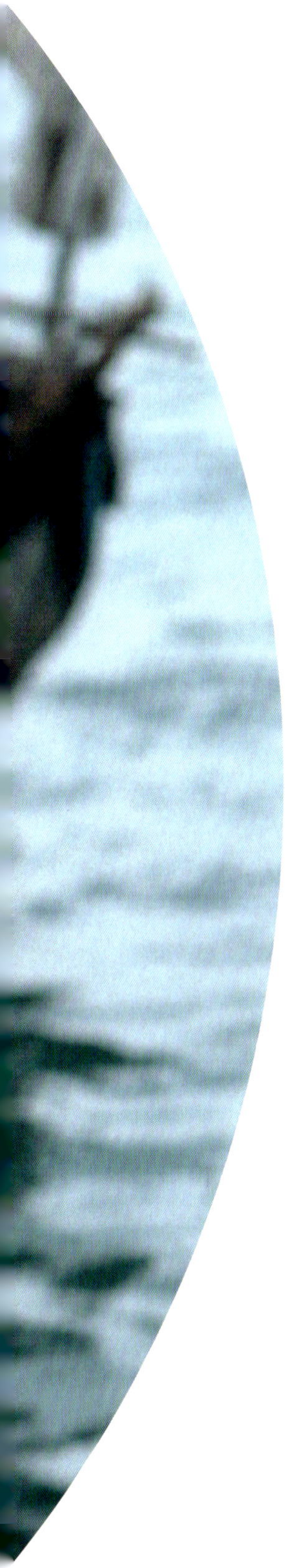

6

去殖民化与流散人口

1900年以后

去殖民化与流散人口

1900年以后

虽说20世纪和21世纪的移民进行迁徙的原因当中，很多都与人类一直以来进行迁徙的原因相同，但这个时代发生的飞速技术变革、金融挑战以及规模巨大的自然灾害与战争意味着，这些移民活动比以往任何时候都要规模更大、速度更快。两次世界大战造成了千百万移民和难民。其中，有些人是为了寻找一个安全的避风港，比如移居以色列的犹太人；还有一些人则是为了逃离其祖国的经济崩溃而迁徙，比如移民到了北美洲和澳大利亚的意大利人。

然而，还有许多人之所以离乡背井，是因为边界改变导致他们在一个充满敌意的政府治下陷入了困境，比如从苏联移民到西方的波兰人，或者那些在1945年迁出波兰领土的德国人。

去殖民化进程造成了一些问题，新的冲突爆发了，比如1947年印巴分治所导致的冲突导致了1000万难民逃离家园和100多万人死亡。内战也困扰着许多刚刚独立的国家，不但让大量的民众流离失所，还导致了一场场难民危机。

1922年希腊人试图逃离土耳其时，**士麦那燃起了大火**（参见第210页—第211页）。

二战结束后**日本难民**从藏身之处走出来的情景（参见第214页—第215页）。

我惊叹的是，让最为珍爱的人登上一艘东倒西歪的小船去穿越茫茫大海时的绝望之情……

——哈立德·侯赛尼（Khaled Hosseini），阿富汗裔美国作家，2018 年

经济动机继续驱使着人们进行迁徙——比如20世纪30年代干旱将农田变成尘暴区（Dust Bowl）之后那些逃离美国大草原上各个州的农民，自20世纪40年代末以来响应英国的劳工招募号召的加勒比移民，以及迁徙到美国的南美洲移民和中美洲移民，他们全都是为了寻找就业机会。

如今，科技已经让人类比以往任何时候都更加容易在全球各地来去，使得曾经不可能或者需要耗时数月之久的旅程在一天之内就可以完成，而通过电话和互联网，与远方的亲人保持联系的费用也很低廉了。尽管移民获得的机会往往比以前多，但如今仍然有太多的人因为战争、饥荒、经济状况或者人口贩卖而不得不违背自己的意愿进行迁徙。虽然现在有了保护移民、难民和寻求庇护者的国际公约，但它们并没有得到均等的执行；随着世人对移民问题的辩论变得越来越尖锐，许多移民在新的家园都会遭遇抵制与偏见。对移民来说，离乡背井常常仍属他们人生当中的最大挑战。

秘鲁内战期间，**一个家庭等待**获得食物补给的情景（参见第 248 页—第 249 页）。

2015 年，**阿富汗和叙利亚的难民**抵达莱斯沃斯岛的情景（参见第 268 页—第 271 页）。

移动的世界

20世纪初的旅行

▲ **开辟新的铁路**、航线与运河，让世界各地的联系变得更加紧密了。

◀ **航运公司**曾将成千上万的移民从欧洲送到了美国。铁路公司和航运公司都用新颖的广告来吸引乘客。

▶ **1900年的巴黎世界博览会**集多种不同的文化于一场盛会之上，展示了世界各国的发明创造和新技术。

每周三在利物浦和纽约起航，途中停靠昆斯敦……二等舱与统舱价格都很低廉。

——白星航运公司（White Star Line）的广告，1876年

19世纪末和20世纪初交通运输技术的进步，极大地促进了全球范围内的人口迁徙。汽轮又大又快，且令人舒适；而随着竞争日益加剧，像“丘纳德”（Cunard）和“汉堡-美国航运”等航运业巨头也增加了航线，降低了票价。1895年，横渡大西洋的船票价格低至10美元（约合如今的220英镑），通常由乘船者已经移居美国的家人预先支付。移民还可以搭乘直达港口的新兴“港口接驳列车”（boat train）。苏伊士运河（1869年通航）大幅缩短了欧洲与亚洲之间的航线，并将前往澳大利亚的航行时间缩短到了35天至40天。与此同时，巴拿马运河（1920年通航，由移民劳工参与修建）则连通了大西洋和太平洋，缩短了两大洋之间的航行时间。

连通世界

新的铁路网络扩张到了非洲、亚洲和南北美洲各地。它们促进了新兴工业中心的发展，将港口与内陆地区连通起来，推动了永久性和季节性的迁徙。1916年完工的西伯

利亚大铁路是世界上最长的铁路线，全长9 200多千米，将俄国辽阔的土地向新的拓殖和工业化敞开了大门。

19世纪末全球电报网络的发展，也对人口流动和思想交流产生了深远的影响。到1870年，新型的海底电缆已经铺设到了印度，1872年又铺设到了澳大利亚，让各个大洲之间实现了通信，而到1907年，跨大西洋的无线电报服务也已设立。这项技术也促进了航运和铁路的发展。

这是一个科学突破、技术进步和全球化迅速发展的时代，而1900年的“巴黎世界博览会”等盛事则将此种时代精神体现得淋漓尽致。这届世界博览会吸引了5 000万游客，展示了40个国家精心布置的展馆和柴油发动机等尖端发明。

移民热潮

这些重大的科技进步，引发了大规模的人口迁徙。全球性移民在19世纪90年代中叶出现了爆炸式的增长，到1910年前后差不多翻了一番，每年超过300万。移民数量在第一次世界大战（1914年—1918年）前夕达到了高峰；1913年，跨大西洋移民为210万，而前往东南亚和亚洲北部的移民也有差不多110万。

个别国家发生了翻天覆地的变化。比如，意大利在1880年至1915年间经历了历史上规模最大的一次自愿移民，有差不多1 300万民众为摆脱贫困和寻找新的出路而离开了该国。约有400万意大利人移居美国，约有200万人迁徙到了阿根廷。然而，这一时期的全球性移民活动大多与具有限制性和剥削性，有时甚至是具有强制性的奴役脱不了关系（参见第182页—第183页）。例如，在1896年至1901年间，英国殖民当局从印度派遣了大约3.5万名包身工到非洲去修建乌干达-肯尼亚铁路，还派遣了数万人前往南非的种植园、矿山和铁路上去干苦力。

▼ 一幅宣传**西伯利亚大铁路**的海报。这条铁路起于欧洲（莫斯科），止于东亚［中国边境附近的符拉迪沃斯托克（海参崴）］。

“泰坦尼克号”

1912年，“泰坦尼克号”从英国起航前往美国，船上载有2 224人，其中包括了数百名来自英格兰、爱尔兰、俄国和斯堪的纳维亚半岛的移民。撞上一座冰山之后，这艘轮船不幸沉没，有1 500多人遇难。

◀1914年，走上战场之前的**澳大利亚士兵**列队穿过墨尔本市。澳大利亚联邦承诺在战争期间全力支持英国，派出数以万计的澳大利亚士兵与协约国并肩作战。

终结所有战争的战争

第一次世界大战导致的被迫迁徙

现代世界第一场全球性冲突夺走的生命和造成的破坏，超过了以往任何一场战争。当时，不但有约1 300万平民被杀，而且至少有1 000万民众彻底失去了家园，在国内外流离失所，导致了一场规模史无前例的难民危机。

陷入战火

这场发生在1914年至1918年间的战争有30多个国家参与，其中大多数国家加入了协约国一方，其主要成员国是英国、俄国和法国。它们的对手则是同盟国，包括德国、奥匈帝国、保加利亚和奥斯曼帝国。双方之间的交战大多发生在欧洲的西线即法国北部和比利时，以及东线即德国以东；东线的长度，达到了西线的两倍多。随着军队不断推进和占领敌方领土，从比利时一直延伸到亚美尼亚的广大地区里（包括法国、意大利、奥匈帝国、俄国和塞尔维亚在内），有大量平民百姓流离失所。

许多生活在西线的平民当时都被迫抛下他们的家园和财产，随着撤退的部队离开。家庭和个人之所以逃离，都是为了躲避敌方军队实施的暴行（比如平民遭到处决和强奸），或者不愿看到家园被敌人强横地占领。许多人不得不在短短的几个小时里收拾好行李，将原有的生活统统抛下。

他们一无所有，彻底破产了：那就是人们谈到“难民”时的态度。我们不再是真正的人了。

——比利时难民

数百万人的迁徙

1914年，德国入侵比利时、法国北部、波兰和立陶宛，引发了一次大规模的难民迁徙。在逃离家园的150万比利时平民中，有60万人前往法国、英国与荷兰避难；他们的到来，在上述国家中引发了一场史无前例的人道主义行动。在法国，难民获得了该国的战时财政援助和慈善救济，使得其中最贫困的人也没有陷入一无所有的境地。在英国，2 500多个慈善委员会帮助安置了25万比利时难民，让他们寄居在英国人家里，或者住在专门设立的寄宿公寓里。随着这些国家的国内劳动力大幅减少，难民很快就派上了用场，成了一种人力资源——有成千上万的难民被雇用，到农场里去工作，或者到兵工厂里去生产炮弹。

然而，随着战争愈演愈烈，公众对难民的怜悯之情开始减弱，而难民的行为也受到了公众的指摘。针对他们的一种典型抱怨，就是他们把接受慈善募捐当成了自己的权利，竟然指望着过上一种高于合理水平的生活；或者说他们都是逃兵，没有勇气抵抗敌人的劫掠，而是轻轻松松地逃跑了。

不同于以堑壕战为主的西线，东线作战需要快速机动，所以大批军队常常是在同一个面积广袤的地区反复穿插。随着德、俄两国为了争夺主导权而展开拉锯战，数百万平民纷纷逃离，前往安全之地。

1915年冬季，奥匈帝国的军队占领了塞尔维亚的大部分地区，导致士兵和平民纷纷逃走，因为他们害怕落入敌人手里后会遭到残暴对待。有50万难民越过科索沃地区，徒步翻越一座座白雪皑皑的山脉，往亚得里亚海的沿海地区撤退。约有20万人死在了途中，但幸存下来的难民最终抵达了阿尔巴尼亚。1916年塞尔维亚军队在希腊的萨洛尼卡（塞萨洛尼基）重新集结起来之时，许多平民都已移居到了科西嘉岛和法国本土，还有一些人则避往了突尼斯、摩洛哥和阿尔及利亚等法属北非殖民地。

◀ **第一次世界大战结束后**，获胜的协约国重绘了东欧、西欧、中东和非洲的地图。这些新边界产生了重大的政治和经济影响，并且持续影响到了如今。

▲1915 年，奥匈帝国在第一次世界大战中规模最大的战役之一“加利西亚战役”（Battle of Galicia）中被俄国打败之后，**难民从东加利西亚**（今属乌克兰）赶着马车和牲口返回村庄的情景。

◀ 第一次世界大战期间，安特卫普市赶在德军进攻之前实施疏散，**比利时难民**挤在一列驶往沿海地区的火车上。

战时策略

当时，许多国家都以这场战争为借口驱逐了本国的大量公民，他们被怀疑破坏战时举措或者资敌通敌。少数民族人口成了最常见的驱逐目标，比如奥斯曼帝国境内信奉基督教的亚美尼亚群体。

1914年，奥斯曼帝国境内生活着大约150万亚美尼亚基督徒；尽管没有获得平等对待，他们也已经在东安纳托利亚与身为穆斯林的土耳其人、库尔德人一起生活了很多个世代。奥斯曼帝国的军队在那个地区遭遇军事失利之后，便指控亚美尼亚人勾结俄国人，是他们导致了奥斯曼帝国战败。1915年，该国政府开始驱逐生活在交战地区附近的亚美尼亚人，声称他们的存在对国家安全构成了威胁。

被赶出家园后，无论男女老少，亚美尼亚人不得不长途跋涉，徒步越过深谷与山脉，前往帝国南部荒芜沙漠地区的集中营。据估计，这场战争中大约有100万亚美尼亚人死亡——不是在这种致命的跋涉过程中死于脱水、饥饿或者疾病，就是被人残忍地杀害。那些侥幸逃脱的亚美尼亚人纷纷避往中东地区和俄国，两地的亚美尼亚同胞给他们提供了食物和药品，并且照料着孤儿。

俄国境内也出现了类似的被迫迁徙现象。到1917年的时候，俄国已有600万难民了（参见第204页—第205页），其中包括了犹太人、乌克兰人、拉脱维亚人和波兰人等非俄罗斯族少数群体。俄军的指挥官把他们当成军事失利的替罪羊，将他们流放到了俄国的中部。

世界新秩序

这场战争及其后果，导致了沙皇俄国、奥匈帝国、德意志帝国和奥斯曼帝国的崩溃。获胜的协约国一方在原属帝国的部分土地上建立了一些新的、以共同族裔为纽带的民族国家，比如匈牙利。许多因为战争而被迫离开或者遭到原籍国驱逐的人突然发现，他们要么是没有了国籍，并且在避难的国家里不受欢迎，要么就是害怕返回如今处于不同政权控制之下的家乡。

世界秩序虽然已经重建，但难民危机依然存在。它影响到了欧洲的所有国家，最终推动形成了第一批保护难民的国际组织和国际法规（参见第208页—第209页），并且形成了一种应对流离失所群体的更加协调一致的方法。

《被强暴的亚美尼亚》
（*Ravished Armenia*）

战争结束之后，许多奥斯曼亚美尼亚人移居到了北美洲。其中的一位，就是当时才十几岁的奥罗拉·马迪根尼安（Aurora Mardiganian）。她讲述了自己在一次死亡跋涉途中遭人绑架、然后被贩卖为奴的经历，这般经历后来被拍摄成了电影《被强暴的亚美尼亚》（1919年），她在其中饰演主角。

◀1918年**亚美尼亚难民**聚集在阿塞拜疆巴库的情景。为了躲避奥斯曼军队，许多亚美尼亚人都从周边地区逃到了这座城市里。

他们属于一个民族整体，尽管他们来自许多国家；他们在世间流浪，无家可归，只有朝不保夕的临时避难所。

——美国记者多萝西·汤普森（Dorothy Thompson），1938年

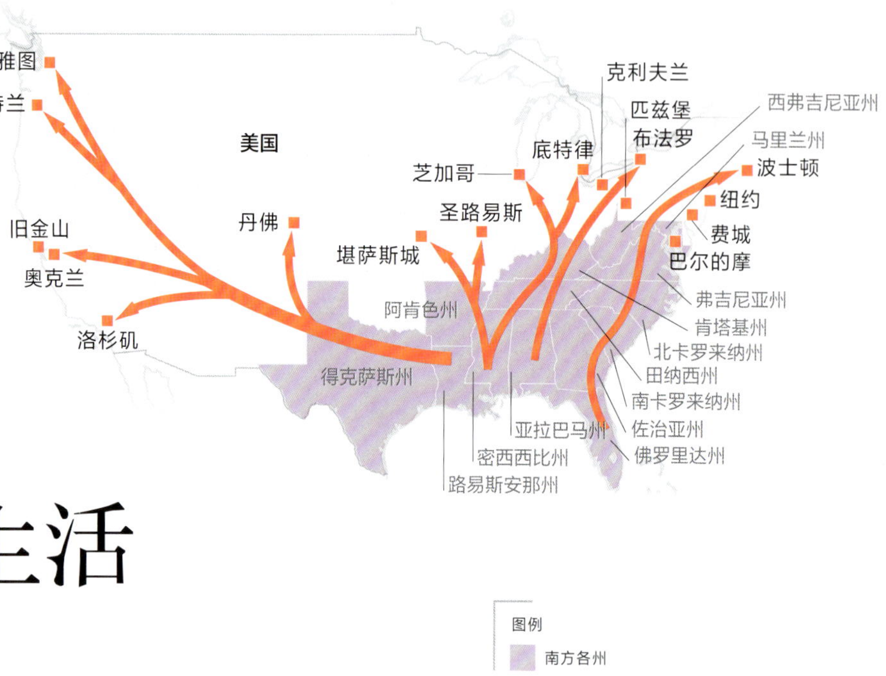

北方的新生活

美国黑人大迁徙

“大迁徙”是指1910年前后至1970年间，美国黑人从该国的南部乡村迁往北部和西部城市的那场大规模移民。在这一时期，大约有600万美国黑人踏上了那段常常漫长而艰辛的旅程，去寻找一种新的生活。

1865年“南北战争”结束之后，许多美国黑人曾试图离开南方。当时南方的就业机会很少，极端的种族主义（包括种族暴力）仍然在南方盛行。这种情况，从1877年出台种族歧视的“吉姆·克劳法”（Jim Crow Laws）以后就被制度化了；当年制定的这一系列法律法规，不但导致了种族隔离合法化，而且限制了美国黑人的权利。1865年“三K党”的出现，意味着南方美国黑人的生活变得非常危险；“三K党”是一个鼓吹白人至上主义的恐怖组织，以美国黑人为侵害目标，滥施私刑。因此，北方地区更安全、限制措施较少、就业机会更多的生活前景，吸引了许多的美国黑人。

前往城市

第一阶段的“大迁徙”，随着1914年第一次世界大战爆发而加快了速度。由于美国北部和西部的工业区面临着劳动力短缺的问题，所以招聘人员开始在南方的报纸上刊登广告，鼓励美国黑人移居北方。1940年，第二轮移民开始了。这是农业生产日益机械化以及1938年美国政府一项法案导致的结果，该法案旨在通过向农民支付费用，让他们不耕作部分土地来减少粮食过剩。上述两个方面都降低了美国南方对劳动力的需求。20世纪40年代最受人们欢迎的目的地，常常是乘坐火车最容易到达的地方，比如芝加哥、克利夫兰、底特律、纽约、匹兹堡、费城和圣路易斯。他们的迁徙距离通常很远：去往美国北部的人要走1 600千米，前往西部的人则要走3 200千米。

进城之后，美国黑人仍然面临着种种不公平和生活的艰辛。事实证明，他们在人满为患的城市里很难找到就业机会和住所。那些确实找到了工作的人，通常也要在恶劣的条件下长时间劳作，大多是在工厂和屠宰场里上班。而且，尽管种族隔离已属非法，但歧视现象依然盛行，许多黑人因为种族原因而得不到住房和就业机会。

持久的传承

虽然面临着这些挑战，许多美国黑人还是成功地在北部和西部的城市里开办了自己的企业，兴建了自己的基础设施。像纽约的哈莱姆之类的社区里孕育了一些文化运动，其中就包括了“哈莱姆文艺复兴”（这是美国黑人创造性艺术与表达的一次勃发），以及增进种族自豪感的“新黑人运动”（New Negro Movement）。许多黑人激进组织和运动都取得了重大突破，比如“民权运动”（Civil Rights Movement）和“黑豹运动”（Black Panther Movement），从而逐渐铲除了美国南方那些歧视黑人的法律。

到1970年时，美国的人口结构已经发生了巨大的变化。在1900年，约有90%的美国黑人生活在南方，同时有75%的黑人生活在农场里。但到1970年的时候，有大约47%的美国黑人生活在北部和西部，而其中超过80%的黑人已经生活于城市之中。

▲1910年至1970年间，**美国黑人**纷纷从南方**移居**到了该国的北部和西部。大多数移民都是从农村地区搬到大城市里。

▼**一名女性**把行李拿出来，准备从北卡罗来纳州的贝尔克罗斯（Belcross）踏上旅程，到弗吉尼亚州的昂利（Onley）去工作。

艾拉·贝克（Ella Baker）

政治活动家艾拉·贝克（1903年—1986年）在美国南方长大，后来移居纽约，成了“全国有色人种协进会”里级别最高的女性，一直激励美国黑人为自身的权利做斗争。

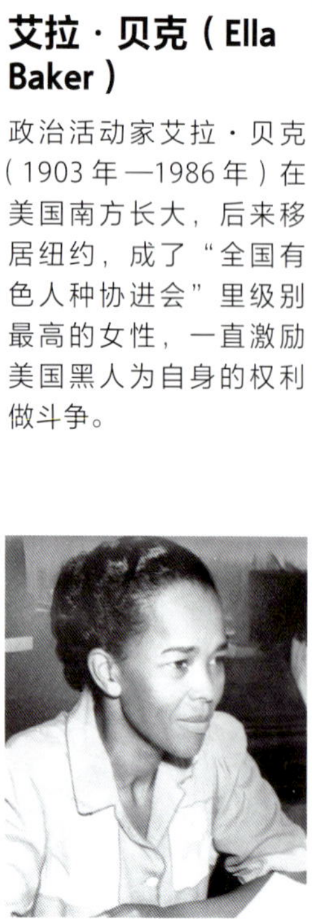

▲ 来自佛罗里达州的**一群农民移民**正在前往新泽西州采收土豆的路上。美国黑人曾经为了寻找就业机会而迁往北方。

◀ **美国黑人的迁徙**，催生了“哈莱姆文艺复兴”运动。小阿奇博尔德·J. 莫特利（Archibald J. Motley Jr.）的这幅画作，体现了20世纪20年代和30年代那种文化繁荣发展的场景。

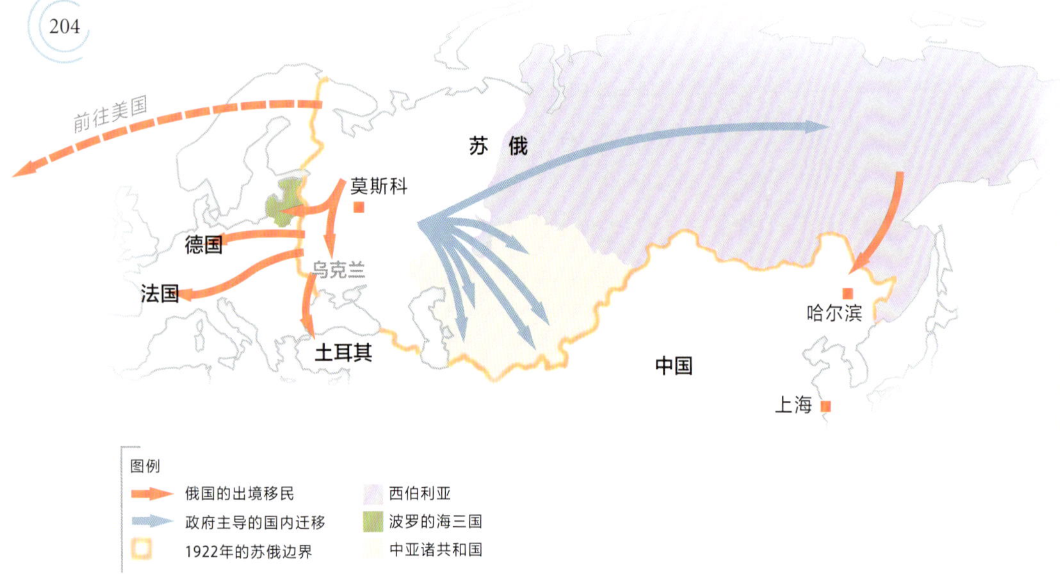

◀ **早期的移民**从俄国南部逃往乌克兰、土耳其或者其他的斯拉夫人国家。许多人往西移居到了波罗的海三国。俄国东部的难民则逃往了中国。

▼ **抵达目的地**之后，许多俄国移民不得不去从事新的职业。图中所示，是在德国成了玩具生产商的俄国前政府官员。

▶**《火鸟》（*Jar-Ptitza*）**杂志创刊于1921年，是为生活在柏林的俄国移民出版的一份艺术与文学评论月刊。

我们都庆幸自己很安全。这也能带来乐观情绪，让人感到情况将有所好转。

——移居菲律宾的“白俄”凯拉·塔塔里诺夫（Kyra Tatarinoff），引述于2015年

流亡的俄国人

逃离革命

1917年的俄国革命彻底改变了每一个俄国人的生活，并对整个世界未来数十年里的实力平衡产生了重大影响。第一次世界大战期间有数以百万计的人死亡或者失去了家园，而从那个时候开始，俄国社会就陷入了动荡之中。随着红军为了捍卫新生的布尔什维克政府而与敌人作战，俄国人又经历了一场5年的内战（1917年—1922年）。1918年，布尔什维克处决了沙皇尼古拉二世及其家人，从而终结了一个有着300年历史的帝国王朝，沉重地打击了俄国权势集团的核心。

逃离布尔什维克政权

在1917年至1922年间，约有200万俄国人逃离了该国。革命之后的这第一批移民，通常被称为"白俄流亡者"（White Russian émigré）；之所以得名如此，是因为其中许多人支持"白军"，反对布尔什维克，希望在俄国恢复沙皇政权。然而，并非所有流亡者都支持"白军"；他们实际上是一个多元化群体，其中包括了各色人等，比如贵族、商人和地主、知识分子、艺术家、军人、前官员等等。许多移民仍然很富有，并且在新的家园生活优裕；还有一些人却失去了一切。

难民们迁徙到了各不相同的目的地国家。许多人去了欧洲的其他斯拉夫族国家、波罗的海三国或者西欧，尤其是德国和法国。有些移民走得更远，比如去了美国。有数位俄国艺术家在新的家园崭露头角，其中包括作曲家拉赫玛尼诺夫、画家夏加尔、作家尼娜·别尔别罗娃（Nina Berberova）和芭蕾舞导演佳吉列夫，从而把俄国的文化元素带到了西方。

俄国东部的难民则逃往了中国，因此上海和哈尔滨等城市里出现了大规模的俄国人群体。哈尔滨成了一个中心，汇集了五花八门的俄国文化，被称为"东方莫斯科"；那里的人常常用一种混合语言（Moya-tvoya，意思是"我的-你的"）做生意，它是俄语和汉语普通话混合而成的一种语言。

▲ 暂居中国的**"白俄"**，后来转移到了菲律宾，在那里等待国际社会为他们提供庇护。

强制迁徙

在20世纪30年代和40年代，苏联领导人约瑟夫·斯大林实施了一个大规模的迁徙计划。它是斯大林的集体化政策的一部分；根据此种政策，小型农场纷纷被合并成了更大的国有农场。斯大林的强制迁徙目标是富农（即他视为"阶级敌人"的较富裕农民），以及克里米亚的鞑靼人和车臣人等少数民族；他们被送到了北方、西伯利亚或中亚诸共和国的偏远地区。

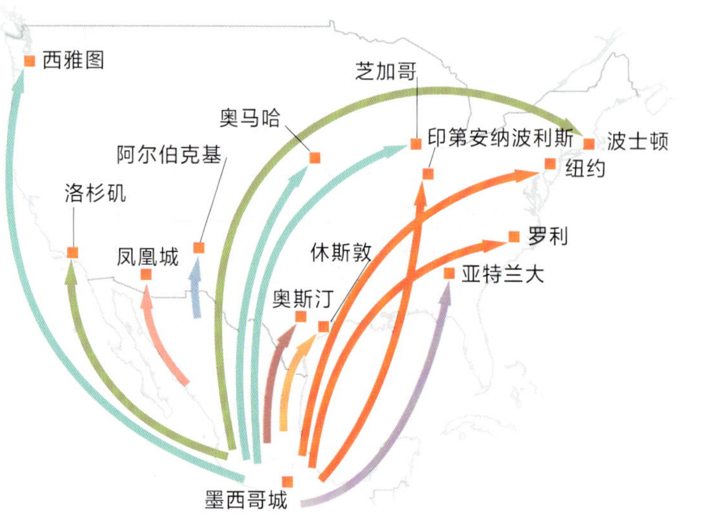

跨过格兰德河

从墨西哥到美国

▲ 从墨西哥各州到美国一些特定城市的**固定移民方向**，可以通过追踪移民寄给国内家人的汇款流向加以确定。

▼20 世纪 40 年代，确保“墨西哥短工”计划的移民获得**充足的食物**、住所和最低工资变成了法定的义务。然而，许多美国雇主没能达到这些基本要求，压榨墨西哥工人的现象很普遍。

美墨战争（1846年—1848年）之后，美国占领了墨西哥一半以上的领土。由此导致的结果，是一场自北往南的移民，因为美国吞并地区的许多墨西哥人都迁到了墨西哥的领土上。这种趋势，在19世纪末发生了逆转：当时墨西哥人纷纷北上，移民到美国南部，在蓬勃发展的农业和采矿业工作。墨西哥革命（1910年—1917年）、农村的贫困局面和基督战争（Cristero War，即1926年至1929年间的一场天主教反政府起义），都推动了这一波移民大潮。

在20世纪20年代，每年都有5万至10万名墨西哥人合法地移民到美国。他们常常被视为临时工，却对经济发展至关重要，因此美国的农民曾经力主取消针对墨西哥的移民限额措施。但是，1929年的华尔街股灾和随之而来的经济萧条，却导致了各行各业的崩溃。墨西哥移民没有了工作，还要面对美国人的敌视。有些人自发返回了墨西哥，还有成千上万的人则被美国当局强制遣返。

第二次世界大战期间，美国再度出现劳动力短缺的局面，于是美国根据1942年制订的“墨西哥短工”（Bracero）计划，以短期合同的形式引进了450万墨西哥人。短工们（都属于体力劳动者）不得带着家人前来，同时面临着繁重的工作、低薪和歧视。在实施“短工”计划的22年间，还有许多墨西哥人非法移民到了美国；因此到1947年的时候，非法移民的数量竟然达到合法移民的10倍之多。他们都迫切需要就业，而美国的农民也发现，他们可以支付更低的工资来雇用没有证件的非法移民。

移民走廊

近几十年里，有成千上万的拉丁美洲人冒着生命危险，从陆路经由墨西哥抵达了美国。其中，有些人纯粹是为了谋求更好的出路。还有许多人却是为了躲避暴力、战争和人道主义灾难，才不得不这样干。这段旅程极其危险：非政府组织无国界医生（Doctors Without Borders）2017年对来自危地马拉、洪都拉斯和萨尔瓦多的移民与难民进行的一项调查发现，其中有68%的人在途经墨西哥时遭遇过暴力。

冒着死亡或者拘留的风险

许多拉美移民利用墨西哥这条移民走廊前往美国时，都会搭乘一列从墨西哥南部驶往北部的货运火车“野兽号”（La Bestia），试图逃避警方的突袭和高速公路上设置的检查站。随着美国的移民政策日益收紧和边境管控措施日益严格，移民与难民都不得不付钱给号称“郊狼”的人贩子，让后者带着他们越过边境。许多人都在途中丢掉了性命。

那些成功越过了边境的人当中，有数万人会在拘留中心被关押多天，里面的条件通常很糟糕。例如，美国的政府当局曾经故意将这些拘留中心里的儿童与其父母分开关押。

如今，来自拉美地区的移民在美国仍然是一个敏感的政治话题。然而，美国有6 000多万人拥有拉美血统，多种多样且充满活力的拉美裔移民群体无疑在美国发挥了很大作用，塑造了美国的经济、文化、语言和饮食。

▼20 世纪 40 年代，随着“墨西哥短工”计划配额受到限制，**许多墨西哥劳工**非法进入了美国。图为 1948 年移民为抵达美国而涉水越过格兰德河的情景。

重要的是能送我的孩子去上学。这就是我千方百计要当短工的原因。我想有一个真正的未来。

——20世纪50年代的墨西哥短工里戈韦托·加西亚·佩雷斯（Rigoberto Garcia Perez）

20世纪40年代**“南太平洋公司”的火车**将前往美国农场工作的墨西哥短工送过边境。抵达之后，劳工们会被送到处理中心，在那里接受体检和消毒，然后开始工作。

▲ **弗里乔夫·南森（Fridtjof Nansen，**右二）在希腊的罗多斯托［Rodosto，今土耳其的泰基尔达（Tekirdağ）］同希腊难民合影。1922 年希土战争（Greco-Turkish war）结束后，这些难民被迫离开了土耳其。

◀1945 年，**波兰的难民儿童**在联合国善后救济总署设于德国因德斯多夫（Indersdorf）的难民营里上语言课。

寻求庇护

界定政治庇护与避难

关于人们应如何对待寻求政治庇护与避难者，现代观念形成于20世纪第二个十年晚期。当时正值第一次世界大战和俄国革命带来社会动荡加上奥斯曼帝国崩溃，是欧洲各地与中东部分地区的流离失所者出现大规模流动的时期。数百万人变得无国无籍，被当成战俘遭到关押，被逐出自己的国家，受到强制遣返，卷入人口交换，或者遭到了其他方式的被迫迁徙。此时，国际社会迫切需要做出规划，来为这些人提供支持。

南森护照

国际联盟成立于1920年，是一个旨在和平解决国家间冲突的国际组织。1921年，国际联盟任命弗里乔夫·南森（参见右图）为其第一任难民事务高级专员（High Commissioner for Refugees）；南森领导的那个机构，则是第一个为难民提供支持和保护的国际机构。它起初主要专注于帮助俄国革命（参见第204页—第205页）之后散布在整个欧洲的约150万俄国难民，但后来也开始援助亚美尼亚人、亚述人、土耳其人、希腊人和西班牙人，以及来自奥地利和德国的犹太人，等等。在1922年至1938年间，有45万难民获得了“南森护照”；这是一种国际认可的身份证明，旨在帮助他们在欧洲各地来去。

国际联盟曾经以为，这些护照以及国际联盟为安置难民而进行的更广泛的工作会是一种临时措施。然而，在20世纪20年代和30年代，却有越来越多的人变成了无国籍人士。第二次世界大战爆发之前的那段时间里，各国开始对难民关闭边境，导致许多的“南森护照”持有者被困在欧洲各地的难民营里，前途未卜。其中一人，就是歌唱家艾丽德·海勒（Alide Heller）。1891年，艾丽德出生于俄国境内今属拉脱维亚的叶尔加瓦（Jelgava），俄国革命让她不得不背井离乡。她先是以无国籍人士的身份在米兰生活，然后到了柏林，其间她接受培训，成了一位歌唱家。她持有的“南森护照”，原本让她可以到巴黎、柏林、米兰和罗马去为观众演唱；但第二次世界大战爆发后，她就被困在了柏林，只得向当地一家为流离失所者设立的难民营寻求帮助。记录表明，海勒后来一直被迫待在德国，至少滞留到了1968年。

联合国

1947年，在第二次世界大战仅在欧洲一地就造成数千万人流离失所之后，联合国取代了国际联盟，并将这一前身的难民救济措施拓展到了欧洲以外。第二年，该机构51个成员国的代表在“联合国人权委员会”（United Nations Human Rights Commission）主席埃莉诺·罗斯福（Eleanor Roosevelt）的领导下，在1948年通过了《世界人权宣言》。这份具有里程碑意义的文件，规定了难民与寻求政治庇护者的一些关键权利；其中第14条指出，人人都有“在其他国家寻求和享有政治庇护以免遭迫害”的权利。

1951年，联合国又制定了具有历史意义的《关于难民地位的公约》。这份公约对“难民”一词做出了界定，并且概述了难民应当享有的权利。如今，它依然是国际难民法的基础。

弗里乔夫·南森

弗里乔夫·南森生于1861年，是挪威的一位北极探险家、科学家、政治家兼慈善家。1922年，他因在欧洲遣返战俘和代表“国际联盟”开展国际救济的工作中发挥的作用而获得了诺贝尔和平奖。

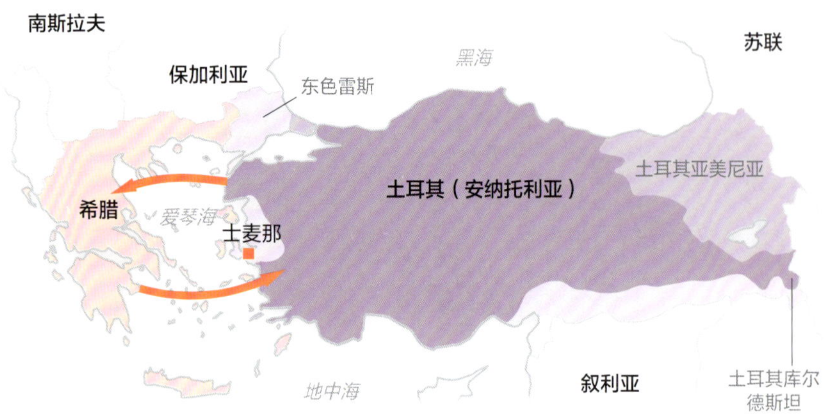

强制驱逐

希腊与土耳其的人口交换

▲ 始于希土战争期间（1919年—1922年）的**难民迁移**，因1923年的人口交换而得到了最终解决和正式确认。

▼ 1923年签署的**《洛桑条约》**解决了巴尔干地区的领土要求问题，并且同意希腊和土耳其两国之间交换基督徒、穆斯林和战俘。

随着奥斯曼帝国在第一次世界大战之后土崩瓦解，希腊人试图吞并土耳其安纳托利亚的部分地区，夺回被他们视为自己故土的那片土地。然而，希腊的入侵带来了一场灾难。随后爆发的希土战争（1919年—1922年）造成了双方之间的残杀，导致了历史上第一场得到国际社会认可的强制人口交换。1923年，双方在瑞士的洛桑签署了协议；这次交换，包括将100多万信奉希腊正教的基督徒逐出刚刚成立的土耳其共和国，并将大约35万穆斯林逐出希腊。国际联盟（参见第208页—第209页）负责监督这项行动。

移民、疏散与驱逐

实施这场强制性的人口交换之前，已经有数十万基督徒（其中主要是希腊人和亚美尼亚人）因为希土战争而逃离安纳托利亚。到1922年的时候，已有超过25万基督徒难民为逃离正在安纳托利亚夺回领土的土耳其人而来到希腊避难。1922年9月士麦那被大火焚毁（参见右图）之后，又有更多的基督徒难民抵达了希腊；自1919年起，希腊人就一直占领着那里。当时，基督徒难民纷纷挤到士麦那的码头上等待疏散，由希腊的海军舰艇、商船和小渔船载着他们渡过爱琴海，前往希腊。

在协调从土耳其驱逐基督徒和从希腊驱逐穆斯林的过程中，希、土两国政府都希望正式划定两国的边界，使两国成为稳定和族群单一的国家。然而，这场建立在宗教信仰基础之上的人口交换，却没有顾及相关民族复杂的语言和身份认同感。正教基督徒与穆斯林已经在争议地区共同生活了数个世纪之久，导致双方的传统与文化早已变得难以区分了。抵达希腊的许多基督教难民不会说希腊语，遭到了新邻居的排斥；同样，抵达土耳其的穆斯林与希腊人一样，也被土耳其人当成了外人。

强制安置

所有遭到强制安置的人，都失去了原来的国籍，以及他们在原来国家里的财产和生计。许多基督徒难民原本是成功的专业人士和企业主，在土耳其过着舒适安逸的生活；他们抵达希腊时却身无分文，前景渺茫。希腊因为战争而变得贫穷不堪；而且，由于在短短的数月之内人口猛增了20%，该国也难以容纳和供养大量涌入的难民。

在土耳其，穆斯林难民面临的处境不过是稍稍好那么一丁点儿罢了。其中的大多数人，在希腊原本是农民；尽管土耳其境内的正教基督徒纷纷逃亡、被集体迫害并且最终遭到了驱逐，从而留下了闲置的土地，但许多房屋在难民抵达之前就已被毁或者被当地人占据了，所以他们连栖身之所都没有。

到1926年的时候，这次人口交换基本上结束了。然而，对于难民来说，重建生活的努力才刚刚开始。对他们留在原籍国的财产进行补偿的承诺很少兑现，许多难民都面临着要与贫穷和歧视进行持久抗争的局面。

士麦那遭焚

1922年9月，土耳其军队从希腊人手中夺回了安纳托利亚的港口城市士麦那［即今土耳其的伊兹密尔（Izmir）］。4天之后，城中发生了可怕的火灾。大火肆虐了9天，将城中希腊人和亚美尼亚人的居住区夷为了平地。其间有数千人被杀，还有很多人则搭船逃往了希腊，成为难民。

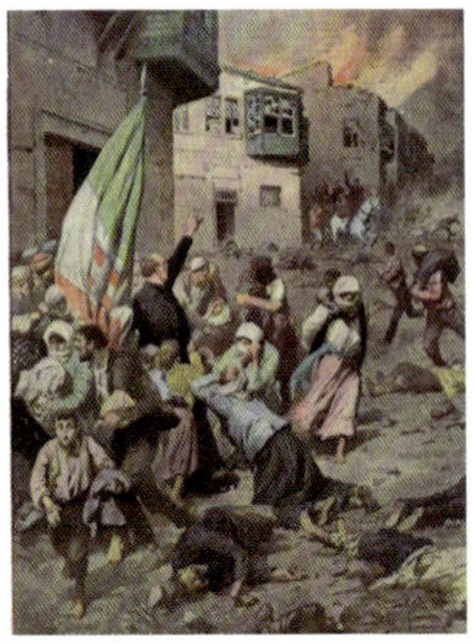

▲ **穆斯林难民**只带了他们能够带走的东西，在希腊的北部登上小船，踏上了危险的海上航程，前往土耳其。

▶ 雅典和塞萨洛尼基等城市里都设立了**难民营和施粥处**，用于照料正在希腊等待获得永久性住所的成千上万名基督徒难民。

他们需要我们的时候，就叫我们移民；可帮他们收割了庄稼之后，我们就成了流浪汉，必须滚蛋了。

——1936 年一位接受采访的尘暴区移民男孩

1936 年，多萝西娅·兰格（Dorothea Lange）在加州一个无经验工人聚居的营地里为弗洛伦丝·汤普森（Florence Thompson）及其孩子拍摄了**这张照片**；后来，这张照片成了尘暴区移民所处绝望困境的象征。

尘暴

从大平原到西海岸

尘暴区移民遭遇的困境始于20世纪30年代；当时，大约有250万人离开了美国南部大平原（Great Plains）地区的各州，其中大多是贫困的农民家庭。他们主要来自俄克拉何马州、内布拉斯加州、阿肯色州、密苏里州和得克萨斯州，并且大多迁往了加利福尼亚州，尤其是迁到了洛杉矶和圣华金（San Joaquin）地区。

大平原上的问题源于1862年至1910年间大批没有经验的农民涌入这个地区。这些移民中，有些人信奉"天定命运"（参见第168页—第169页），并且获得了美国政府授予的土地。由于连年雨水丰沛，所以粮食生产开了个好头，而欧洲对小麦日益增长的需求也让农民能够从中受益。移民们急于抓住这种大好的繁荣局面，便将草原上的禾草铲除，把较为贫瘠的土地也开垦了出来。

从繁荣到沙尘

20世纪20年代末美国遭到大萧条重击之后，小麦的价格开始暴跌。由于拼命想要维持他们的收入，农民们进一步开垦贫瘠的土地。接下来，1931年雨水稀少，一场旷日持久的干旱开始了。很显然，大平原上脆弱的土壤已经无法承受这种规模的耕作。没有了根系深扎的草原禾草束缚之后，土壤很快变成了沙尘。严重的沙尘暴或者说黑尘暴席卷了整个地区（形成了所谓的"尘暴区"），沙尘让空气变得难以呼吸，覆盖了农庄，甚至飘到了远至纽约的地方。庄稼被毁，牲畜纷纷死亡。超过14万平方千米的农田变得毫无用处，还有超过50万平方千米的土地则处在被毁的边缘。

农户们一直坚持着，直到他们几乎一无所有，最终才不得不远走他乡去寻找工作，以免挨饿。于是，家家户户把他们仅有的家当装上破旧的汽车和卡车开始西行，许多人都是沿着66号公路进行迁徙的。大多数人都被亲友带来的好消息和那里温和的气候吸引着，希望前往加州，因为此种气候预示着那里的种植条件会让耕作变得轻松一些。

不受欢迎的移民

许多移民在西行途中都买不起食物或者汽油，不得不到一些农场里去找工作或者讨饭吃。抵达加州之后，移民们又发现自己根本就不受欢迎。在大平原上，他们曾经是一个关系亲密的群体，可到了这里之后，许多加州人却把他们当成具有破坏性的外人，认为他们对当地的就业构成了威胁。移民不但被禁止经商，而且常常被迫露宿于城郊，被嘲讽为"俄州佬"（Okies，因为大部分移民都来自俄克拉何马州）。但移民还是不断前来，很快就成了加州农村居民中的大多数。

直到1941年美国参加第二次世界大战之后，尘暴区难民才摆脱了就业机会不足的困境。"俄州佬"纷纷报名入伍，满足了美国西海岸的造船厂和飞机工厂对工人的需求。与此同时，随着旱情缓解和雨水降临，加州就没有新的移民抵达了。

▲ **尘暴区难民**来自一个广袤的地区，包括密苏里和阿肯色等州，它们当时适逢大旱，还受到了大萧条的影响。

▼ **由于担心**移民会抢走当地的就业岗位和耗尽公共资源，**加州**在1936年实施了"流浪汉封锁"政策，试图阻止新的移民进入该州。

▼ **"扒火车"**，也就是不买票直接跳上火车，成了无家可归、拼命寻找工作的移民一种普遍的旅行方法。

地狱般的世界

第二次世界大战期间的避难

第二次世界大战（1939年—1945年）不但直接波及了参战的数千万男女，还让世界各地普通百姓的生活变得千疮百孔。欧洲和亚洲有上千万人因为遭到驱逐、流放、大规模撤离或者试图逃离敌对行动而被迫离开了自己的家园。为数不多的人可以收拾好自己的行李，悄无声息地离开，但其他人却是被枪指着，被人赶上封闭的火车，在身上仅仅穿着衣服的情况下被送往了不明的目的地。

大规模迁徙

战争期间，交战双方都有大量人口流离失所，但情况最糟糕的当数中欧和东欧地区由纳粹实施的强制迁徙，其中包括对欧洲大部分犹太人口进行的清洗。甚至在战前，犹太人就在逃离德国日益加剧的迫害了；他们仓促地组织了“儿童运输”（Kindertransport，参见第216页—第217页）列车，将犹太儿童送往英国等安全地区。战争期间，纳粹驱逐了困在欧洲的犹太人——还有战俘、罗姆人、同性恋者、身体残疾者、精神障碍者，以及他们认为不如雅利安人或者对雅利安人构成了威胁的其他人——用火车将他们送到收容所，然后又送往了死亡集中营。

纳粹入侵波兰之后，他们的计划并非仅仅是消灭犹太人，而是要把波兰人统统赶走，再用德国人取而代之。当时，有多达200万波兰人被赶出了波兰，还有数以百万计的人被送走，作为强制劳工到德国的工厂和田地里去干活。与此同时，有50万来自东欧各地的德裔侨民（Volksdeutsche）被德国政府的“迁置事务处”（resettlement department）安置到了被清空的地区，接管了波兰人腾出的房屋。

伏尔加德意志人、克里米亚鞑靼人、卡尔梅克人、车臣人、印古什人、朝鲜人和其他一些民族也遭到了屠杀，或者被流放去强制劳动。印古什人被逐事件中有一位幸存者是时年10岁的伊萨·哈希耶夫（Isa Khashiyev）；此人曾在2014年回忆说，当时男人们都被分开带走，很可能是被杀害了，而老弱妇孺则被统统赶进运牛的卡车，经过15天的行程，其间既没有水，也没有食物。数百万人都死在了途中。

美国用原子弹轰炸广岛和长崎两地之后，日本政府建议幸存下来的人离开那两座城市。许多人无处可去，只得在城郊搭建临时性的棚屋，或者睡在火车站里。大量民众出现了辐射病的症状。

战后余波

战争结束后，仅在欧洲就有2 000万百姓流离失所。1943年成立的联合国善后救济总署，旨在帮助这些人返回家乡。流离失所者当中有数百万波兰人和德国人，他们都是因为苏联与波兰的边界变化而背井离乡的。

两天之内，我们就徒步行走了70千米……我们是这支庞大的疏散队伍中的一员。

——雅克·德博内（Jacques Desbonnet）描述1940年身为少年难民的他逃离法国时的情景

▶二战期间和战后的**被迫迁徙**主要是往西移民，只有从奥地利和德国返回祖国的苏联人除外。

◀1945 年 10 月，两个月前离开波兰罗兹的 150 名德国难民中**幸存下来的寥寥数人**正沿着铁路前往柏林，去寻找栖身之所。

◀1940 年 6 月，**难民们**赶在德国入侵之前纷纷**离开巴黎**。在短短的几天内，就有 200 万巴黎人逃离，加入了已在南撤途中的 800 万法国难民队伍。此图经过了着色处理。

▼1945 年 9 月日本向美军投降之后，**日本难民**从山中的藏身处返回琉球群岛的冲绳岛上低地时的情景。

我们有 1 000 个孩子，这已经是第二列前往英国的“儿童运输”火车。我的母亲说：“不要去英国，去荷兰吧，那样你就可以走路回家了。坐上一辆小马车，一位农民会带你走上一段路，不然你就走着回来。但你不可能越洋过海回来。”

……起初我们住在多佛考特 [Dovercourt] 海滨的一座两侧都是上下铺的夏令营宿舍里……那年的冬天很冷……是 20 年来头一次下雪。

每天都有希望领养孩子的人过来。他们都想收养两岁以下的金发小男孩。……有一天，曼彻斯特的雅各布斯夫人来了，她想找 10 名 14 岁以上的姑娘。我对伊尔莎说：“来吧，我们去参加这场狗狗挑选会吧，没准她会选中我们呢。”

——凯蒂·祖施尼（Kitty Suschny）是一名奥地利犹太人，她和朋友伊尔莎在 1938 年 11 月的“水晶之夜”后报名加入了“儿童运输”；当时，纳粹分子对犹太人发起了袭击，夺取其财产（包括企业和犹太会堂）。祖施尼最终在英国的曼彻斯特做公司职员，然后在 1946 年回到了维也纳。她的母亲 1943 年在马利特罗斯特内兹（Maly Trostinec，位于今白俄罗斯境内）的死亡集中营里被纳粹杀害了。

1939 年 2 月，**犹太儿童**乘坐所谓的“儿童运输”火车**抵达伦敦**的情景。从 1938 年 12 月至 1940 年 5 月，约有 1 万名犹太儿童被从德国、奥地利、捷克斯洛伐克、波兰和荷兰等地安全送到了英国。

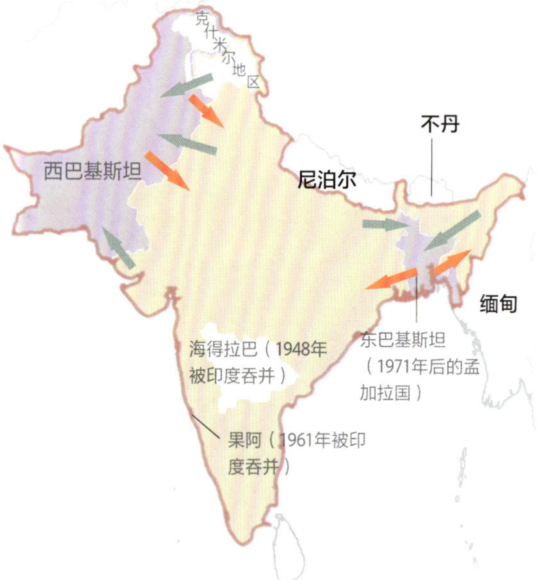

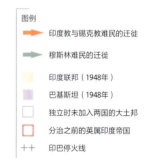

▲ **西巴基斯坦和东巴基斯坦**是穆斯林难民的目的地，而印度教徒和锡克教徒则迁往了印度。克什米尔地区的归属问题没有得到解决，如今仍然是冲突一触即发的地区。

▼1947 年，成千上万的**穆斯林难民**逃离印度，抵达了刚刚成立的巴基斯坦。

分裂南亚次大陆

印巴分治

1947年8月14日午夜，在英国对南亚次大陆实施了约200年的殖民统治之后，印度终于获得了独立。“午夜的钟声一敲响，”印度的第一任总理尼赫鲁声称，“当整个世界都在沉睡之时，印度将醒来，获得生机和自由。”这场题为《与命运的约会》（Tryst with Destiny）的演讲，是在英国的统治者与印度人民之间经历了一段漫长而动荡不安的冲突之后发表的。英国的管治方式被描述为失职、无能，并且建立在一种煽动性的分而治之的制度之上，而印度人民已经为独立自主斗争了差不多100年之久。在第一次世界大战结束、英国做出一些与印度分享权力的让步之后，这场运动的势头有所增强；而到了第二次世界大战之后，随着英国几近破产，这场运动就变得势不可当了。

一个国家的分裂

1913年前后，成立于1906年的“全印穆斯林联盟”（All-India Muslim League）开始要求印度从英国的统治之下独立。起初，联盟的计划是让印度教信徒与穆斯林在印度共同生活；但到了1940年，该组织的领袖穆罕默德·阿里·真纳因为担心穆斯林的权利遭到侵犯，便开始为建立一个穆斯林占绝大多数的独立国家而奔走。与此同时，甘地这位虔诚的印度教信徒兼反对英国统治的印度民族主义运动领袖则呼吁印度教信徒和穆斯林团结起来，并且公开反对分治。

在20世纪40年代，印度教信徒和穆斯林之间的暴力冲突愈演愈烈；这种局面主要是印度获得独立的前景引发的，因为双方对南亚次大陆未来模样的问题持有大相径庭的观点。为了应对这种形势，英国做出了一个仓促而争议性的决定，要将印度分割成两个独立的民族国家：一个印度教信徒占绝大多数的印度和一个穆斯林占绝大多数的巴基斯坦，后者在1956年变成了世界上第一个伊斯兰共和国。1947年6月，最后一任印度总督蒙巴顿勋爵宣布了这个计划，一位从未去过印度的英国法官西里尔·拉德克利夫（Cyril Radcliffe）则被请来划定两国边界，将印度两个实力最强的省份即旁遮普和孟加拉分割出来，其分界线成了独立的印度与刚设立的东、西巴基斯坦之间的边界。出于政治原因，直到8月17日即独立的两天之后，边境线的准确位置才被公之于众。

印巴的分治，给整个南亚次大陆带来了灾难性的影响，留下了一种延续至今的血腥遗产。许多家庭和邻里都被分隔开来，数百万人流离失所，而这种分治还导致了历史上规模最大的强制人口迁徙（战争或者饥荒导致的迁徙除外）。在人口稠密、穆斯林占绝大多数的边境省份，尽管两个群体已经和平共存了数个世纪之久，却还是很快分出了穆斯林区和非穆斯林区。随之而来的，就是规模空前的暴力冲突。

大规模迁徙

在分治之后的几个月里，印度和巴基斯坦之间的人口交换引发了一场形势紧迫的难民危机。民众有如潮水一般涌入和流出印度和巴基斯坦，来去的方式也各不相同：有坐火车、船只或者汽车的，也有坐牛车或者步行的；后者组成了一支支所谓的“大篷车队”，常常绵延达80千米。他们的旅程既漫长，又充斥着染上疾病和遭遇暴力的危险。据估计，当时有多达100万女性遭到绑架和强奸，而女性的贞洁通常被视为家庭荣誉的象征。暴民滋事的现象很普遍，临时难民营常常有武装人员保护，火车也是如此；在独立

◀ **火车上挤满了人**，不是开往巴基斯坦就是开往印度，它们变成了暴民袭击持另一种信仰的个人时的目标。这些图像成了分治造成的混乱局面的持久象征。

▼ 印巴分治之后，**一队队移民**赶着牛车或者徒步穿过旁遮普省，去寻找安全之地。图中这些穆斯林正在穿过印度锡克教徒占绝大多数的法里德果德（Faridkot）地区。

之后的头3个星期里，火车已经运送70万乘客横跨了整个南亚次大陆。通常情况下，火车抵达目的地时，上面已经满是尸体了。1947年10月，因克什米尔领土争议而爆发了第一次印巴战争；于是，有更多的人为了躲避战争而选择移民。到1948年时，已经有大约1 500万人流离失所，更有多达200万人因为印巴分治而死去。

分治的后果

南亚次大陆上继续发生着不可阻挡的变化，那里的城市被规模史无前例的移民活动彻底改变了。在印度，加尔各答和德里变成了两个庞大的城市聚居地。例如，德里的难民人口在4年的时间里翻了一番，从1947年的100万增长到了1951年的近200万。在巴基斯坦，卡拉奇、海得拉巴和苏库尔等省级城市则重新构建成了重要的工业中心。

随着移民大量涌入，城市社区的多样性、文化与人口结构等方面也出现了巨大的变化。难民来到城市之后，都是住在难民营、学校、兵营、寺庙、谒师所（锡克教徒的礼拜场所），以及公园里和人行道上。难民营形成了新的社区。政府迅速买下了城市周围的农田和森林，用于安置难民。

仅在德里一地，就有50万难民从西旁遮普省、信德省和西北边境省迅速涌入，导致该市还在郊区兴建了一座完整的卫星城即法里达巴德（Faridabad）来容纳他们。

持久的传承

印度与巴基斯坦两国之间的移民活动，在20世纪50年代和60年代一直继续进行着，并且双方都受到了宗教迫害和种族歧视的推动。1965年，在停火线（Line of Control，即军事边界）沿线发生了一系列冲突之后，印巴之间因查谟与克什米尔两处争议领土又爆发了第二次战争，导致更多的穆斯林迁往了巴基斯坦。如今，南亚次大陆仍然因穆斯林与印度教信徒之间的紧张局势而深受困扰。

2019年，印度总理纳伦德拉·莫迪领导的民族主义政府允许一些逃离邻国的难民申请公民身份，却对穆斯林难民只字未提。他还正式撤销了克什米尔的特殊地位，将其分成了两个联邦属地（Union Territories）。2021年，印度对（来自缅甸的）4万名罗兴亚穆斯林（Rohingya Muslims）进行的镇压，导致了大约170名罗兴亚难民被关进拘留中心并且遭到驱逐出境的威胁。

印巴分治是20世纪南亚地区一桩意义重大的历史事件，导致了可怕的创伤。然而，分治也孕育了两种认同感。在印度和巴基斯坦两国那些不断发展的大都市里，移民人口带来了零售业与小规模工业的爆炸式增长。在印度独立后的首都新德里，新来的移民给这座城市打上了他们的文化和政治印记，让那里从1947年那座庄严而慢节奏的城市变成了如今这个锐意进取的国际化中心。

▲**M. F. 侯赛因（M. F. Husain）的《印度家庭》（*Indian Households*，2008 年—2011 年）**一作，描绘了印度持 3 种主要信仰即伊斯兰教、印度教和锡克教的城市家庭。分治之前，印度 25% 的人口是穆斯林；到 2011 年时，这一比例降至了 15% 左右。

◀ 分治之后，这场剧变的**一位年轻受害者**坐在德里一座难民营的围墙上。难民营里的条件很糟糕，但许多难民在那里住了数月甚至数年之久。

孟加拉战争

1971 年 3 月，巴基斯坦军队开始在东巴基斯坦对孟加拉人的民变进行暴力镇压。西巴基斯坦希望孟加拉人采用乌尔都语（Urdu），而孟加拉人为了保住他们的文化认同感和语言而发起抗争。1971 年 12 月，东巴基斯坦获得独立，并且更名为孟加拉国。当时，约有 1 000 万孟加拉人为躲避战争而逃到了印度。

不断变化的关系

后殖民时代的迁徙

20世纪中叶，全球开始缓慢而并不均衡地进入后殖民时代。第二次世界大战结束后，亚、非两大洲的国家都摆脱了欧洲的殖民统治，获得了独立——或是通过谈判，或是通过武力，或是谈判和武力相结合。即便如此，许多前殖民地与它们的殖民者之间的联系并未彻底割裂。有些情况下，前殖民地选择成为宗主国的海外自治领地，而不是变成独立自主的国家，人们从前殖民地移居到宗主国的现象也并不罕见。这就是殖民主义继续发挥强大的经济、政治与文化影响的一种方式。

独立战争

后殖民时代的各种力量，对此后数十年间的全球性移民产生了影响，其中既包括自愿性迁徙，也有强制性的迁徙。各国的独立战争，以及仓促之间划定的各国边界，都引发了大规模的人口流动。1947年印度摆脱英国的统治获得独立后，整个国家被一分为二，成了印度教信徒占绝大多数的印度和穆斯林占绝大多数的巴基斯坦（参见第218页—第221页）。

两年之后，印度尼西亚与荷兰打了一场战争，然后获得了独立；此前，荷兰已经用这种或者那种形式统治了印度尼西亚差不多350年之久。于是，大约30万人从印度尼西亚迁徙到了荷兰，包括荷兰人和印度尼西亚裔荷兰人，还包括摩鹿加群岛上的1.25万居民，那里是印度尼西亚的一部分。他们大多是退伍军人及其家属，在这场战争中选择与荷兰人并肩作战。在接下来的数十年里，余下的大多数印度尼西亚籍荷兰人也效仿这种做法，移居到了荷兰。

1962年，阿尔及利亚打赢了摆脱法国殖民统治的独立战争；此前，双方已经鏖战了8年之久，都犯下了许多暴行。之后，6万名哈基人（Harki）——站在法国人一边作战的阿尔及利亚人——获准迁往了法国。然而，哈基人不属于法国公民，法国当局将他们视为难民，强制他们住在拘留营里。他们承受着种族主义、边缘化和贫困，至今已经持续了数十年之久。法国还颇具争议地将数以万计的哈基人留在阿尔及利亚，任由他们自生自灭；那里的阿尔及利亚同胞普遍把他们当成叛徒来看待。他们和家人都面临着暴力报复，许多人因此而被杀害了。约80万身在阿尔及利亚的法国人和欧洲移民也迁往了法国。他们被称为“黑脚”（pieds noirs），是在法国统治期间来到阿尔及利亚的移民及其后裔；他们通常是劳工和农民，虽然拥有法国公民的身份，可其中许多人其实从未去过法国。这些移民与哈基人一样，在法国大多不受欢迎；只不过，他们确实获得了有限的政府福利与住房条件。

鼓励移民

战争并不是推动后殖民时代移民活动的唯一因素。经历了第二次世界大战的蹂躏之后，欧洲国家都面临着重大的重建需求和严重的劳动力短缺问题。它们转而开始向自己的殖民地（或前殖民地）求助，常常采取放宽移民限制的措施，有些情况下还增加了移民获得公民身份的机会。英国曾经鼓励加勒比地区、南亚、非洲、塞浦路斯等地的人移民。这些移民都是为了谋求更好的工作与学习机会，曾在英国的国民医疗服务体系、公共交通、纺织产业

▲ **许多国家**都在20世纪50年代和60年代**获得了独立**，尽管它们与以前的殖民统治者还保持着联系。以前的殖民地居民常常移民到宗主国家去工作、学习，或者谋求更大的发展机会。

▼1962年法国南部里沃萨尔特（Rivesaltes）难民营里的**一位阿尔及利亚哈基儿童**，她跟着家人逃离了刚刚独立的阿尔及利亚。

▼1951年，曾经与荷兰人并肩作战、对抗印度尼西亚民族主义者的**摩鹿加岛民**以难民身份抵达了荷兰。

我们如今之所以来到这里，是因为你们曾经去过那里。

——伦敦种族关系研究所（Institute of Race Relations）所长安巴拉瓦纳·西瓦南丹（Ambalavaner Sivanandan），2008 年

◀ **来自南亚地区的移民**在布拉德福德附近的一家铸造厂里找到了工作，他们在 20 世纪 60 年代被招募到英国来帮助解决该国劳动力短缺的问题。

▲1983 年 4 月 13 日，**锡克儿童**在多伦多庆祝“丰收节”（Vaisakhi）的情景；他们都是印度移民的后代，“丰收节”则是锡克教新年的开始。这一天，也是为了纪念 1919 年的“阿姆利则惨案”；当时英军杀害了数百名手无寸铁的民族主义者，是印度对抗英国和争取独立的一个转折点。

及其他许多的社会领域发挥了至关重要的作用。不过，他们也面临着煽动性的政治言论、种族歧视和暴力。许多政客和公众人士都要求收紧移民控制措施，尽管这一时期里移民海外的英国人在数量上超出了来到英国的移民。

面对偏见与敌视的黑人和亚裔民族，为自己的权利进行了抗争。一些立场明确的抗议活动，比如1963年布里斯托尔的抵制公交车运动，对1965年《种族关系法》（Race Relations Act）的通过发挥了关键作用——那是英国第一部解决种族歧视问题的法律。1966年，伦敦西部发生了一系列针对黑人的种族主义袭击事件之后，该市举办了第一届户外“诺丁山狂欢节”；如今，它已经变成了全球最大的街头节庆活动之一。这场狂欢节既是一种反抗的表现，也是团结当地社区、颂扬加勒比文化与传统的一种尝试。

其他形式的移民

在19世纪末和20世纪初，曾有成千上万的人从英国控制的印度来到东非的英属殖民地；起初是包身工，后来则是一批批商人和行政人员。他们在那个地区的殖民体系中充当了一种中间角色。肯尼亚和坦桑尼亚等国在20世纪60年代初获得独立之后，都推出了“非洲化”的政策，导致许多亚裔居民纷纷离开；其中的绝大多数人都迁往了英国。1972年，伊迪·阿明（Idi Amin）下令将亚洲人逐出乌干达（参见第242页—第243页）。数万人逃离了该国，但他们无法带走多少财物。其中约有一半的人持有英国护照，因而最终能够在英国安顿下来；只不过，他们的住房质量往往很差，从事的也是低薪工作。

许多在欧洲定居下来的移民都试图把他们的配偶、孩子和父母从前殖民地接过来，与他们团聚。亲属移民有时又被称为“连锁移民”，虽然政策允许他们这样做，但过去数十年里人们对这种政策的反对意见有所增加；比如说，英、法两国政府分别在1971年和1974年通过了限制其前殖民地人口移民的法律法规。

对欧洲的影响

后殖民时代的移民活动重新塑造了欧洲各国，创造了一个个具有多元文化和国际性的社会，这在如今的伦敦（参见第146页—第147页）、巴黎、阿姆斯特丹（参见第226页—第227页）和里斯本（参见第116页—第117页）等城市里都体现得很明显。然而，移民的后代经常会遭遇偏见、劣势和歧视，而在有些地区，他们的处境还在日益恶化。

葡萄牙的归侨

1975 年，经历了长期的独立战争之后，安哥拉和莫桑比克两国终结了葡萄牙的殖民统治。据估计，当时有 50 万人（其中大部分是葡萄牙殖民者）为躲避随后发生的内战而逃离了那里。他们被称为“归侨”（retornado）；虽然大多逃回了葡萄牙，但很多人发现，他们很难安顿下来并且开启新的生活。

随着肯尼亚政府日益限制亚裔百姓经营企业和工作，大量亚裔家庭在 1968 年开始移居英国。结果，英国议会匆匆通过了一项法案，将每年持有许可证的移民及其家属的入境人数限定为 1 500 人。

文化影响

亚美尼亚商人

阿姆斯特丹的亚美尼亚人群体，其历史可以追溯到14世纪交易纺织品和香料的商人。他们的人数始终不多，直到20世纪20年代那些躲避奥斯曼帝国迫害的移民前来才有所增加。这些移民在地毯、烟草和钻石贸易行业里干得很成功。图中的大坝广场（Dam Square）上就可以看到亚美尼亚商人。

路德宗教堂

辛厄尔运河（Singel Canal）畔的**路德宗教堂**（Ronde Lutherse Kerk）自1671年起就是路德宗信徒做礼拜的地方。由于加尔文宗是荷兰公认的主要新教派别，因此路德宗群体的人数向来不多，主要由来自路德宗占主导地位的德国和斯堪的纳维亚半岛的移民组成。

犹太难民

从16世纪和17世纪起，许多犹太难民都在米德尔堡（Middleburg）等其他荷兰城市拒绝收留之后来到了阿姆斯特丹。第一批移民是来自西班牙和葡萄牙的塞法迪犹太人，他们在1675年兴建了葡萄牙犹太会堂（Portuguese Synagogue，如图所示）。后来，来自德意志和波兰的阿什肯纳兹犹太人（Ashkenazi Jews）也到了这里，并且很快便在钻石贸易中占据了主导地位。

▲▲ **阿姆斯特丹的摩洛哥群体**正在该市一年一度的“LGBTQ+（性少数群体）自豪”活动中参加“运河游行”（Canal Parade），庆祝他们的传统。

▲ **阿姆斯特丹中央车站（Central Station）里的这幅壁画**，创作灵感源自16世纪佛拉芒工匠带到该市的锡砖上釉技术。

◀2008年费萨尔·库哈（Faisal Khouja）创作的这幅画描绘了**阿姆斯特丹著名的狭窄运河房屋**；它们在16世纪和17世纪建成，供商贾所居。这些商贾与众多贸易港口之间的联系，为这座城市带来了更多的移民。

阿姆斯特丹

北方威尼斯

阿姆斯特丹的历史，一直都与水息息相关——城中的运河网络和港口的繁荣，使得自13世纪以来，起初只是一座小渔村的阿姆斯特丹成了无数移民的目的地。当地人齐心协力，修建了一道大坝来控制水道，并且在荷兰伯爵的管辖之下，于1306年获得了建立城市的特许状。船只从这里起航驶往波罗的海，并且建立了一个成功的贸易网。这里的合作与自由氛围，也为那些想要躲避政治和宗教纷争的人提供了一个避风港，比如16世纪60年代尼德兰南部逃离西班牙压迫的新教徒、17世纪30年代躲避西班牙与葡萄牙宗教不宽容政策的塞法迪犹太人（Sephardic Jews），以及17世纪80年代逃离法国的新教胡格诺派教徒（参见第134页—第135页）。

殖民与劳工移民

在17世纪和18世纪的鼎盛时期，荷兰殖民帝国（参见第136页—第137页）为阿姆斯特丹带来了新的移民。第二次世界大战结束后，这个帝国土崩瓦解之时，有成千上万的印度尼西亚-荷兰混血人口离开以前的荷属东印度群岛，徙居到了荷兰。这类移民的数量随着荷属安的列斯群岛和苏里南两地的移民到来进一步增加了；当时，有许多“印度斯坦人”来到了阿姆斯特丹，他们是19世纪末移民到两地种植园里工作的印度人的后裔。

阿姆斯特丹在第二次世界大战期间遭到了严重破坏，其重建工作引来了成千上万的外籍工人，他们分别来自南欧、土耳其、北非等地。1974年的《荷兰亲属团聚法》（Dutch Family Reunification Law），激发了来自这些国家的第二次移民潮，让这座城市变得更多元化了。自20世纪80年代以来，阿姆斯特丹还接纳了来自叙利亚（参见第268页—第271页）和阿富汗（参见第254页—第255页）等国家和地区的难民。如今，差不多三分之一的阿姆斯特丹人都具有非欧洲的血统。

> 我很幸运，终于来到了阿姆斯特丹……现在，我必须把失去的时间弥补回来。
>
> ——叙利亚移民兼阿姆斯特丹导游穆罕默德·阿尔马斯里（Mohammed Al Masri），2017年

华人移民劳工

阿姆斯特丹的华人群体始现于1910年前后；当时，一些水手在百达内街（Binnen Bantammerstraat）附近定居了下来，他们都在来往于东南亚的荷属殖民地的商船上工作。不久之后，为他们提供服务的餐馆、药店和市场就在一条唐人街上纷纷出现了；唐人街上还有寺庙，比如图中的佛光山荷华寺。

印度尼西亚人的米饭套餐

1949年印度尼西亚摆脱荷兰获得独立之后，**印度尼西亚移民**便大量前来，包括在印度尼西亚民族革命（Indonesian National Revolution，1945年—1949年）期间曾为荷兰人作战的3万名摩鹿加人。他们的传统中包括“米饭套餐”（rijstaffel），这是一种搭有大量配菜的印度尼西亚－荷兰式自助餐。

苏里南人的节庆活动

来自苏里南的移民身着狂欢节盛装，体现了1975年苏里南独立之后移民带到阿姆斯特丹那种融美洲原住民文化、加勒比文化和印第安文化于一身的混合文化。如今，荷兰有40多万苏里南裔居民。

以色列的基布兹儿童由专人集体照管。人们一起生活在农业定居点里，共享所有收入，分担所有义务。到 21 世纪初，以色列地区还有 250 多个这样的定居点。

以色列是我们难以忘怀的历史家园。

——奥匈帝国犹太复国主义者西奥多·赫茨尔（Theodor Herzl），《犹太国》（*The Jewish State*），1896 年

我们来不及收拾行李，
只带着身上穿着的衣服，
四下里都是女人的哀号
和以色列的迫击炮声。

——巴勒斯坦难民扎里法·阿特万（Zarifa Atwan），2012 年

1948 年 6 月阿以双方军队停火期间，**妇女儿童**带着尽可能多的物品，离开他们的村庄前往约旦河西岸。

“帝国疾风号”上的乘客约翰·黑泽尔（John Hazel）、哈罗德·威尔默特（Harold Wilmot）和约翰·理查兹（John Richards）是首批抵达英国的50多万英联邦公民中的三位。这张经过着色处理的照片1958年6月拍摄于蒂尔伯里码头（Tilbury Docks）。

他们告诉你，说这里就是你的祖国……可来到此地之后，你就会意识到自己是个外国人，仅此而已。

——“帝国疾风号”上的乘客约翰·理查兹（右一）在1998年的一次采访中所说

“疾风”一代

从加勒比地区到英国

▲ **满怀希望的移民**从特立尼达、牙买加、墨西哥和百慕大群岛等地被招募而来，然后送往英国。

▼ **“帝国疾风号”**运送来自加勒比地区的乘客。当这艘船停靠于牙买加的金斯敦准备搭载军人时，其他很多人同样被美好生活的前景所吸引，也决定踏上这趟旅程。

▼ 伦敦南部一座公共汽车修理厂里的**一位加勒比裔巴士司机**和售票员。1956 年，伦敦公交公司开始直接招募加勒比人来当司机。

1948年至1973年间，西印度群岛约有50万人离开了自己的家园，移民到了英国。第二次世界大战之后，由于面临着严重的劳动力短缺局面，英国政府曾经广招英联邦国家的公民来帮助重建国家，承诺为他们提供稳定的工作岗位，为他们的孩子提供更加美好的未来。第一批移民当中，许多人都来自刚刚遭到了飓风蹂躏的牙买加。有些移民打算到英国工作一段时间，积攒些钱财之后回国。其他一些人想再次从军，还有一些人则纯粹是为了冒险。

“疾风”一代

首批移民约有1 000人；1948年，他们乘坐“帝国疾风号”轮船从牙买加出发，历经22天的航程之后抵达英国，在埃塞克斯郡靠了岸。许多移民都是孤身踏上了这趟旅程，是家人倾其所有才买到一张船票；当时这趟航程的票价，介于28英镑到49英镑之间（合如今的1 044英镑到1 790英镑）。这些人，加上1973年以前随之而来的移民，被统称为“疾风”一代；他们都来自牙买加、巴巴多斯、特立尼达和多巴哥。

尽管有些移民成功地找到了住处与工作，还有一些人却经历了种种艰难困苦。英国的雇主常常不愿为加勒比人提供住处。移民们面对着种族主义与歧视，经常不得不去从事低水平、低工资的工作。虽然他们在原籍国都属于高素质的技术熟练工，但这些移民经常只能在钢铁、煤炭行业或者工厂里找到不需要技能的工作岗位。不过，还有一些移民加入了刚刚设立的国民医疗服务体系和伦敦公交公司（London Transport）的交通网络，成了这些机构一个重要的组成部分。

在接下来的30年里，有50多万加勒比人移民到英国并在该国定居下来，从曼彻斯特和伯明翰到布里斯托尔和普利茅斯，各地都有。他们成立了许多组织，开创了许多公开的活动，比如“诺丁山狂欢节”，将各个社群团结了起来。有些移民在城市里经营咖啡馆和俱乐部，把他们的文化带到了这些地区。然而，1971年英国制定了《移民法》（Immigration Act），对入境英国的移民人数实施了限制。结果，加勒比人的大规模移民在次年便告结束了。

丑闻与赔偿

2018年，一份报告指出英国政府剥夺了许多加勒比移民的合法权利，其中许多人遭到过驱逐出境的威胁，有些移民还确实遭到了驱逐，从而让属于“疾风”一代的移民进入了公众的视野。2020年，有些移民获得了赔偿，可其他移民至今仍在努力争取自己的权利。如今，英国每年都会在6月22日的“疾风日”（Windrush Day）举行庆祝活动，向这一代移民以及他们为英国所做的贡献致敬。

牙买加人是个骄傲的民族。他们向来实事求是。我们认为，没有谁优越于我们。当时，我们大多遵纪守法，经常去教堂做礼拜，尊重他人，敬重女王和国家，在很多方面“比英国人更像英国人”。对我们中的许多人而言，英国曾经带来一种真正的文化冲击；他们大多是中学毕业生，来到这里是为了工作和/或继续接受教育。

…… 我们的许多女性都极其门不当户不对地结了婚，组建了家庭，被迫从事低薪工作，然后与丈夫分手，才发现自己被束缚了数十年之久。

——1956 年移民英国的牙买加女性维罗娜·弗朗西塔·佩蒂格鲁［Verona Franceta Pettigrew，其娘家姓为贝内特（Bennett）］，选自她的回忆录《佩蒂格鲁夫人日记》（*The Daybook of Mrs Pettigrew*）

1963 年 8 月，**西印度群岛球迷**在南伦敦的椭圆板球场外排队，准备观看英国与西印度群岛之间的一场国际比赛。随着英国的加勒比裔群体成立了自己的板球俱乐部，板球运动也日益变得很重要了；这些俱乐部后来都成了重要的社交中心。

“南方”的新生活

“白澳”政策

▼20世纪40年代**“奥卡德斯号”（Orcades）汽轮的广告海报**。它是“东方邮轮公司”（Orient Line）最快和最时尚的新型轮船之一，专门用于将移民从英国运送到澳大利亚。

▼1953年，一个**计划移民**的英国家庭正在伦敦的高级专员公署（High Commission）了解澳大利亚的具体信息。有100多万移民利用了澳大利亚政府提供的旅费补贴政策。

1901年，前往澳大利亚的移民中有78%的人来自英国。到了2001年，英国人在澳大利亚移民人口中的占比降到了25%左右，其余移民则来自许多的欧洲和亚洲国家，包括中国、菲律宾和印度。一个世纪以来的这种变化，让澳大利亚从英国的一个文化前哨变成了一个真正具有文化多元性的国家，这也是第二次世界大战后该国在经济、政治和世界事务的推动下制定的移民政策所带来的结果。

“白澳”政策

澳大利亚的不同殖民地在1901年联合起来成立联邦之后，第一届政府制定的法律法规对20世纪上半叶的入境移民活动产生了影响。包括1901年的《移民限制法案》（Immigration Restriction Act）在内的这种立法旨在限制非欧洲移民的数量，尤其是为了限制来自亚洲的移民；因为该国政府担心，被澳大利亚的淘金热吸引前来的华人劳工会压低工资，抢走当地人的就业岗位。这些法案，体现了一种希望让英国移民在澳大利亚占绝大多数的心态，构成了后来所谓的“白澳”政策的基础。它们禁止某些民族入境，并且制定了种种评估体系，几乎将所有的非欧洲移民都拒之门外。评估方法之一就是读写测试，要求移民用海关主管官员随意选定的一种欧洲语言写下50个单词，几乎所有的移民都过不了这一关。

直到第二次世界大战之后，澳大利亚对待移民的态度才开始有所改变。因为急于解决战后劳动力短缺的问题，急于获得更多的人口来保护澳大利亚免遭潜在的攻击，所以该国政府启动了一项旨在增加澳大利亚人口的计划。英国移民依然很受青睐，澳大利亚政府制定的旅费补贴政策引来了许多的“10镑英国佬”（Ten Pound Poms，因船票补贴为10英镑而得此绰号）；但是，当时的澳大利亚还需要更多的移民。

澳大利亚应当向所有民族敞开大门。我们造就了澳大利亚。我们都是澳大利亚人。

——尼克·卡洛耶罗普洛斯（Nick Kalogeropoulos），1976 年从希腊移民澳大利亚

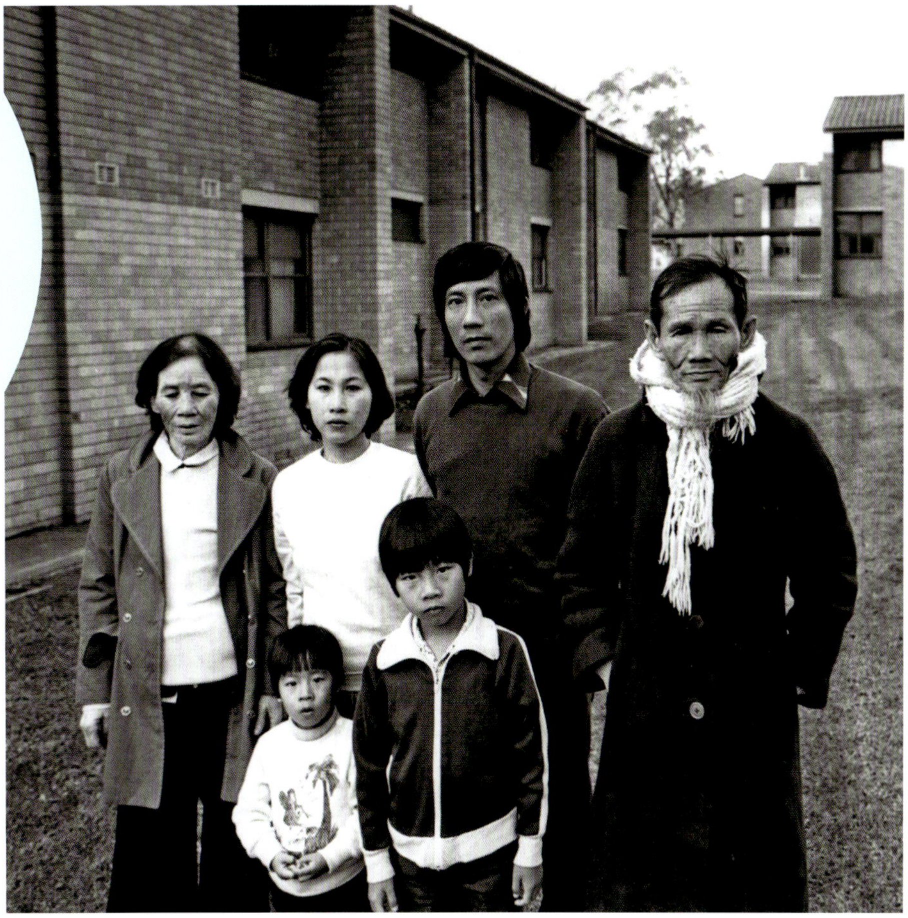

▲1984 年悉尼西桥移民旅舍（Westbridge Migrant Hostel）里的**越南移民**。越南战争导致 5 万多名政治避难者在 1975 年至 20 世纪 80 年代来到了澳大利亚。

新的多元文化主义

1947年，澳大利亚政府同意每年至少安置1.2万名因为第二次世界大战而流离失所且生活在难民营里的欧洲难民。起初这些难民大多来自波兰和南斯拉夫等东欧国家，到了20世纪50年代和60年代，来自中东地区的移民和数量渐增的南欧移民也来到了澳大利亚。特别是意大利和希腊两国的移民，他们被澳大利亚政府的旅费补贴政策和有可能过上美好生活的前景所吸引，在墨尔本等城市里形成了许多大型的社群。

移民模式在20世纪70年代再次发生了改变，当时澳大利亚正式废除了“白澳”政策，引入了新的移民标准，评估的是技能而非种族和民族。来自亚洲的移民有史以来第一次受到了欢迎，因此数以万计的亚洲人来到了澳大利亚，尤其是在越南战争之后躲避贫穷与迫害的越南、老挝和柬埔寨等国的移民。抵达澳大利亚的亚洲移民人数持续增长，如今中国和印度已经成了两个主要的移民来源国。澳大利亚不再依赖于来自英国的移民，变成了一个真正具有多样性和文化多元性的社会；来自世界各地的移民加入了劳动力大军之中，对该国的经济发挥了重要的作用。

▶ 第二次世界大战之后，**前往澳大利亚的移民**范围扩大，从以英国人为主变成了包括东欧和南欧移民，以及后来的东南亚、中国和印度移民。

越过群岛

印度尼西亚的移居计划

◀ **油棕种植园**已经在苏门答腊岛的大部分地区取代了热带雨林；这些种植园，都由20世纪80年代以来徙居该岛的爪哇岛移民耕种着。图中的人正在给小油棕树喷洒农药。

▼ 苏门答腊岛上的**土地被清理出来用作农田**和兴建住房，这正在破坏热带雨林和危及当地的物种。由于水源不足，这种土地也很难耕种。

印度尼西亚是世界上最大的群岛国家，由1.7万多个岛屿组成。然而，该国约有60%的人口都生活在爪哇岛这一座岛屿上。1905年，尚处于荷兰殖民统治之下的印度尼西亚制定了“移居”（transmigrasi）计划，1949年获得独立之后的印度尼西亚政府则继续实施这个计划。在人口过多的内岛上，许多人都生活在贫困之中，这一计划的目的是通过开发农村地区并将居民迁徙到人口较为稀少的外岛上来改变这种状况。

这个计划的实施，在20世纪70年代和80年代的苏哈托总统治下达到了高潮。20世纪70年代中期至1990年间，有350多万印度尼西亚人从爪哇岛、马都拉岛、巴厘岛和龙目岛等中央岛屿移居到了包括苏门答腊岛、苏拉威西岛、加里曼丹岛、巴布亚岛和帝汶岛在内的众多外岛上。这些人大多属于无地农民，到该国一个新的地区有可能过上美好生活的前景吸引着他们进行迁徙。

印度尼西亚政府鼓励民众报名移居，答应为每个移民家庭提供房屋、土地（通常约2公顷，是刚刚从森林中清理出来的）、资金和开办一座小型农场所需的工具。然而，其实外岛上的这些所谓农田常常并不适合耕作，灌溉系统也不完善。于是，许多移民转而开始干其他工作来获取收入；尽管有些人找到了收入丰厚的工作（比如橡胶种植），但绝大多数百姓依然生活在贫困之中。

文化冲突

这个计划，给移民和外岛上的土著人口都带来了问题。比方说，许多来自爪哇岛的移民最终来到了南苏门答腊。到了那里之后，他们往往保留着自己的语言、文化和宗教习俗，并未融入当地的原住民群体当中；土著居民则认为，移民对他们的生活方式构成了威胁。在接受移民的其他地区，情况也是如此。通常来说，既没有人征求过受到移居发展新形势影响的土著居民的意见，他们也没有获得过补偿；因此，随着越来越多的人迁徙而来，他们对移民的不满情绪也与日俱增，有时还导致了诉诸暴力的后果。

1996年、1997年和2001年，来自马都拉岛的数千位移民遭到了达雅克人的残忍杀害，后者是加里曼丹岛西部和中部的一个土著民族。那些幸免于难的移民逃离家园后，就此流离失所了。

移居政策有用吗?

这个移居计划失败了。它对解决中心岛屿上人口过多的问题几乎没有什么作用,却给外围岛屿造成了许多的环境和社会问题。大片大片的热带雨林被开垦出来用作农田,而在这一过程中,原住民的土地所有权常常遭到了忽视。1998年苏哈托总统辞职之后,这个项目放缓了实施速度;但是,尽管以前的举措广受批评,印度尼西亚政府还是在2019年重新开始实施移居措施,制定了一项将52个移居点发展成新城市的计划。

▲ **雅加达最贫困的居民**都住在遭到了垃圾污染的水域附近,非常危险。这座位于爪哇岛上的印度尼西亚首都正在下沉,如今有大约40%的土地低于海平面。

▼ **印度尼西亚中心地带的一些岛上**人口稠密,而相对偏远的一些岛却一直没有得到开发。该国政府实施的移居政策,已经将爪哇岛上的居民迁徙到了一些较小的岛屿上。

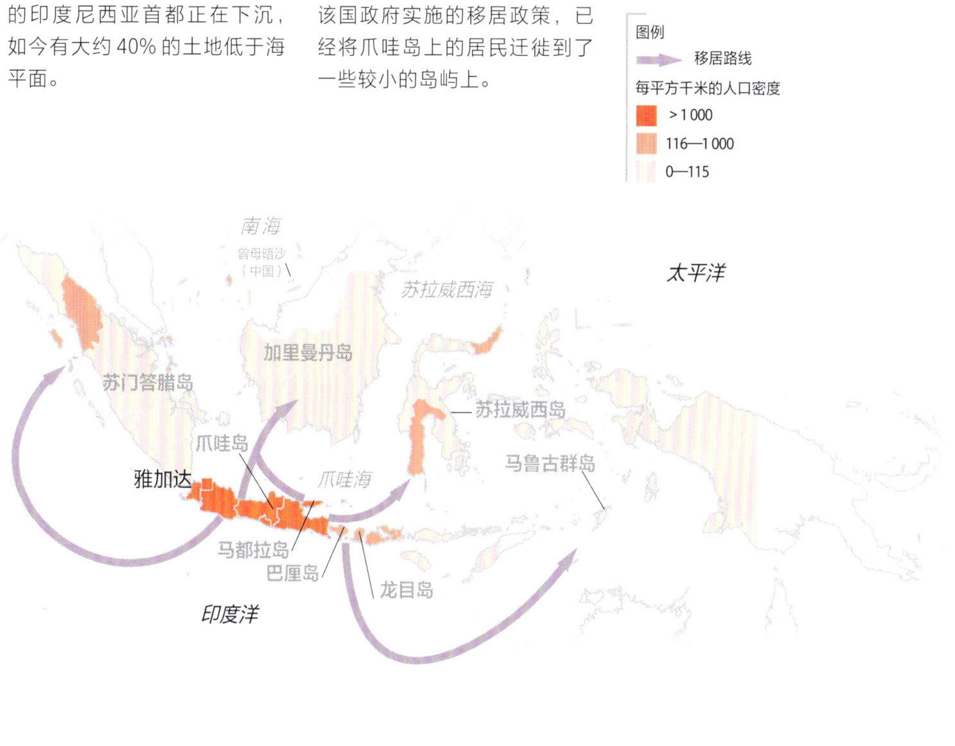

1975 年 4 月，**南越一名直升机飞行员**及其家属正在“常风行动”（Operation Frequent Wind）中撤离。在两天的时间里，美国派遣直升机让 7 000 多人撤离了西贡（胡志明市）。

继续前进的力量与决心…… 比他们业已经历的痛苦与艰难更加强大。

——越南难民托尼·勒·阮（Tony Le Nguyen），1979 年

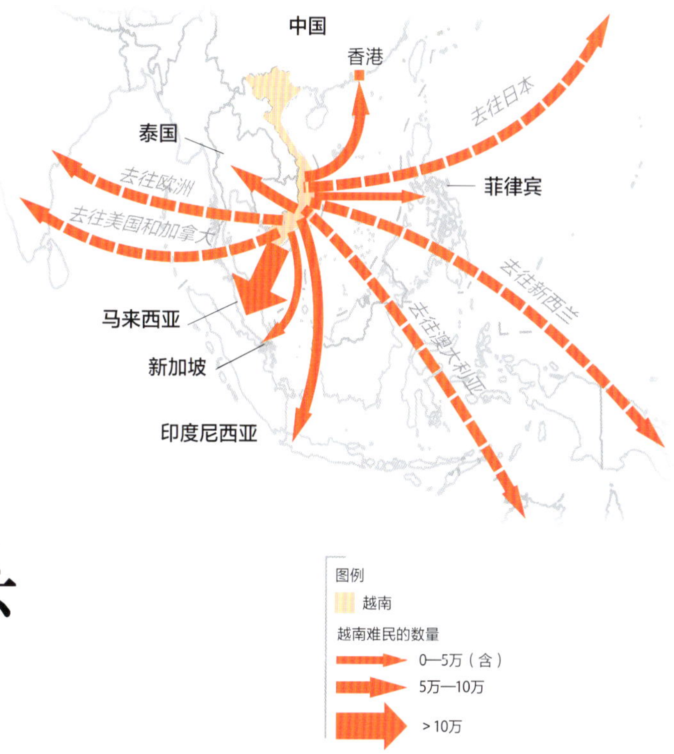

逃离战争与屠杀

中南半岛的难民危机

1954年，随着越南抗法战争结束，越南分裂成了两个部分，即北部的越南民主共和国和南部的“越南共和国”，之后大约有80万民众（主要是天主教徒）从越南北部迁往了南部。

尽管这种分裂原本只是暂时的，但美国支持的“越南共和国”与共产党掌权的越南民主共和国之间还是爆发了战争。到1965年的时候，美国的介入已经升级，而到20世纪60年代末，则有1 000万南部民众失去家园，徙居到了国内的其他地方或者越南境外。

混乱的撤离

1975年4月，随着“越南共和国”濒于溃败，美军也开始撤离越南。美国实施了“常风行动”这场大规模的直升机撤离行动，将美军人员和越南平民撤出了“越南共和国”。

随后出现了一系列混乱不堪的撤离行动。“新生活行动”（Operation New Life）将大约14万名越南撤离人员转移到了关岛，让他们住在临时房屋里，然后将他们重新安置到了美国和其他地区。在“婴儿空运行动”（Operation Babylift）中，美国从“越南共和国”撤离了数千名越南儿童，其中有些孩子的父亲是美国大兵。他们都由美国和其他西方国家里的家庭收养了。还有成千上万的难民乘坐小船，逃到了邻近的一些国家。

越南船民

当时，经由海路逃离越南的难民人数持续上升，他们就是所谓的“越南船民”。乘坐拥挤不堪的小船逃离的船民中，死于饥饿、疾病和暴风雨的人多达40万。20世纪80年代，海盗在泰国湾里袭击船只的活动也日益猖獗起来，他们在海上绑架、强奸和杀害了成百上千的人。那些成功逃离的难民当中，许多人都在附近的马来西亚、新加坡、泰国和中国香港等地安顿了下来。

从1975年到1995年，越南船民持续迁徙了20年之久，导致了一场难民危机和联合国的介入。1979年实施的“有序离境计划”（Orderly Departure Programme），让越南民众能够安全地移居到其他的国家，减少了乘船离境的难民数量。打击海盗和海上救援的新措施，也加强了对难民的保护力度。

到这场危机结束之时，据推测有250万人在世界各地安了新家，从加拿大和美国到英国和澳大利亚。越南人民还带去了他们的文化，在新的家园继续庆祝春节和其他的越南节日。

▲ **越南难民**首先被转移到了关岛、中国香港、泰国和马来西亚等地的难民营里。然后，他们被重新安置到了澳大利亚、新西兰、美国、加拿大和西欧的部分地区。

▼1967 年，**一位母亲带着两个孩子**撤离越南的情景，筐子里是他们的随身物品。当时，大约有 1 万人踏上了这条撤离之路。

▼ **越南船民**抵达香港时的情景。据估计，20 世纪 70 年代末和 80 年代有 20 万难民逃到了香港。

▲1972 年，就在阿明实施驱逐政策的几个月前，**乌干达亚裔与乌干达黑人**一起在坎帕拉一座购物中心外面的公共汽车站等车的情景。

◀ **乌干达亚裔抵达**英国的情景。他们抵达时几乎身无分文，每人只得到了 55 英镑（合如今 635 英镑）的现金补助。

凡是带不动的东西，我们都只能丢下。当时，我们的房子或者企业不可能卖掉。你必须离开。

——乌干达亚裔难民泽布·希尔吉（Zebun Hirji）

突然驱逐

乌干达强制驱逐南亚人

1972年，大约5万名拥有南亚血统的人因被乌干达新上台的领导人伊迪·阿明指控为“榨取乌干达的钱财”而不得不离开该国。这些人原本通过努力打拼，事业蒸蒸日上；离开的时候，他们却一无所有。

列强瓜分非洲（参见第190页—第191页）之后，英国在1894年至1896年间成立了“乌干达保护国”（Uganda Protectorate），使之成为大英帝国的一部分。“乌干达铁路”（Uganda Railway）开始兴建，并在1896年将蒙巴萨（今属肯尼亚）与乌干达连接了起来；英国人招募了许多包身工（参见第182页—第183页）来修筑这条铁路，其中主要是来自南亚地区的劳工。合同原本规定劳工们只需工作一段时间，但1901年铁路完工之后，许多人却留在了乌干达。

随后，更多的南亚人迁徙到这里，担任殖民地的行政管理人员或者经商。许多移民都在英国人的支持下开办了企业来确保那里的就业率，导致乌干达的大量亚裔人口形成了一个城市中产阶层；但是，很多非洲人却仍然在传统的农耕环境中扮演着下等阶层的角色。

移民劳工

1962年，乌干达摆脱英国的统治获得了独立；在接下来的数年里，“非洲化”政策的兴起意味着乌干达的黑人在经济和政治基础方面获得了更多的控制权。与此同时，随着该国政府指责亚裔群体不忠诚和没有融入当地社会，乌干达的反亚裔情绪也开始高涨。尽管乌干达亚裔只占该国总人口的1%左右，他们却拥有乌干达90%的企业。所以，前军队指挥官伊迪·阿明在1971年发动军事政变并将乌干达总统赶下台之后，很快就下令驱逐乌干达亚裔，目的就是“将乌干达的经济控制权转移到乌干达人的手里”。

从头再来

乌干达独立之后，约有2.7万名乌干达亚裔移居到了英国，并且获得了英国公民的身份。还有一些人迁往了附近的国家（比如肯尼亚）、印度，或者徙居到了更遥远的加拿大。在英国，许多人尽管具有资质，起初却很难找到工作。他们生活得很不容易——因为各家都必须找到工作，必须送孩子去上学，同时常常还面临着语言障碍和文化差异。有些英国人不但对他们的态度很冷淡，还警告说这个拥挤的国家里没有他们的容身之地。尽管如此，很多人还是通过勤奋努力，开办了企业并且在政界和媒体领域里担任了要职。

1986年，约韦里·穆塞韦尼（Yoweri Museveni）在乌干达上台掌权后，便邀请流亡在外的乌干达亚裔回去。如今，亚裔虽然在乌干达人口中的占比不到1%，却再一次在该国的经济中发挥着主导作用。

▼ **这幅1972年的英国漫画**题为《种族隔离》（*Departheid*），描绘了伊迪·阿明将亚裔“踢出”乌干达，让他们一下子从家业兴旺陷入失业和无家可归境地的情景。

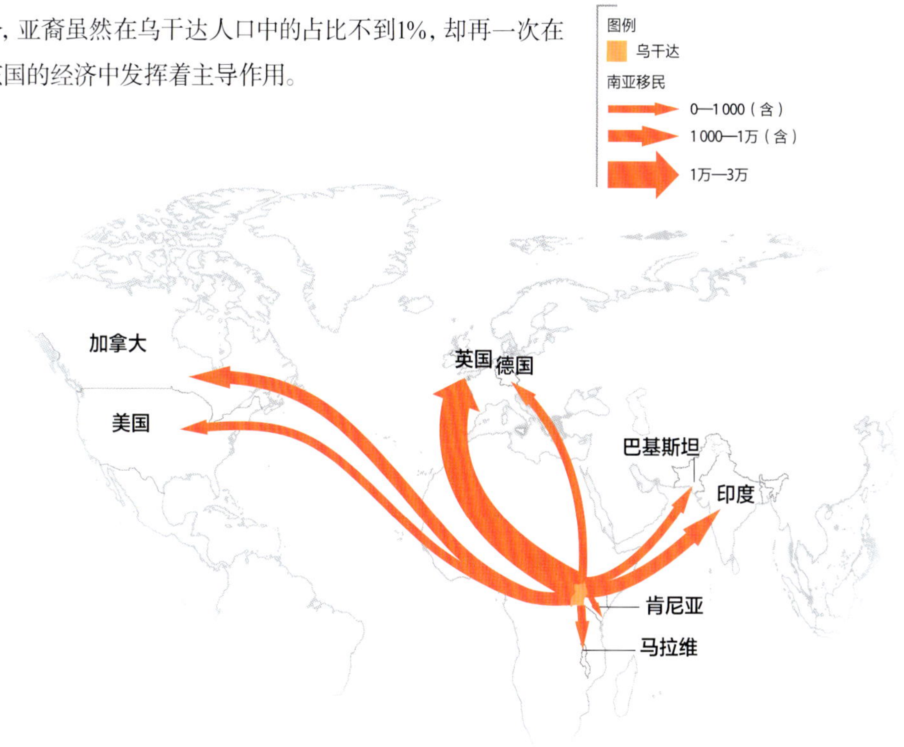

▼1972年，**约有5万名亚裔离开了乌干达**，其中的大多数移民都去了英国、加拿大、印度和肯尼亚。巴基斯坦、马拉维、美国和德国等国分别接收了约1 000位移民。当时，只有那些获得了乌干达公民身份的亚裔才获准留在该国。

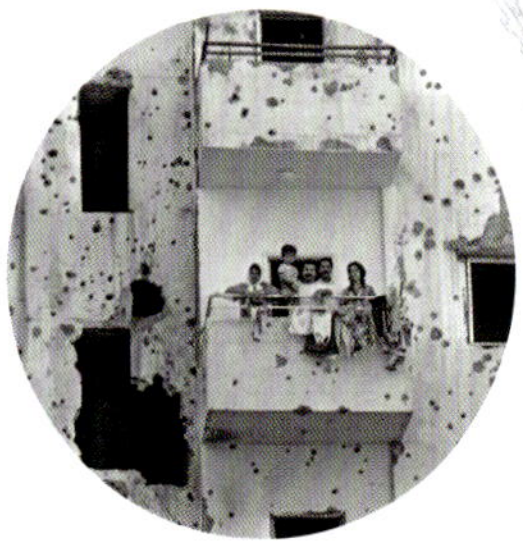

一个分布广泛的民族

黎巴嫩侨民

图例
黎巴嫩人的迁徙
0—10万（含）
10万—100万（含）
100万—1 000万

1975年至1990年的黎巴嫩内战导致了近100万人移民，占到了黎巴嫩战前总人口的约40%。该国的难民纷纷逃离摧毁了数十万个家庭和企业的战火和不同派系民兵的屠杀，避往了世界各地的国家，很多人就此变成了自19世纪中叶以来已源远流长、数量一直都在增长的黎巴嫩侨民中的一员。

移民浪潮

黎巴嫩具有独特而复杂的文化与宗教局面。虽说穆斯林占绝大多数，但该国有三分之一的人口属于基督徒，是中东地区迄今人口最多的基督教群体；而且，不管是穆斯林还是基督徒，这两种人口都分裂成了许多的教派。比如说，德鲁兹派是一个人数不多、实力却很强大的宗教群体，起初是伊斯兰教内部的一场运动，但后来演变成了一种独立的教派。数个世纪以来，这样的分裂经常都是导致局势紧张的根源；再则，黎巴嫩独特的地理位置也让它卷入了中东地区爆发的许多冲突之中。

黎巴嫩第一波主要的移民大潮始于1860年至1880年间，也就是基督徒与德鲁兹派教徒爆发战争之后。经济因素也是这一时期移民活动的一种重要推动力量，许多人都想到南美洲、北美洲那些不断发展壮大的经济体中去寻找发家致富的机会。他们的移民活动虽然在第一次世界大战期间（1914年—1918年）停止了，但战争结束之后再度开始。由此导致的第二波移民浪潮中还出现了一些新的目的地，比如澳大利亚和西非地区。

第一次世界大战之后，奥斯曼帝国解体，法国获得了黎巴嫩的托管统治权，导致许多的黎巴嫩人（尤其是穆斯林）产生了不满情绪。这种形势在1943年后有所改善，当时黎巴嫩最终获得了独立，经历了一个短暂的全面繁荣时期。然而，随着苏伊士运河战争（1956年）、六五战争（1967年）、黎巴嫩内战和第五次中东战争（1982年）相继而来，该国很快就再度陷入政治动荡之中。许多人迁往了海湾国家——因为“石油热”导致那里对劳动力的需求日益增加——或者移居到美国、加拿大和欧洲等地去接受更好的教育。

家与故土

到20世纪80年代，黎巴嫩侨民已经形成了一个历史悠久且享有盛誉的全球性网络，对黎巴嫩国内外的生活都产生了重大的影响。黎巴嫩人与故土种种持续不断的联系，让他们的文化在巴西的圣保罗等城市里始终保持着活力，而侨民也会对祖国提供经济支持。然而，随着黎巴嫩政府垮台，贝鲁特陷入内战的危机之中，居民没有了电力与药品之类的生活必需品，似乎就很少有流亡者会返回国内了。

▲ **黎巴嫩人迁徙**到了各个大洲，特别是北美洲和南美洲（其中又以巴西为甚），导致黎巴嫩侨民的数量远远超过了黎巴嫩国内的人口。

▼1982 年，遭到以军围困的**黎巴嫩首都贝鲁特城中的一个个家庭**，他们的城市早已因多年轰炸而千疮百孔。许多人逃离了该国，以避战火。

底特律的阿拉伯人

底特律附近的迪尔伯恩是黎巴嫩人的第二故乡；这里有阿拉伯语招牌，还有许多黎巴嫩餐馆和文化机构。19 世纪 80 年代，黎巴嫩第一批移民开始徙居于此。20 世纪 20 年代，有更多的移民来到底特律的汽车行业里工作，而在 70 年代来到此地的许多移民则是为了躲避内战。一些来自其他阿拉伯国家的移民也在这里生活着，他们形成了美国最大的穆斯林群体。

▲ 内战期间，**居民们纷纷逃离**贝鲁特一个遭到基督徒侵犯的穆斯林聚居区。这座城市因为宗教和种族问题变得四分五裂，不同的民兵组织控制着不同的地区。

◀1976 年，**黎巴嫩内战中的难民**在希腊比雷埃夫斯港走下一艘美国的海军舰艇。随着战乱加剧，全球有更多国家出于人道主义原因而接纳了黎巴嫩难民。

重庆常住人口超过了 3 200 万人；由于中国政府的西部大开发计划持续吸引着更多企业来到中国的西部，重庆的人口还将继续增长。

> 转型地区的农民不会迅速改变，…… 他们还保持着 …… 与旧日生活方式的联系。
>
> ——马切伊·莱什琴斯基（Maciej Leszczynski），《中国特大城市重庆的生活》（*Life inside China's megacity Chongqing*），《空间》（*The Spaces*）杂志，2018 年

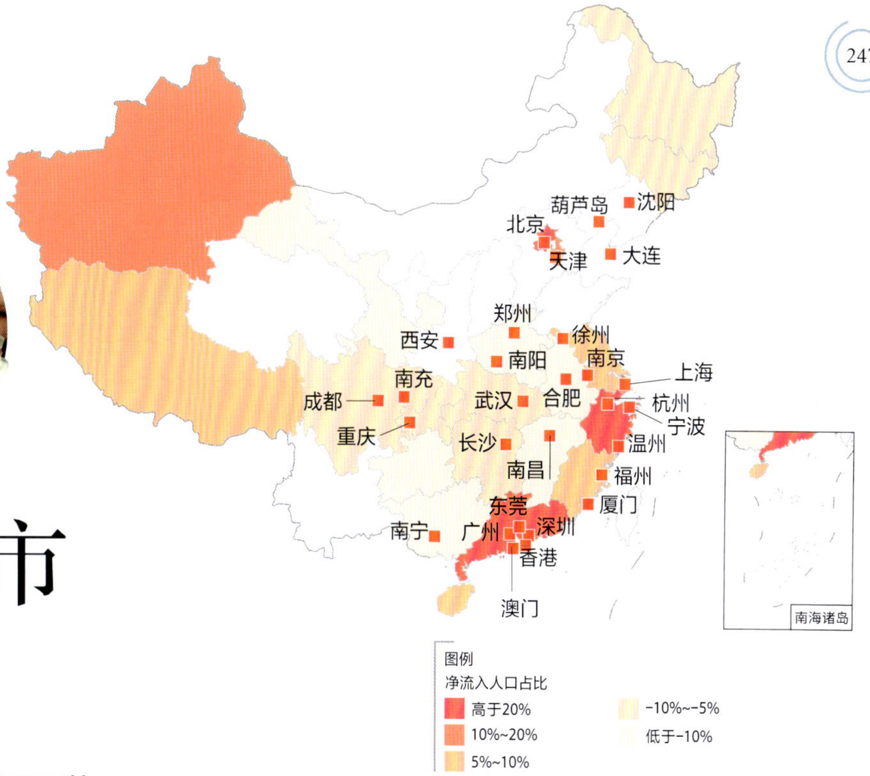

进入城市

中国的城市化

中国的经济曾经以农业为基础，从农村到城市的飞速变化，则始于1958年的“大跃进”运动。这场运动旨在利用人力而非投资于工厂和机器设备的方法提高农业和工业产出，从而迅速赶超世界上一些最大的经济体。

同年，中国政府制定了《中华人民共和国户口登记条例》，首次将所有居民分为“农业”和“非农业”两大类。拥有非农业户口的居民获得了较多有利的福利待遇，比如能够更好地获得医疗保健服务、教育和补贴性住房。当时，从农村移居城市几乎是不可能的事情。

中国政府让千百万拥有农业户口的人组成了全国各地的人民公社，并且让农民在各家后院的小熔炉里用废旧金属冶炼钢铁。由此冶炼出来的钢铁质量很差，而让农业劳动力大规模转移到小规模工业中的做法也带来了严重损失。

改革开放政策

中国长期以来都对世界经济保持封闭状态，但在1978年，以邓小平为核心的领导集体开始进行经济改革，让中国向外资企业敞开了大门。他设立了四个“经济特区”，其中第一个就是深圳，以便吸引与之毗邻的香港的众多制造商前去投资。为了适应这座城市飞速发展的形势，政府将劳动者从农田中转移出来，并且放宽了户口制度。深圳曾经是一座只有3万居民的渔村，但在整个20世纪80年代，来自中国各地的数百万农民工涌入了这里，到不断发展的工厂和建筑工地去工作。随着中国在20世纪90年代开放了更多的城市，中国的城市人口也持续增长着。

城市里的不平等

虽然大城市提供了很多的就业机会，但由于人口过多和工业化对环境造成的影响，许多来自农村地区的移居者都面临着生活条件糟糕的问题。此外，他们仍然属于农业户口，因此并未享有与城市常住居民同等的福利待遇。外来务工人员的子女在城市里难以像当地儿童一样接受教育，许多父母为了让子女上学，只能将他们留在农村。因为城市的扩张而失去农田的年老一代，也很难适应城市里的生活。

自1980年以来，差不多有5亿中国人从农村移居到了城市里，生活在城市的人口所占比例有了显著提高，从19%上升到了64%。如今，中国至少有15座城市的人口超过了1 000万。而且，人口从农村地区大规模流往城市的现象在中国很可能会持续下去。2014年，中国启动了“新型城镇化规划”，提出了优化城镇化的目标；2019年，中国又放宽了户口限制措施来解决不平等的问题，并且鼓励农村人口进一步向城市流动。

▲ 深圳、珠海、汕头和厦门等**沿海城市**被中国政府划定为“经济特区”，并在20世纪80年代和90年代向外来务工者敞开了大门。

▼ 所有打算到中国的城市里去打工、拥有农业户口的外来务工者，都必须有**户口簿和居住证**。

▼20世纪80年代，**许多农民工**都住在拥挤的宿舍里，如图中深圳的这一间。人们之所以纷纷涌入城市，是为了寻找更多的就业机会。

寻找安全之地

中美洲与南美洲的难民危机

传统上，经济因素曾经促使中美洲和南美洲各国的移民流向美国和西班牙等较为富裕的国家，因为较富裕国家的经济为移民提供了更多的就业岗位和机会。不过，随着移民变成了逃离内战、政治动荡、涉毒暴力、自然灾害和气候危机（参见第258页—261页）的难民（尤其是自20世纪80年代以来），寻找附近的安全之地就成了他们优先考虑的问题。

动荡与战争

20世纪60年代至90年代，萨尔瓦多、危地马拉和尼加拉瓜等国爆发的内战与革命，开启了一个极端暴力频现、政治和经济动荡不安的时期。这些冲突——加上美国不断进行的“禁毒战争”——导致了诸多持久存在的遗留问题，即系统性的腐败、贫困、枪支扩散和帮派滋生，使得有组织犯罪和毒品交易大行其道。在这种暴力氛围中，为了躲避帮派斗争、威胁，以及当局随意逮捕、审查、性暴力和恐吓等侵犯人权的行为，中美洲北部每年都有数十万难民离开。1998年横扫该地区的飓风“米奇”（Mitch）等自然灾害和气候危机带来的影响日益严重，也促进了这种人口流动。

逃离与流离失所

许多难民往北逃到了墨西哥，其间常常要跟绑架者和贩毒集团做斗争，他们希望自己最终能够进入美国获得庇护。还有大约50万人前往邻近的拉丁美洲国家寻找安全之地，尤以前往巴拿马、伯利兹和哥斯达黎加等国者居多；他们都希望自己能够在一个拥有共同文化和语言的地方开启新的生活。

国内流离失所的情况也达到了危机的程度，特别是哥伦比亚。该国的政府军、准军事部队、游击队和贩毒集团之间的冲突已经导致490多万人无家可归，而原住民和黑人群体受到的影响尤其严重——他们被迫离开自己的土地，为一些利润丰厚的作物让路；可一旦离开家园，他们就几乎得不到什么保护了。尽管如此，哥伦比亚竟然也是移民们的一个目的地。随着委内瑞拉的局势恶化，560多万委内瑞拉人逃离了充斥着暴力、恶性通货膨胀和基本必需品短缺的国内，其中有三分之一的难民来到了哥伦比亚。

更多的机会

在其他一些拉丁美洲国家里，比如伯利兹、巴拿马和哥斯达黎加，移民可以获得紧急医疗救助、基本的教育和寻找住房方面的帮助。然而，他们的学历往往不会获得认可，因此许多人都很难找到适合自身技能的工作。许多移民还很难获得永久合法的身份。但总体来说，在短时间内接纳规模如此巨大的移民，拉美国家表现出了团结精神，并且它们仍在继续应对不断发展的各种危机。

▲ 中美洲和南美洲许多国家的**难民纷纷逃离**，其中大多数人都到邻近的国家里去避难。

▼2016 年，委内瑞拉与哥伦比亚之间的**一条边境通道重新开放**之后，数千委内瑞拉人过境购买食品和药物的情景。

▶1979 年 6 月，**尼加拉瓜平民纷纷逃离**了他们的社区，因为该国空军威胁要对这个地区的反抗武装进行反击。

▶ 在一个因反政府组织“光辉道路”（Shining Path）发动的内战而受到影响的地区，**秘鲁的村民一起**领取食物和医疗用品的场景。

我们是因为饥饿才离开了委内瑞拉。我和宝宝都营养不良，但我在尽力坚持母乳喂养。

——委内瑞拉移民玛丽安赫尔·布兰科（Mariangel Blanco），2019 年

我们如今生活在一个新的世界。

——1991 年 12 月 25 日，苏联总统米哈伊尔·戈尔巴乔夫辞职

▲ **数千人在排队申领出境签证**和护照。1991 年 5 月，苏联终于通过了一项法律，赋予其公民自由旅行与移民的权利，从而结束了数十年的出国旅行限制。

◀ **自苏联解体以来**，有数十万来自越南等亚洲国家的移民涌入了俄罗斯。日益增加的移民，并非仅仅来自原苏联的各个加盟国家。

图例
- 苏联
- 波罗的海三国
- 中亚诸共和国

苏联加盟国

1 爱沙尼亚
2 拉脱维亚
3 立陶宛
4 白俄罗斯
5 乌克兰
6 摩尔多瓦
7 格鲁吉亚
8 亚美尼亚
9 阿塞拜疆
10 乌兹别克斯坦
11 土库曼斯坦
12 塔吉克斯坦
13 吉尔吉斯斯坦
14 哈萨克斯坦

▲1991 年，**苏联**解体成了 15 个新的独立国家。它们之间新形成的边界，导致了原苏联疆域内外的人口迁徙。

▼**1991 年 8 月**，坦克开进莫斯科的“红场”。部分苏联官员试图推翻戈尔巴乔夫总统，但政变以失败告终。当年年底，戈尔巴乔夫辞职，苏联解体，引发了原苏联各加盟共和国的移民大潮。

一个超级大国解体

苏联解体后的移民

1991年苏联解体时，约有6 000万人生活在他们的原籍国之外（占苏联总人口的20%）——比如生活在哈萨克斯坦以外的哈萨克人。他们散布在20多个不同的国家里，从西北部的拉脱维亚、爱沙尼亚和立陶宛，到中亚地区的哈萨克斯坦和吉尔吉斯斯坦，到处都有。其中，有2 500多万人从民族上讲属于俄罗斯人。

人口转移与安置

在苏联时代（1922年—1991年），当局曾让民众移居到全国各地，既是为了促进发展，也是为了加强控制，以及让少数民族接受俄语和俄罗斯文化。例如，1954年苏联的最高领导人赫鲁晓夫发起了他的“处女地计划”，将数十万俄罗斯“志愿者”送到哈萨克斯坦定居，去耕作所谓的“闲置”地区。到1959年时，哈萨克人已经成了他们本国的少数民族，在该地区总人口中的占比降到了不足三分之一。其他地区也发生了类似的运动，比如乌克兰。

苏联解体之时，千百万生活在原籍国的民众获得独立。然而，许多远离家乡的人面对的却是一种前途未卜的局面。数百万的国内流离失所者、难民和移民迫切期待着与朋友、家人在故乡团聚。但是，此时他们的团聚之路上却有了边界，还有许多其他的障碍。尽管如此，移民还是有如潮水一般从苏联的各个加盟共和国涌入了俄罗斯，其中的许多人，都是在武装冲突和民族矛盾的推动下才移民的。

苏联解体后的诸共和国

起初，苏联统治结构的崩溃留下了一种权力真空，为犯罪、腐败和冲突创造了条件。亚美尼亚和阿塞拜疆之间关于纳戈尔诺-卡拉巴赫地区（Nagorno-Karabakh）的边界争端如今仍然很激烈，俄罗斯与乌克兰的矛盾则导致了战争。各国之间的贫富差距也很大，导致人们纷纷从中亚地区和西伯利亚迁往莫斯科去找工作。然而，以前处于苏联统治之下的许多国家，如今正在繁荣发展起来。中欧和东欧地区出现了全球最引人注目的经济快速增长；不过，许多原苏联加盟共和国里的年青一代正在流失，纷纷前往西方国家去寻找出路（参见第252页—第253页）。

苏联犹太人回归

1989 年，戈尔巴乔夫总统批准犹太人移居国外。从 1989 年到 2006 年，有 160 万犹太人及其非犹太家属迁出了苏联；他们大多去了以色列，但也有人去了美国和德国。

迁徙自由

欧洲联盟里的移民

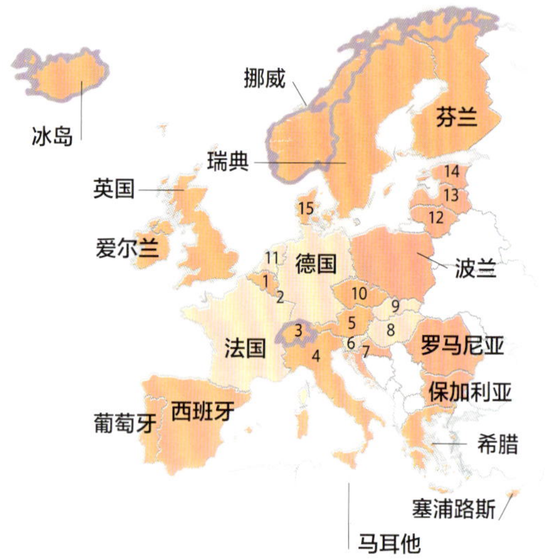

图例
1 比利时　9 斯洛伐克
2 卢森堡　10 捷克
3 瑞士　11 荷兰
4 意大利　12 立陶宛
5 奥地利　13 拉脱维亚
6 斯洛文尼亚　14 爱沙尼亚
7 克罗地亚　15 丹麦
8 匈牙利
属于申根协定缔约国，但非欧盟成员国
净移民率
高入境移民率
低入境移民率
出境移民多于入境移民

▲ **净移民率**说明了哪些欧盟国家和申根协定缔约国正在获得移民，而哪些国家正在流失移民。这幅地图使用的是 2017 年的数据，因此也包括了英国。

▼ **比利时的布鲁塞尔是欧盟的“首都”**，它既是欧盟外来人口最多的城市之一，也是欧盟委员会的总部所在地。

1993年，欧洲联盟在《马斯特里赫特条约》生效之时正式成立，12个创始成员国形成了经济合作伙伴关系。这个联盟的一条关键原则，就是迁徙自由，即民众应当无须签证就能在欧盟国家之间自由往来。1995年签署的《申根协定》，让这一点变成了现实；该协定由比利时、法国、德国、卢森堡、荷兰、西班牙和葡萄牙等国签署，取消了这些国家之间的边界关卡，并且统一了签证制度。

“申根区”（Schengen Area）的范围不断扩大，已经涵盖了欧盟的许多成员国，以及挪威、冰岛和瑞士等其他国家。如今，有4亿多公民无须签证，就能在一个面积广大、从欧洲西南部的葡萄牙一直延伸到东北部的爱沙尼亚的地区里旅行、生活和工作了。

抵消益处

对一小部分欧洲人来说，废除欧盟内部各国的边界让他们获得了更大的自由。如今，有200万人在缔结《申根协定》的外国而非他们的祖国工作，每天都有350多万人越过《申根协定》缔约国家的边境去上班。学生们也从欧洲一体化中受益，能够利用“伊拉斯谟计划”（Erasmus scheme）到其他的欧盟国家去留学。但对那些选择留在祖国的人而言，除了让节假日的旅行变得更加容易这一点，迁徙自由对他们似乎没有什么影响。尽管如此，开放边境与众多人口的流动所导致的文化融合不但力量强劲，还在日益繁荣发展。

取消边境管制带来的众多有益之处，因为人口的自由流动可能有利于犯罪分子和潜在的恐怖分子自由进入欧盟国家这一点而被抵消了。最近，难民和政治避难者的流动也已引发了争议。迁徙自由给各个国家带来的益处也并非毫无差别，因为有些国家在经济和人口方面有所获益，其他国家在这两个方面却蒙受了损失。

拉锯战

欧盟内部的不平等，意味着德国等较大和较富裕的国家常常对人才具有强大的吸引力，而欧盟东部的拉脱维亚、保加利亚等较小的国家，则出现了年轻人和高技能人才向欧盟西部大量流失的现象。波罗的海三国如今正在努力让它们的侨民再次回到国内。有些国家（比如拉脱维亚）已经启动了一些政府项目，旨在吸引年轻人回国就业。与此同时，爱沙尼亚率先推出了电子居民身份，拓展了欧洲身份的概念；电子居民身份是一种数字公民身份，允许非爱沙尼亚居民在全球任何一个地方以爱沙尼亚人的身份注册企业。无论是直接引入人才，还是推出数字化的举措，这些欧洲国家做出的努力都会继续促进移民，并且让人口自由流动的原则持久存续下去。

英国脱欧

2016 年英国公投退出欧盟之后，大量英国人曾经走上街头进行抗议。抗议者担心出现对人员、贸易和货物流动的新的限制措施，所以要求政府重新审议这一决定。但脱欧协议获得了批准，英国也在 2020 年 1 月 31 日正式退出了欧盟。

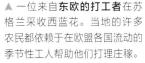

我的计划是工作两年，然后回去买套房子。

——2004 年来到英国的波兰移居者马辛·普乌托拉克（Marcin Poltorak）说；但到 2021 年的时候，他依然生活在英国

▲ 一位来自**东欧的打工者**在苏格兰采收西蓝花。当地的许多农民都依赖于在欧盟各国流动的季节性工人帮助他们打理庄稼。

◀ 爱沙尼亚的**塔林市**培育出了一个不断发展的数字技术行业，希望以此来吸引侨民回国，并且吸引来自欧盟各国的新移民和新投资。

2001 年，在美军对附近的塔利班阵地发动空袭之后，**一个家庭逃离**阿富汗北部的汗阿巴德（Khanabad）村的情景。

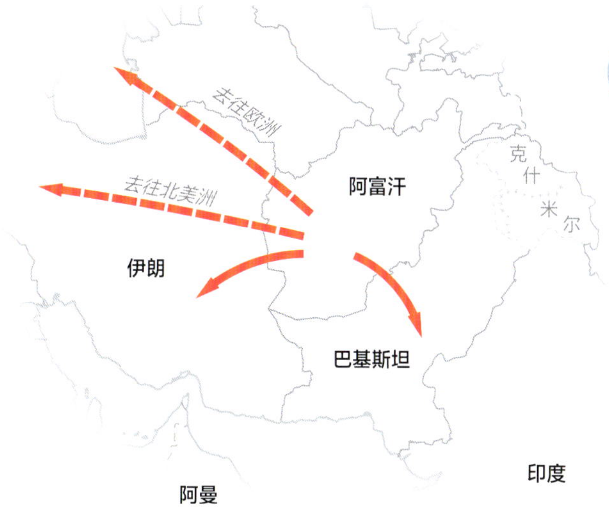

逃离塔利班

阿富汗难民危机

40多年以来，阿富汗人一直被迫离乡背井，常常再也没有返回他们的故乡。如今，有260多万登记在册的难民来自阿富汗，占全球难民人数的十分之一。阿富汗难民危机始于20世纪70年代末；当时，人们为了避难而越过边境，逃到了巴基斯坦。1979年苏联入侵该国之后，阿富汗难民的数量又大幅增加了。

1989年，苏联从阿富汗撤军之后，有些难民回到了国内；但不久之后，阿富汗就爆发了内战，迫使许多人再度踏上了逃亡之路。1996年，随着塔利班攻占喀布尔，阿富汗内战结束了；但更多的阿富汗人离开了该国。

难民的生活

到2000年时，已有600多万阿富汗人移居到了巴基斯坦和伊朗两个邻国境内。就算邻国曾经欢迎过他们，这种欢迎态度很快也消失得无影无踪了。许多阿富汗人如今仍然住在巴基斯坦的难民营里；由于该国并未签署与难民有关的国际协定，所以他们的法律地位也很不牢靠。他们获得教育、医疗保健和其他基本权利的机会有限，还很难找到工作。

2014年，一个有两名阿富汗人参与的塔利班小组在白沙瓦杀害了132名学童之后，这些难民在巴基斯坦的处境降到了低谷。作为回应，巴基斯坦和伊朗两国开始遣返难民；2016年，有36.5万阿富汗难民被迫离开了巴基斯坦。大多数回到国内的人（包括联合国难民署协助归国的50万难民）都发现，他们陷入了危险的境地。尽管2001年一支由美国主导的联军将塔利班赶下了台，但塔利班部队重新集结起来，并且在2021年攻陷了喀布尔，推翻了美国支持的政府，从而引发了新一波难民大潮。

前途未卜

据联合国估计，到2018年的时候，已有超过半数的阿富汗人因为暴力而被迫流离失所过至少两次。2021年喀布尔陷落之后，西方国家的政府撤走了为它们或者为外国援助机构工作过的阿富汗人，其他难民则不得不自寻生路。在接下来的那一个月里，就有大约9 000人逃到了巴基斯坦，尽管巴基斯坦政府声称，当时该国无法再接纳更多的难民。与此同时，伊朗则向阿富汗人关闭了边境。此后，其他国家纷纷介入和提供援助——包括英国和加拿大，两国承诺各自安置2万难民；还有乌干达，该国同意暂时接纳2 000位阿富汗难民。但无论对于流亡在外的人还是对于留在国内的人，未来都依旧难料。

▲ **自20世纪70年代末以来**，大量因为暴力与战争而流离失所的阿富汗人避往了巴基斯坦和伊朗两个邻国，或者逃往了更遥远的欧洲和北美洲。

▼1982年，**阿富汗难民**挤在一辆开往巴基斯坦的汽车上的情景。当时，苏联入侵阿富汗的战争仍在蹂躏阿富汗的农村群体。

◀ 一些在难民营里出生的**阿富汗儿童**从不知道外面的生活是个什么样子。这张照片是2001年在巴基斯坦的白沙瓦拍摄的，其中的孩子就是如此。

移居者的世界

全球化与现代基础设施

▼1960年迪恩·埃利斯（Dean Ellis）所绘的插图，颂扬了数个世纪以来**交通运输工具的演变**；这种发展，让人员和货物能够快速在世界各地流通了。

数个世纪以来，人类一直都在跨越国界进行商品交换与思想交流；到17世纪的时候，人们就可以在全球范围内做生意了。20世纪晚期开启了一个新的全球化时代，这是数码技术、更加自由的商品与服务流动以及大型跨国企业的兴起导致的；跨国企业在多个国家里展开经营活动，超越了任何一个国家的监管能力。全球互联互通方面的这种快速发展，也在迁徙活动中反映出来了。

创纪录的迁徙

自20世纪80年代以来，在经济机会的吸引或者在战争和自然灾害的迫使下，越来越多的人移居到了其他国家。交通运输和信息技术领域里的革命，已经让人们更容易抵达一个新的国家，也更容易在外国与原籍国保持联系。到2020年之时，全球已有2.72亿人生活在其出生国以外的地方——比2000年增加了1亿多人，创下了人类历史上移居者增长幅度的最高纪录。

三分之二的移居者都生活在高收入国家里；这些国家的人口老龄化问题和就业市场缺口（尤其是低技能岗位），创造了一种对劳动力的持续需求。总计有1.41亿移居者生活在欧洲和美国。一些关键行业如今都依赖于移居者，比方说英国的国民医疗服务体系就是如此（它的130万员工当中，就有七分之一的人是在国外出生的）。移居者的原籍国也有赖于他们的劳动。例如，85%以上的菲律宾护士最终会到国外去工作，她们和当家仆的移居者在2020年寄回该国的汇款高达225亿英镑，为留在菲律宾国内的家人和经济弱势群体提供了支持。各个市场之间联系的加强和通信技术的改善所提供的机会，尤其让有技能的海外工人受益；接纳移居者的国家中业已完善的移居者网络，则让其他人更加容易跟着他们迁徙而来。

障碍与机遇

尽管如此，日益增长的移民人数和多样性，也导致了紧张局势：例如，2015年德国总理安格拉·默克尔接纳数十万叙利亚难民的决定，就助长了像德国选择党（AfD）等反移民政党的崛起。连那些颇受以积分为基础的政府移民计划青睐的高技能移民，常常也会面临着公众的负面态度。

全球化既没有帮助到那些因战争或自然灾害而流离失所的人（2020年全球有超过2 600万难民），也没有解决非正规行业里的外来劳工容易受到剥削的问题，但它提供了新的机遇。教育便是其中之一：自20世纪70年代以来，在出生国以外的教育机构里学习的人数是以前的三倍，达到了270万，这使得他们对其他的文化和语言更加熟悉，并且获得了宝贵的技能，可以助力其祖国的经济发展。

数字游民

不断进步的移动通信技术，正在使得数字领域里的人能够在全球任何地方工作，而不再被束缚于一个地方；图中的“自由职业者克里斯”就是如此，他创建了一个博客，为人们提供关于远程工作的建议。

▲2016 年的欧洲难民危机期间，**英国伦敦的抗议者**试图说服英国政府放宽其反移民立场，并且接收更多的难民。

◀ 图中是正在度假的**菲律宾工人**，他们如今是中国香港最大的少数群体。其中许多人都是家政服务人员，要长时间工作，并且会把大部分收入寄回家里。

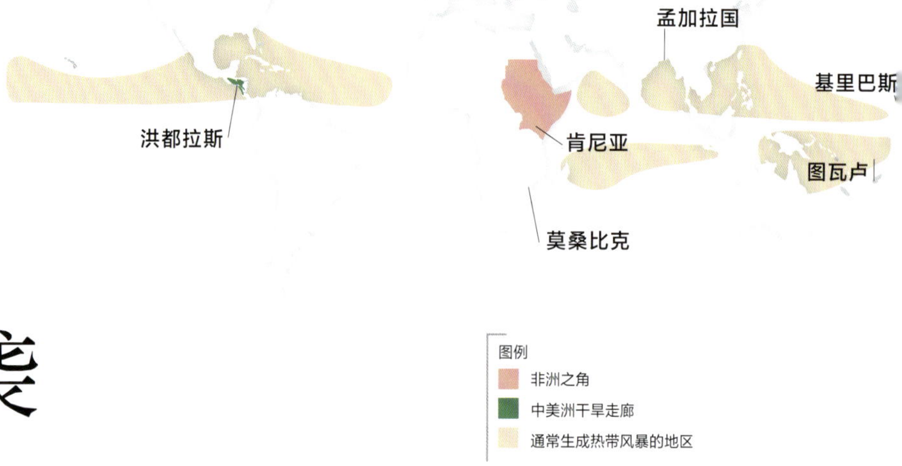

灾害来袭

气候移民

气候危机即将真正变成全球性人口迁徙的最大原因。人类活动正在导致气温上升——有记录以来最热的10个年份都在2005年以后——接下来，气温上升又加剧了极端天气、自然灾害、粮食和水短缺等问题；这场全球性的危机正在推动人口的流动。迄今为止，大多数迁徙活动都发生在国家内部：人们通常是从洪水淹没的沿海或者农村地区迁往同一个国家的城镇，并且常常只是短暂停留。但随着危机加剧，这种情况很可能在未来发生改变。

沿海洪灾

海平面上升、海岸侵蚀和洪涝灾害属于最严重的三个问题，如今它们已经在迫使大量人口迁移。全球约有10%的人口（即6亿多人）生活在海拔不到10米的沿海地区，他们都面临着这样的危险。孟加拉国人口稠密，地势低洼，很容易发生洪灾，是世界上最容易遭到洪水侵袭的国家之一。据估计，海平面上升有可能引发沿海地区的移民大潮，到2050年时可能会波及130万孟加拉国人。基里巴斯和图瓦卢等地势低洼的太平洋岛国，也面临着至少有部分地区遭到淹没的危险。许多国家都已制订计划，准备重新安置那些受到的威胁最为严重的社区，同时应对农田减少的问题。

全球性危机

在世界上的其他一些地区，因为气候变化而加剧的干旱和水资源短缺问题，也在推动范围更广泛的人口迁徙。“中美洲干旱走廊”（Dry Corridor of Central America）是一个从墨西哥南部一直延伸到危地马拉、萨尔瓦多、洪都拉斯和尼加拉瓜的干旱地带；由于干旱和降水不稳定，那里的数百万民众已经遭受了严重的作物歉收。人口从该地区移居美国的主要驱动因素之一，就在于此。近年来，“非洲之角”（Horn of Africa，包括索马里、埃塞俄比亚、厄立特里亚和吉布提等国）的长期干旱已经迫使大约180万民众离开了他们的家园。如今，他们大多住在拥挤不堪的难民营里，连最基本的服务也无法获得。

气候危机还与更频繁和更强大的暴风雨有关。例如，2019年的“伊代”（Idai）和“肯尼思”（Kenneth）两个热带气旋接连袭击了莫桑比克，导致一场人道主义灾难，约有220万百姓流离失所。在未来数十年里，世界各国还会有许多人很可能遭遇类似的处境。

1951年签署的《关于难民地位的公约》并没有把因极端天气而被迫离乡背井的人列为难民。但2020年联合国裁定，对于那些因气候危机威胁到了其生命而前来寻求庇护的民众，各国政府遣返他们的做法属于非法之举——联合国就此开创了一个重要的先例。

▲ **各种气候灾害**对世界各地的人们构成了威胁。此图显示了一些令人担忧的主要地区。

▼ **冰盖融化**会造成海平面上升，从而引发洪水并导致沿海地区遭到侵蚀，还会让飓风变得更加频繁。

▼ 洪水和飓风已经迫使大多数来自洪都拉斯的**移民**离开了他们的家园。这幅照片显示了前往美国的情景。

2011 年，**一场沙尘暴袭击了**肯尼亚达达布（Dadaab）的一座难民营。“非洲之角”遭遇大旱之后，索马里难民都逃到了这里。据估计，当时约有 1 200 万人的生命受到了威胁。

我们原本是农民，但后来遭遇了干旱……最后，我们就一无所有了。

——肯尼亚塔纳河地区的农民哈迪贾·基奥纳（Hadija Kiona），2011 年

我在 2010 年离开了［图瓦卢］。刚一回来，我就察觉到了不同。如今的炎热有时让人受不了，海水也侵蚀得非常厉害。我以前最喜欢的一些地方，都消失不见了。

我觉得［图瓦卢］是我这个人的一部分；就算它正在消失，我也不应该弃它而去。在它受到伤害的时候抛弃它，想想就让我不舒服。我觉得自己不能那样干。

——太平洋岛国图瓦卢的原住民塔普娅·帕苏娜（Tapua Pasuna），她曾是 2019 年的“图瓦卢小姐”（Miss Tuvalu）；帕苏娜还是一位大使，致力于保护海洋和提高人们对气候变化的认识

太平洋岛屿基里巴斯的部分地区被洪水淹没之后，**人们在水中来去**的情景。与图瓦卢一样，基里巴斯的居民也面临着海平面上升有可能毁掉家园的问题。这些“正在淹没”的岛国政府鼓励百姓“有尊严地移民”，但许多百姓不愿离去，而是选择了修建临时海堤等措施来维持岛屿不被淹没。

▶ **这幅地图**依据非洲战略研究中心（Africa Center for Strategic Studies）的数据绘制，显示了2019年非洲内部移居和从非洲向外移居的主要路线。

▼ **尼日利亚的拉各斯**是非洲为数不多的“特大城市”之一。随着尼日利亚各地和邻近国家的移居者源源不断地涌来，这里也成了世界上发展速度最快的城市之一。

独立的非洲

非洲内部的迁徙

自20世纪60年代以来，随着许多非洲国家获得独立，在一系列经济、社会和环境因素的影响下，非洲内部迁徙和从非洲向外移居的活动都显著增加了。尽管贫困、干旱和暴力冲突一直是某些情况下人们进行迁徙的主要驱动因素，但研究表明，大多数非洲人都是出于进取心而移居的，比如为了接受高等教育和就业。绝大多数移居者都来自北非地区和西非沿海相对富裕的国家，而撒哈拉沙漠以南那些较贫困的国家离境者的数量相对较少，这个事实就进一步驳斥了认为非洲的迁徙活动基本上由贫困驱动的观点。

非洲内部的迁徙

自非洲国家从殖民统治下获得独立以来，非洲内部的移居活动稳步增加。1960年，有600万人在非洲内部迁徙；到2017年的时候，这一数字就增长到了大约1 950万。2019年的研究表明，出生于非洲的移居者中，有53%的人生活在非洲大陆内部的其他地区。非洲大陆上的经济和社会发展，已经让教育得到改善，增加了物质资源，使人更容易接触媒体和使用互联网，而更好的基础设施和交通运输，也已让人们旅行起来比以往更加轻松和安全。

非洲内部人口迁徙的一个主要“拉动因素”，就是某些国家工业产业的发展所导致的劳动力需求。拥有农业、金融服务业、电信业、采矿业和建筑业的南非，是非洲移

▶ 埃塞俄比亚的**“吉贝三号”（Gibe Ⅲ）**大坝让该国的发电量翻了一番。不过，依赖吉贝河的季节性泛滥来种植庄稼的原住民群体却不得不为了生存而迁走。

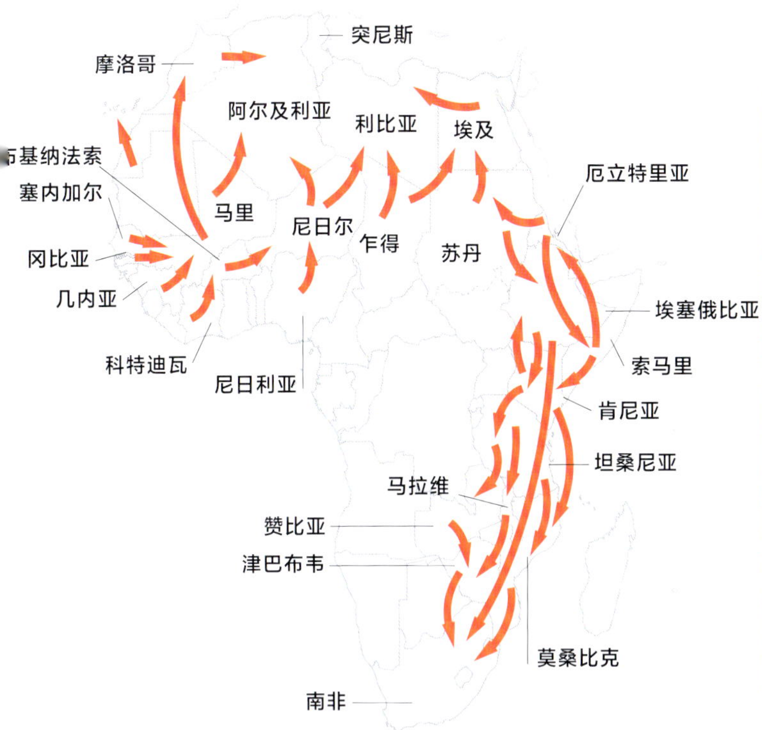

▲1994 年的**卢旺达大屠杀**导致200 多万卢旺达人大规模逃往了邻国。图中这些难民正在等着越过边境，进入刚果民主共和国（旧称扎伊尔）。

民一个重要的目的地。非洲大陆内部移居者入境人数最多的其他非洲国家，则有非洲的主要产油国尼日利亚，以及科特迪瓦，该国收入可观的经济作物产业吸引着许多的季节性移居者。

非洲大陆内部最具变革性的迁徙类型之一，就是人口从农村到城市地区的迁徙，它导致了非洲的快速城市化和飞速发展。如今，非洲已有好几座城市位列全球最大和发展最快的城市之中了。

新的目的地

自20世纪80年代晚期以来，非洲的迁徙模式已经呈现出一些变化迹象。虽然非洲内部的迁徙活动仍然方兴未艾，但移居者密度（即以总人口为基数的移居率）已经下降；这种情况很可能是民族主义兴起和边界划分导致的，因为它们限制了人口的自由流动。

从非洲迁往其他大陆的移居活动也有了显著增加。虽然在此前的数十年里，非洲移居者往往迁徙到欧洲国家（通常都是以前的宗主国，比如英国和法国），但这些欧洲国家日益严格起来的移民政策，已经导致许多人把目光转向了其他地方。如今，迁往新目的地的移居者人数正在快速增长。新的目标国家中，有美国和加拿大，因为两国的签证申请取决于申请者的技能和受教育程度；还有亚洲一些正在快速发展的经济体，因为它们有着旺盛的劳动力需求。

▲▲ 城外的莱赛迪文化村（Lesedi Cultural Village）**制作和销售念珠串**，让游客能够深入了解到佩迪（Pedi）、祖鲁、科萨和恩德贝莱诸民族的文化。

▲ **南非的印度教群体**在约翰内斯堡一座寺庙里庆祝排灯节的情景。他们的祖辈中，许多人都是19世纪被招募至此的包身工。

▶ 南非艺术家在索韦托（Soweto）的**一座发电站创作了许多壁画**，以弘扬该国的多元文化。图中这幅壁画纪念了当地黑人的历史，上面有索韦托弦乐四重奏团、一座典型的黑人小镇和南非前总统纳尔逊·曼德拉的形象。

约翰内斯堡

黄金之城

约翰内斯堡坐落在一个历史悠久的地区，却是一座年轻的城市。迄今发现的一些最早的人族骸骨——包括一具可以追溯到367万年前的骸骨——来自该市西北部的斯泰克方丹（Sterkfontein）洞穴。从石器时代开始，这个地区就居住着以狩猎和采集为生的桑人；而到了公元1100年前后，班图语民族也在这一地区定居下来，并且兴建了村庄，开采矿产。

19世纪30年代，说荷兰语的殖民者（他们被称为“布尔人”）在“大迁徙”期间（参见第162页—第163页）来到了这里；他们夺取土地，并且用武力驱逐了土著民族。1886年，在这个地区的一座农场里发现了黄金之后，殖民者便兴建了约翰内斯堡；当时，整个地区被称为“南非共和国”或者“德兰士瓦”。全球最大“淘金热”很快开启，吸引了来自四面八方的人。不到10年，约翰内斯堡的人口就超过了10万，还获得了“黄金之城”的绰号。

战胜种族隔离政策

英国人在“布尔战争”（1899年—1902年）中获胜之后，便招募了数千名华人包身工，来填补矿场中短缺的人手。后来，白人制定的种族歧视政策迫使这些华人劳工返回了中国，由黑人移民劳工取而代之。积弊已久的种族隔离、压迫和由少数白人实施统治的局面，在约翰内斯堡实施种族隔离政策期间（1948年—1994年）进一步变得根深蒂固了；当时，法律曾把不同的种族群体分隔开来。

约翰内斯堡还在不断地发展着，这在一定程度上要归功于一些非洲国家的移民纷纷来到了这里，包括津巴布韦、尼日利亚、马拉维和坦桑尼亚等国。尽管爆发了一次又一次的排外暴力活动，但据估计，移民还是占到了该市人口的6.7%，并且对于约翰内斯堡如今的经济发展和社会活力发挥了重要的作用。

> 条条大路都通往约翰内斯堡。不管你是白人还是黑人，它们都通往约翰内斯堡。就算作物歉收，约翰内斯堡也有工作可干……
>
> ——艾伦·佩顿（Alan Paton），《哭吧，亲爱的祖国》（*Cry, the Beloved Country*），1948年

文化影响

索托-茨瓦纳（Sotho-Tswana）牧民

下图描绘了11世纪**索托-茨瓦纳牧民的农田**，以及他们的传统耕作方法。这些班图语民族从公元1100年至1300年间开始往西迁徙，来到了如今环绕着约翰内斯堡的豪登省（Gauteng）。他们建造了一座座有石墙环绕的大型聚居地，其中许多都在19世纪被人们发掘了出来。

先民的聚居地

19世纪30年代，由于与开普殖民地的英国人关系紧张，**说荷兰语的殖民者便迁徙到了南非的腹地**。这一事件史称“大迁徙”，它导致布尔人建立了数个共和国，其中就包括德兰士瓦。宪法山（Constitution Hill，见下图）是一座旧监狱兼要塞的遗址所在地，是布尔殖民者在1892年所建。

南非的矿工

19世纪80年代，人们在威特沃特斯兰德（Witwatersrand）发现储量巨大的黄金矿藏之后，**外来打工者开始涌向德兰士瓦的矿场**。他们来自非洲大陆南部各地，全都面临着低薪、种族歧视和种族隔离等问题。如今约翰内斯堡的周围仍有矿场，许多贫困的人常常以在危险的环境下非法采矿为生。

英国殖民者

最高法院大楼是一座典型的美术学院派（Beaux-Arts）建筑，运用了对称和圆柱之类的古希腊古罗马装饰元素。这栋巍峨堂皇的大楼是在英国殖民统治时期修建的。此种宏伟壮观的建筑，曾经标志着该市的新地位：英国在 1902 年赢得“布尔战争”之后，约翰内斯堡就成了大英帝国的一个前哨。

津巴布韦移民

20 世纪 80 年代，许多恩德贝莱人逃离“古库拉洪迪”（Gukurahundi）即一系列种族大屠杀之后，纷纷从津巴布韦迁徙到了这座城市里。2000 年以来的政治和经济危机，又促使更多的津巴布韦人越过边境来到了这里。图中所示，是津巴布韦难民艺术家洛夫莫尔·库佩塔（Lovemore Kupeta）在约翰内斯堡郊区桑顿（Sandton）将其作品挂到一道栅栏上的情景。

埃塞俄比亚基督徒

埃塞俄比亚正统派基督徒正在参加约翰内斯堡特瓦赫多圣三一教堂（Tewahedo Holy Trinity church）举行的**一场圣诞弥撒**。躲避战乱的政治避难者和移民在该市逐渐形成了一个群体，他们在杰皮斯镇（Jeppestown）的社区里开办了埃塞俄比亚商店和餐馆，而杰皮斯镇也被人们戏称为“小埃塞俄比亚”。

充满机遇的海湾

南亚来的打工者

中东地区盛产石油的海湾国家里，生活着世界上很大一部分的外来劳工。20世纪70年代油价飙升的时候，该地区可谓财源滚滚。海湾国家纷纷着手改善基础设施，兴建学校、医院和住房，对劳动力的需求也急剧增加。

由于受人口稀少所制约，所以海湾国家希望引进有资质的专业人员和建筑工人来实施这些大型项目。在海湾国家开出的高薪诱惑下，许多男性打工者开始从南亚涌向中东地区，起初是印度和巴基斯坦的，然后是斯里兰卡、尼泊尔和孟加拉国的。许多打工者都是为国内的贫困所迫，因为其祖国的经济陷入了困境，无法为不断增长的人口创造出充足的就业岗位。到海湾国家去打工，常常被他们视为一种抵消作物歉收的保险策略，或者还清家庭债务的一条捷径。到20世纪80年代时，海湾国家的居民家庭已经变得更加富裕，开始需要住家帮佣；这种情况，导致亚洲其他地区的许多女性也开始迁至那里去工作了。

一条熟悉的道路

如今，生活在海湾地区、黎巴嫩和约旦的3 500万移居者中，来自南亚的工人就有1 500万。为了抵达那里，许多人都向招聘机构支付了高昂的费用；可招聘机构承诺提供的工作，往往与那些移民最终得到的岗位截然不同。尽管如此，高薪前景仍然吸引着他们。在沙特阿拉伯和阿拉伯联合酋长国，哪怕是低技能的印度劳工所挣的钱，也有可能比他们在本国挣的多一半。外来劳工往往会把大部分工资寄回老家，让家人能够盖房子或者支付学费。仅仅是2018年这一年，从海湾地区寄回南亚的汇款总额就超过了780亿美元（合585亿英镑）。

恶劣的工作条件

中东地区的工资也许较高，但那里的工作往往既难于又危险，有些情况下还会致命。在筹备卡塔尔2022年世界杯的那10年时间里，就有6 500多位外来劳工死亡。他们的工作时间很长，生活条件却很差。欠薪现象很普遍，雇主实施暴力和性虐待的行径也很少遭到起诉。

许多人将恶劣的条件和高死亡率都归咎于海湾地区、约旦和黎巴嫩等国家存在的“卡法拉”（kafala，即担保人）制度。在这种制度下，外来劳工的居留权是与雇主或者担保人拴在一起的。工人们的护照通常都会被没收，而且未经担保人允许，他们就不能换工作或者离开该国；所以，有些人将这种制度说成是现代的奴隶制度。外来家政佣工（通常都是女性）的处境尤其糟糕，她们相当于被隔离在一个个雇主的家里。

约旦和黎巴嫩也对外籍工人的职业选择实施了限制，禁止他们从事工程和医学等职业，以确保他们去填补当地人不想干的低技能工作岗位。这些规定不仅适用于南亚地区的工人，也适用于来自中东其他地区、无家可归的难民。

▲ **自20世纪70年代以来**，许多人源源不断地离开了包括印度和尼泊尔在内的南亚国家，前往中东地区务工。这些工人的原籍国和目的地，都可以通过追踪汇款的流向来加以确定。

▼ 这些冒着酷暑**在高空工作**的外来劳工，正在搭建迪拜金融区一座大楼的钢架。

▼ **专门修建的劳工营地**（比如图中位于阿联酋迪拜的这一座）通常都是给外来劳工居住的。大多数劳工出身贫寒，长时间从事不需要技能的劳动。

我很后悔来到了这里，但又有什么办法呢？我们完全是为了谋生才不得不来。

——卡塔尔的尼泊尔籍工人，2013 年

▲ **海湾地区许多标志性的摩天大楼**都是由外籍建筑工人建造的；可一旦合同到期，他们常常连回国的费用都拿不出来。

尼泊尔移居者

海湾地区的移居者中，许多都来自尼泊尔。尼泊尔移居者大多为男性，最终往往会在建筑行业里工作。他们会把大部分收入寄回给尼泊尔的家人，从而促进了该国的经济发展。少数从尼泊尔来到这里的女性，往往会从事家政帮佣的工作。然而，2017 年尼泊尔开始禁止本国公民前往海湾地区从事家政工作，以防她们遭受虐待和剥削。

我们感觉，也许该轮到我们去死了。可我们不想死。于是我们决定离开。

——黎巴嫩的叙利亚难民萨哈尔（Sahar），2021 年

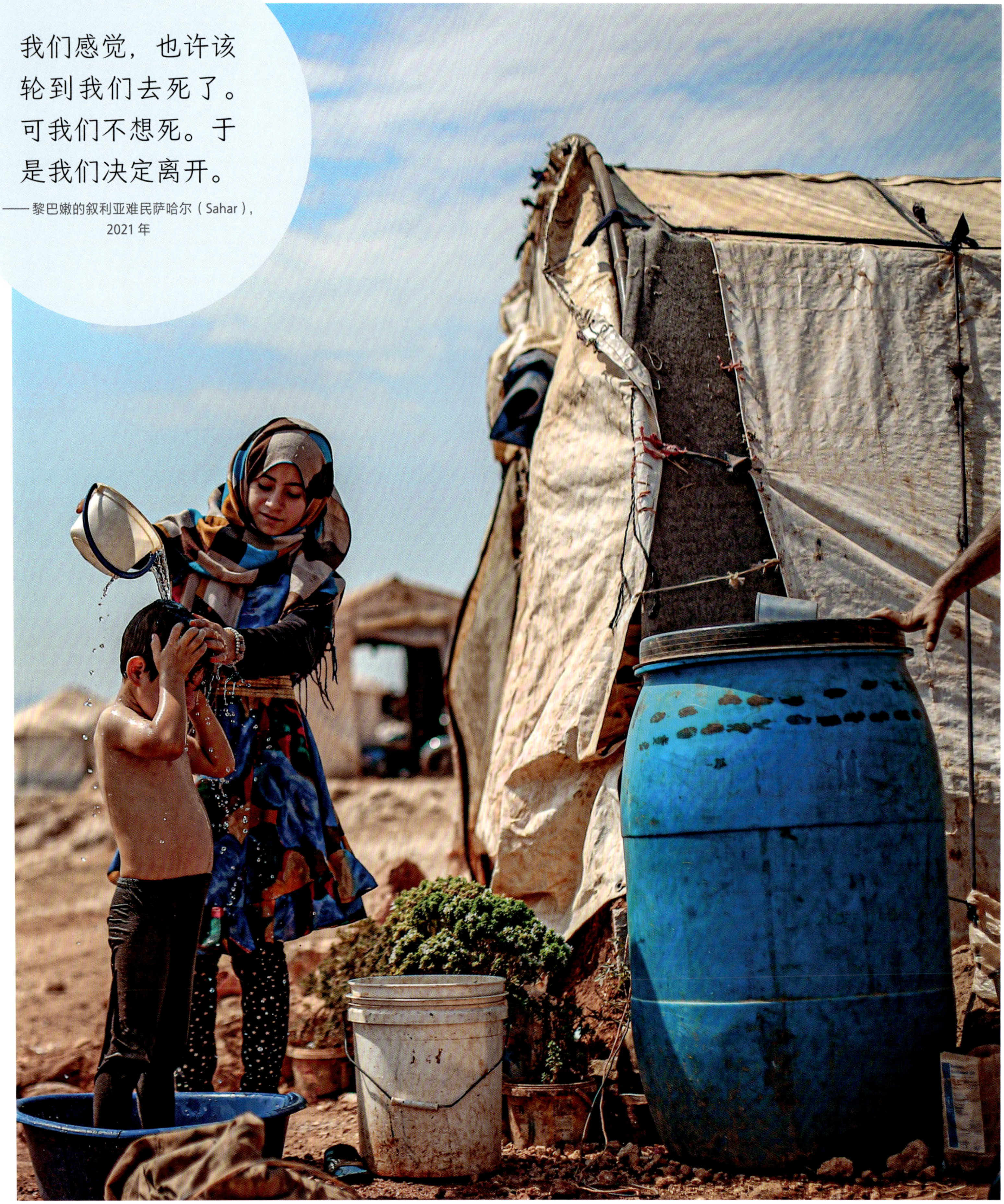

叙利亚伊德利卜省（Idlib）的一座难民营里，**一名叙利亚男孩想要凉快凉快**。白天这里的气温有可能高达 43℃。

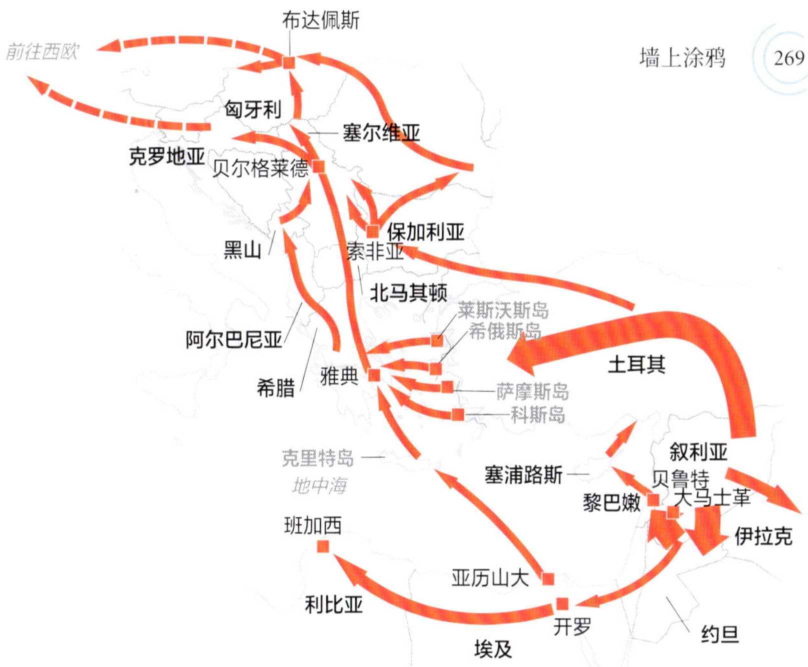

墙上涂鸦

叙利亚难民危机

（原文标题THE WRITING ON THE WALL是个双关语，既指“墙上涂鸦”，也指“不祥之兆”——译者注）

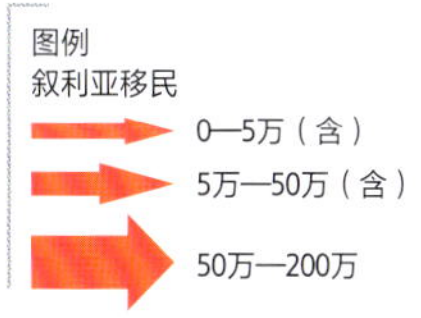

从2010年起，一系列支持民主的抗议活动席卷了整个中东和北非地区，称为“阿拉伯之春”（Arab Spring）。一年后，在突尼斯和埃及两国政权更迭的鼓舞之下，一名叙利亚少年在叙利亚德拉市（Deraa）的一面墙壁上潦草地写下了一句话：“现在轮到你了，医生。”（叙利亚总统巴沙尔·阿萨德曾经是一名眼科医生。——译者注）这幅涂鸦引发的事件导致抗议者涌上了德拉市的街头。

内战与流离失所

随后，叙利亚各地爆发了大规模的游行示威活动。与此同时，该国军方的叛逃者组成了“叙利亚自由军”（Free Syrian Army），一心要推翻政府。暴力愈演愈烈，最终导致了内战。

这场冲突激化了该国早已存在的分歧，因为伊斯兰教不同教派［包括逊尼派、什叶派及其支派阿拉维派（努赛里耶派）］的成员，再加上库尔德人，都在争夺政治权力。到2022年，（正式开始于2011年3月的）叙利亚内战已经导致大约50万人丧生，其中还包括5.5万名儿童。

这场战争还迫使该国的民众背井离乡，数量创下了纪录。叙利亚境内有大约670万人流离失所，留下来的人都面临着绝望的处境：约有95%的人缺乏适当的医疗保健，70%的人无法稳定获得干净的水源。随着经济变得千疮百孔，如今80%的叙利亚人都生活在贫困之中。

还有660万人逃离了该国。其中，约有560万人留在了中东地区，或者去了附近的北非国家。土耳其有大约360万叙利亚难民，黎巴嫩有近100万，约旦有60多万，伊拉克有25万。有超过15万叙利亚难民在北非国家安顿了下来，其中包括埃及和利比亚。总计起来，有超过半数的叙利亚人口流离失所。

走向欧洲

很多在中东其他国家避难的叙利亚人都想回到家乡，但暴力持续不断地撕扯着叙利亚，因此他们如愿以偿的希望非常渺茫。为了重新开始生活，有100多万叙利亚难民迁徙到了欧洲。其中有些人是经由陆路，穿过土耳其与保加利亚两国之间的边境抵达了欧洲；不过，大多数难民都是乘船，从土耳其越过爱琴海去希腊，或者从利比亚穿越地中海前往意大利。

由于几乎没有开放的合法移民路线，因此许多难民别无他法，只能求助于偷渡团伙。偷渡行程既昂贵又危险，都是大群大群的人挤在小小的橡皮艇或者不结实的木船里；2015年4月，史上最大的一场难民沉船事故曾导致800人丧生。许多难民都遭到了蛇头的虐待与剥削，有些人还被蛇头扣为人质，只有家属支付巨额赎金之后才能获释。此外，土耳其与希腊两国的军队都在边境杀害过叙利亚难民。

到2021年时，欧洲超过70%的叙利亚难民都在

▲**2011年，叙利亚难民**纷纷逃往土耳其、黎巴嫩、约旦、伊拉克、埃及和利比亚等邻近国家。然后，成千上万的难民又从这些邻近国家前往欧洲，许多人都去了希腊、意大利和保加利亚。

▼**数千名叙利亚人**在首都大马士革集会，表达对巴沙尔·阿萨德总统的支持，后者在2011年曾面临过一次反对浪潮。

▼2014年，**叙利亚的库尔德人**越过边境进入土耳其，躲避“伊斯兰国”组织的袭击。

两个国家里安顿了下来：德国（近60万人）和瑞典（11.5万人）。还有10万难民则去了欧洲以外，迁徙到了加拿大和美国。

难民营

2021年，约有8%的叙利亚难民生活在难民营里，其中许多营地都由联合国负责管理，常常规模庞大却资金不足。规模最大的叙利亚难民营位于约旦北部的扎塔里（Zaatari），那里距叙利亚边境只有12千米。随着战火继续蔓延，营地里的大多数难民似乎都不太可能回到家园了——起初的临时居所，如今正在变成一个永久性的定居点。在战况最激烈的时候，扎塔里生活着15万叙利亚难民，使得这里变成了约旦的第四大城市。自那以来，难民数量虽有下降，但到2021年时，那里仍然生活着大约8万名叙利亚人。然而，扎塔里的居民中只有不到20%的人拥有工作许可证，因此许多难民不得不非法打工，或者靠有限的救济生存。巴萨姆·阿尔哈姆登（Bassam Alhamden）就是其中的一位居民，他和家人在2013年为躲避空袭而逃到了约旦，因为空袭导致他们断了电、停了水，也没有了食物。然而，难民营的生活也好不到哪里去：没有电，没有果蔬，也无法上学。

与此同时，欧盟限制接纳难民的移民政策则导致许多叙利亚人困在了欧洲的难民营里。其中的一座，就是位于希腊莱斯沃斯岛上的莫里亚（Moria）难民营。在2020年因火灾而被焚毁之前，莫里亚难民营曾是欧洲最大的难民营，生活条件极其恶劣。当时，大约有2万难民住在橄榄树之间挂着的防水油布下面，泥泞不堪的地上散落着垃圾，既没有电，也几乎没有水。

难民营外的生活

对那些生活在难民营外面的难民来说，生活往往也很艰辛、很危险。各家经常不得不挤在逼仄的住所里，有时还是住在非住宅建筑中，比如车库、商店或者农场建筑。许多难民一贫如洗，连基本的生活用品都没有。尽管许多难民的文化程度很高（欧洲的叙利亚难民中38%的人拥有大学学历），但很多人都难以找到工作。

虽然面临着巨大的困难，可叙利亚难民普遍坚守着他们的文化，这一点正在帮助许多人重新振作起来。比如说，欧洲的许多城市里如今都有了叙利亚餐馆。伊马德·阿尔纳布（Imad Alarnab）就是难民成功地当上餐馆老板的一个例子。2015年逃离大马士革之后，他一路来到了加来，在那里为难民同胞做饭烧菜。后来他移居伦敦，获准在英国避难，最终在伦敦西区（West End）开了一家自己的餐馆，名叫“伊玛德的叙利亚厨房”（Imad's Syrian Kitchen）。

▲2015年10月，从土耳其出发横渡爱琴海的**难民们安全抵达**了莱斯沃斯岛。虽然2015年有40多万难民（大多是叙利亚人和阿富汗人）逃到了希腊，但也有数十人在试图横渡爱琴海时溺水而亡。

宝马公司培训难民

图中所示，是2015年加入宝马公司“在这里工作！”计划的一位叙利亚难民（右）和负责带他的培训者。宝马公司将移民的到来视为一个让该公司在失业率很低的时期填补空缺岗位的机会，因此制订了这一计划来帮助500名符合条件的难民融入德国的劳动力市场。

大约有100万叙利亚难民迁徙到了黎巴嫩。其中，三分之一的人住在贝卡谷地（Bekaa Valley）的难民营里，那里靠近黎巴嫩与叙利亚的边境。难民营里的生活条件非常简陋，冬天极其寒冷。

残酷的内战迫使我的家人抛下［我们的］家，踏上了变成难民的旅程。

——黎巴嫩贝卡难民营里的难民沙法克（Shafaq），2017年

▲ 在蒙古高原西部的严冬时节，**哈萨克牧民**会用金雕捕猎狐狸、野猫、野兔和狼来获取皮毛。这种古老的驯鹰捕猎术是代代相传的。

◀ **土耳其的罗姆人**庆祝“卡卡瓦节”（Kakava），用赛马、舞蹈和音乐等喜迎春天到来。狂欢者会跃过一堆篝火，以此来免遭“邪恶之眼”伤害。

漂泊的生活

现代的流动群体

对于有些文化群体来说，比如贝都因人，迁徙是一种生活方式，并且向来如此。可对另一些群体而言，包括许多吉卜赛流浪者（Gypsy, Roma, and Traveller，略作GRT），面对来自整个社会的歧视、敌意和暴力时，从一个地方迁到另一个地方却成了一个关乎生存的问题。然而，如今有越来越多的人不顾被边缘化的危险，选择了一种漂泊不定的生活。

自大约1万年之前人类建立最早的农耕定居地以来，只有少数文化群落一直保持着流动的生活方式。其中，罗姆人（包括16世纪抵达不列颠的罗姆人）是如今欧洲最大一个居无定所的少数民族群体。他们是早在6世纪就从印度北部迁徙而来的游牧民的后裔（参见第92页—第93页），说同一种语言，只不过其中的每个小群落都有各自的方言。爱尔兰游民（Irish Travellers）起源于12世纪前后的爱尔兰，后来迁徙到了英国和美国；他们也有自己的语言，称为"雪尔塔语"（Shelta）。

GRT群体的生活则以大家庭及其等级体系为中心；而且，他们往往会在年纪很小的时候就结婚成家。他们素有四处漂泊的传统，如今有一些人依旧这样；但各国政府制定的政策和多年的压制，已经导致许多人生活在定居社区里了。即便如此，他们遭到强制驱逐的现象仍然很普遍；比如在2011年英国埃塞克斯郡的戴尔农场（Dale Farm）驱赶事件中，就有80户吉卜赛家庭因不符合规划法规的要求而被迫离开了他们的家园。

边缘生活

数千年以来，贝都因人（源自阿拉伯语，意为"住帐幕的游牧民"）一直在中东和北非地区过着游牧生活。如今许多贝都因人都与GRT群体一样，生活在村庄、乡镇和城市里，但还有一些贝都因人保持着游牧民族的生活方式，在沙漠地区四下寻找牧场，牧养骆驼和山羊。与此同时，在遥远的蒙古高原西部，哈萨克牧民每年都会赶着他们的畜群转场6次，并且每次转场时都会搭建临时营地。不过，这些游牧群体正在日益遭受极端天气和牲畜疾病的威胁，因此许多人已经移居到了城市里。

新的游民

四处漂泊的生活可能并不轻松，但如今许多人正在采用这种生活方式。技术发展加上某些地区的人口流动自由，已经让许多人能够变成"数字游民"，在世界上任何一个地方远程工作。

还有一些人却是被迫过着游民生活。买不起住房、工作不稳定、养老金不足、医疗费用高昂和缺乏社保等因素，已经迫使许多美国人搬出了房子，住进了汽车、露营车和活动房屋里。他们常常在六七十岁的时候变成游民劳动力，奔波于美国各地，到跨国企业里去打低薪的短工。

▼ **贝都因妇女**骑着毛驴在以色列的贝尔谢巴过马路。自以色列政府出台新法限制贝都因人在内盖夫沙漠（Negev Desert）中的定居地数量以来，许多牧民流离失所。

> 对我们当中的许多人而言，成为游民就是要穿过黑暗的隧道，到另一端去寻找光明。
>
> ——美国游民鲍勃·韦尔斯（Bob Wells），2021年

致谢

DK公司要感谢安娜·菲舍尔（Anna Fischel）的编辑协助，凯蒂·卡瓦纳（Katie Cavanagh）的设计协助，亚历山德拉·比登（Alexandra Beeden）的校对，苏布哈希·巴拉蒂（Subhashree Bharati）的制图，穆林姆伊·马宗达（Mrinmoy Mazumdar）的技术协助。本作在DK多元化、平等与包容社区（DK Diversity, Equity & Inclusion commuity）的支持下完成。特别感谢帕梅拉·阿夫拉姆（Pamela Afram）和阿比盖尔·米切尔（Abigail Mitchell）提出创作本书的建议。

出版者也想感谢下列版权方的图片许可：

Key: a-above; b-below/bottom; c-centre; f-far; l-left; r-right; t-top

2 Sanna Dullaway: FPG / Hulton Archive / Getty Images. **4 Alamy Stock Photo:** Album (tr). **5 Alamy Stock Photo:** Art Collection 2 (tr). **Getty Images:** De Agostini / DEA / G. Nimatallah (tl). **6 Alamy Stock Photo:** Heritage Image Partnership Ltd / The Print Collector (tl). **Photo Scala, Florence:** Smithsonian American Art Museum / Art Resource / Newell, James Michael (tr). **7 Getty Images:** Hulton Archive / Fred Ramage (t). **8 Alamy Stock Photo:** American Photo Archive. **10 Alamy Stock Photo:** World History Archive. **12 Alamy Stock Photo:** DU Photography (br); Natural History Museum, London (bl). **13 Alamy Stock Photo:** Heritage Image Partnership Ltd / Werner Forman Archive (br). **Shutterstock.com:** chrisdaviez (bl).
14 Alamy Stock Photo: World History Archive (tc). **Science Photo Library:** Richard Bizley (br). **15 Science Photo Library:** John Bavaro Fine Art. **16 Dreamstime.com:** Neil Harrisonf (tc). **16 – 17 Alamy Stock Photo:** Album (b). **17 Alamy Stock Photo:** Natural History Museum, London (t).
18 – 19 Alamy Stock Photo: DU Photography. **18 Alamy Stock Photo:** Dawn Black (tl). **19 Getty Images:** Lisa Maree Williams (br). **20 – 21 Shutterstock.com:** chrisdaviez. **22 Alamy Stock Photo:** Sabena Jane Blackbird (bl). **Shutterstock.com:** W. Scott McGill (tc). **23 LookatSciences:** Reconstruction: Elisabeth Daynes / Photo: Sylvain Entressangle,. **24 Kenneth Geiger. 25 Getty Images:** De Agostini Picture Library (br); Chris Gorman (tc). **26 Alamy Stock Photo:** Heritage Image Partnership Ltd / Werner Forman Archive (br); World History Archive (tc). **27 Alamy Stock Photo:** Falkensteinfoto (bl); INTERFOTO / Personalities (bc). **© The Metropolitan Museum of Art:** Fletcher Fund, 1947 (br). **Museum of Fine Arts, Boston:** Gift of Landon T. and Lavinia Clay in honor of Malcolm Rogers (cl). **28 Alamy Stock Photo:** IanDagnall Computing (bc); Chris Wood (t); Science History Images / Photo Researchers (bl). **Getty Images:** De Agostini / DEA / G. Dagli Orti (br). **29 4Corners:** Stefano Torrione (br). **Alamy Stock Photo:** Melvyn Longhurst (bl); Xinhua / Meng Tao (tl). **Dreamstime.com:** Evren Kalinbacak (cla). **TopFoto:** Roger Viollet (bc).
30 Alamy Stock Photo: Chris Hellier. **32 Getty Images:** De Agostini / DEA / G. Nimatallah (bl). **© The Metropolitan Museum of Art:** Rogers Fund, 1930 (br). **33 Alamy Stock Photo:** The Picture Art Collection (bl). **Science Photo Library:** Sheila Terry (br). **34 – 35 Getty Images:** De Agostini / DEA / G. Nimatallah (b). **34 Alamy Stock Photo:** Azoor Photo (tc).
35 Getty Images: Universal Images Group / Universal History Archive (tc). **36 Alamy Stock Photo:** Inge Johnsson. **37 Alamy Stock Photo:** Chris Hellier (tr); Ferdinando Piezzi (br).
38 Alamy Stock Photo: Danita Delimont / Russ Bishop (br). **Wikimedia:** Yanajin33 / National Museum of Ethnology, Osaka (tc). **39 Alamy Stock Photo:** Album (cl); Douglas Peebles Photography (bc); Craig Ellenwood (br). **The University Of Auckland:** (bl).
40 Bridgeman Images: © Look and Learn / Illustration for Geologische Bilder der Vorwelt und der Jetztwelt by Ferdinand von Hochstetter (J F Schreiber, 1873) (tl). **Getty Images:** Hulton Archive / Heritage Images / Fine Art Images (br). **41 Dreamstime.com:** Daboost.
42 Getty Images: De Agostini / DEA / A. Dagli Orti (tc). **42 – 43 Dreamstime.com:** Beibaoke1 (b). **43 Getty Images:** Hulton Archive / Print Collector / Ann Ronan Pictures (br). **44 Alamy Stock Photo:** Classic Image (b); Lanmas (t). **45 Alamy Stock Photo:** Peter Horree (tc); Prisma Archivo (br). **46 Alamy Stock Photo:** David Levenson. **47 Alamy Stock Photo:** CPA Media Pte Ltd / Pictures From History (tc); Heritage Image Partnership Ltd / Sites & Photos / Samuel Magal (br). **48 – 49 Alamy Stock Photo:** agefotostock / Javier Larrea. **50 – 51 © The Metropolitan Museum of Art:** Rogers Fund, 1930 (b). **50 © The Metropolitan Museum of Art:** Gift of Norbert Schimmel Trust, 1989 (tc). **51 Dreamstime.com:** Maurice Brand (tr).
52 Alamy Stock Photo: Christopher Scott (bl). **© The Metropolitan Museum of Art:** The Michael C. Rockefeller Memorial Collection, Gift of Nelson A. Rockefeller, 1965 (tc).
53 Alamy Stock Photo: Artokoloro (bc); Ian Shaw (cl). **Getty Images:** De Agostini Picture Library (br). **54 NARA National Museum:** Tanzan-jinja. **55 Alamy Stock Photo:** Malcolm Fairman (br). **© The Metropolitan Museum of Art:** The Harry G. C. Packard Collection of Asian Art, Gift of Harry G. C. Packard, and Purchase, Fletcher, Rogers, Harris Brisbane Dick, and Louis V. Bell Funds, Joseph Pulitzer Bequest, and The Annenberg Fund Inc. Gift, 1975 (tc). **56 Alamy Stock Photo:** Pictures Now (bc). **Getty Images:** De Agostini / DEA / A. De Gregorio (tc). **57 Alamy Stock Photo:** Granger Historical Picture Archive, NYC (t). **58 Alamy Stock Photo:** The Picture Art Collection (bl). **Dreamstime.com:** Chuyu (br). **Getty Images:** De Agostini / DEA / G. Dagli Orti (bc); The Image Bank Unreleased / Tuul & Bruno Morandi (t). **59 Alamy Stock Photo:** Imaginechina-Tuchong (tl); Peter Treanor (bc). **Dreamstime.com:** Presse750 (bl). **Getty Images:** China Photos (cla); Moment / Weiming Chen (br).
60 Alamy Stock Photo: Peter Horree (bc); The Picture Art Collection (br). **Bridgeman Images:** (tr); © Museum of London (bl). **Getty Images:** Hulton Archive / Heritage Images (cr). **61 Getty Images:** Universal Images Group / Prisma by Dukas (br). **62 – 63 Science Photo Library:** Sheila Terry (t). **62 Getty Images:** De Agostini / DEA / A. De Gregorio (b). **63 Alamy Stock Photo:** The Print Collector / Heritage Images / CM Dixon (br). **64 Alamy Stock Photo:** CPA Media Pte Ltd / Pictures From History. **66 Alamy Stock Photo:** www.BibleLandPictures.com / Zev Radovan (bl). **Getty Images:** Hulton Fine Art Collection / Art Images (br). **67 Getty Images:** Hulton Archive / Heritage Images / Fine Art Images (br). **Photo Scala, Florence:** The Morgan Library & Museum / Art Resource, NY (bl). **68 Dreamstime.com:** Heritage Pictures (tc). **69 akg-images:** (b). **Alamy Stock Photo:** North Wind Picture Archives (t). **70 Alamy Stock Photo:** www.BibleLandPictures.com / Zev Radovan. **71 Alamy Stock Photo:** imageBROKER / BAO (bl). **Getty Images:** De Agostini / DEA / A. Dagli Orti (tr). **72 – 73 Bridgeman Images:** © Edinburgh University Library / Rashid al-Din (1247 – 1318); 'History of the World'; attributed to the Luhrasp Master and perhaps another hand (b).
72 National Commission for Museums and Monuments, Lagos, Nigeri: (tc). **73 Bridgeman Images:** © Dirk Bakker (cra). **74 – 75 Getty Images:** Hulton Fine Art Collection / Art Images. **75 Alamy Stock Photo:** Neil Bowman (tr); Peter Horree (br). **76 – 77 Alamy Stock Photo:** John Warburton-Lee Photography / Nigel Pavitt. **78 Alamy Stock Photo:** Heritage Image Partnership Ltd / Werner Forman Archive / National Maritime Museum,Greenwich (tc); The History Collection (br). **79 akg-images:** Roland and Sabrina Michaud. **80 Alamy Stock Photo:** Dallet-Alba (bl). **Bridgeman Images:** © Brooklyn Museum of Art / Gift of Beatrice Riese (tr). **81 Alamy Stock Photo:** Heritage Image Partnership Ltd / © Fine Art Images.
82 Alamy Stock Photo: Historic Collection (bc); Xinhua / Khalil Dawood (cla); The Print Collector (bl); Volgi archive (br). **Getty Images:** Moment / Rasoul Ali (tl). **83 Alamy Stock Photo:** arabianEye FZ LLC / Rasoul Ali (br); Images & Stories (t); Science History Images (bl). **Getty Images:** Hulton Archive / Fox Photos / J A Freakley (bc). **84 Alamy Stock Photo:** Tatiana Morozova (br). **© The Trustees of the British Museum. All rights reserved:** (bl). **© The Metropolitan Museum of Art:** Gift of J. Pierpont Morgan, 1917 (cra). **Peabody Museum of Archaeology & Ethnology Harvard University:** Gift of the Estate of Dr. Lloyd Cabot Briggs, 1975, 975-32-50 / 1192 (bc). **85 Alamy Stock Photo:** Hemis.fr / Franck Charton (tc). **Getty Images:** Corbis Historical / Photo Josse / Leemage (br). **86 Alamy Stock Photo:** Heritage Image Partnership Ltd / Index. **87 Alamy Stock Photo:** Science History Images / Photo Researchers (br). **Getty Images:** Universal Images Group / Godong (tc). **88 Dorling Kindersley:** Universitets Oldsaksamling, Oslo / Peter Anderson (tc). **Photo Scala, Florence:** The Morgan Library & Museum / Art Resource, NY (br). **89 © The Trustees of the British Museum. All rights reserved. Getty Images:** LightRocket / Wolfgang Kaehler (clb); LightRocket / Roberto Machado Noa (br). **90 Alamy Stock Photo:** The Picture Art Collection. **91 Alamy Stock Photo:** Michael Brooks (tc). **Wikimedia:** Michel Wolgemut, Wilhelm Pleydenwurf (br). **92 Alamy Stock Photo:** The History Collection (tc). **Getty Images:** Universal Images Group / Sepia Times (bl). **93 Burgerbibliothek of Bern. 94 Alamy Stock Photo:** Album (br). **Getty Images:** Hulton Archive / Heritage Images / Fine Art Images (tc). **95 Photo Scala, Florence:** The Jewish Museum / Art Resource / Szyk, Arthur. **96 Berlin, Staatsbibliothek zu Berlin – Pressischer Kulturbesitz – Handschriftenabteilung. 97 Alamy Stock Photo:** CPA Media Pte Ltd / Pictures From History (tc, br). **98 – 99 Alamy Stock Photo:** Art Collection 2 (b). **99 Alamy Stock Photo:** CPA Media Pte Ltd / Pictures From History (tr). **100 Alamy Stock Photo:** Art Collection 3. **101 123RF.com:** petervick167 (tc). **Getty Images:** Universal Images Group / Photo 12 (br). **102 Getty Images:** De Agostini. **103 © The Trustees of the British Museum. All rights reserved. Dreamstime.com:** Anna Om (br). **104 – 105 Alamy Stock Photo:** imageBROKER / Harald von Radebrecht. **106 Alamy Stock Photo:** agefotostock / Tolo Balaguer (bl); imageBROKER / Horst Mahr (t). **Getty Images / iStock:** E+ / stockcam (br). **Getty Images:** Universal Images Group / PHAS (bc). **107 akg-images. Alamy Stock Photo:** Reuters / Henry Romero (bl). **Getty Images:** Michael Ochs Archives / Earl Leaf (bc); NurPhoto / Eyepix (cla). **Francis McKee:** (br). **108 AF Fotografie. 110 Alamy Stock Photo:** North Wind Picture Archives (br). **Bridgeman Images:** © Brooklyn Museum of Art / Bequest of Mary T. Cockcroft (bl). **111 Alamy Stock Photo:** World History Archive (bl). **Instituto Moreira Salles:** (br). **112 Alamy Stock Photo:** Terry Allen (bl). **Powerhouse Museum / Museum of Applied Arts & Sciences:** Gift of The Asian Arts Society of Australia in memory of Mayo Harriss, 200 (tc). **113 Alamy Stock Photo:** Sabena Jane Blackbird. **114 Bridgeman Images:** © Brooklyn Museum of Art / Bequest of Mary T. Cockcroft. **115 Bridgeman Images. 116 Alamy Stock Photo:** Endless Travel (bl). **Dreamstime.com:** Viktor Bondar (br); Stevanzz (t); Nikolay Tsuguliev (bc). **117 Alamy Stock Photo:** Amani A (bc); UtCon Collection (bl). **Dreamstime.com:** Coplandj (tl). **Getty Images:** AFP / Patricia De Melo Moreira (cla). **Shutterstock.com:** Sipa / Jean Luc Petit (br).
118 Alamy Stock Photo: Heritage Image Partnership Ltd / Ashmolean Museum of Art and Archaeology (tc); North Wind Picture Archives (br). **119 Courtesy National Gallery of Art, Washington. 120 Alamy Stock Photo:** Everett Collection Historical (tr); North Wind Picture Archives (bc). **121 Bridgeman Images:** © Archives Charmet. **122 Alamy Stock Photo:** Science History Images / Photo Researchers (bl). **Concordia University Records Management and Archives:** Jack Marlo (br). **Jody Freeman:** Cedar Eve. **Getty Images:** Universal Images Group / Universal History Archive (bc). **123 Biblioth è que et Archives nationales du Qu é bec:** (cla); BAnQ Vieux-Montr é al (bl). **Dreamstime.com:** Ronniechua (tl). **Festival du Monde Arabe:** Yakimo Bohio (br). **Getty Images:** George Rose (bc). **124 Alamy Stock Photo:** Sabena Jane Blackbird (br). **Dreamstime.com:** Derejeb (tc). **125 Leibniz-Institut f ü r Länderkunde (IfL):** Collection Alphons St ü bel / Alberto Henschel. **126 Bridgeman Images:** © Christie ' s Images / Agostino Brunias(Artist) (tr); © Royal Albert Memorial Museum / Allan Ramsay(Artist) (br). **127 Instituto Moreira Salles:** Gilberto Ferrez Collection / Marc Ferez. **128 – 129 National Museum Of Denmark Besøg Nationalmuseets hjemmeside. 130 Alamy Stock Photo:** Album (bc);

Frederic Reglain (t). **Colecao Museu Nacional de Belas Artes/PHAN/MinC:** (bl). **Getty Images:** Royal Geographical Society / F. Tuckett (br). **131 Alamy Stock Photo:** Realy Easy Star (bl); robertharding / Alex Robinson (tl). **Getty Images:** AFP / Vanderlei Almeida (br); LightRocket / Brazil Photos / Ricardo Beliel (cla). **New York State Archives:** (bc). **132 – 133 Alamy Stock Photo:** Album (b). **132 Alamy Stock Photo:** World History Archive (tc). **133 Alamy Stock Photo:** World History Archive (t). **134 Alamy Stock Photo:** Robertharding / Stuart Forster (tc). **135 Alamy Stock Photo:** Granger Historical Picture Archive, NYC (t); Signal Photos (b). **136 Alamy Stock Photo:** Heritage Image Partnership Ltd / The Print Collector (br); Peter Horree (tc). **137 Alamy Stock Photo:** BTEU / RKMLGE (t); CPA Media Pte Ltd / Pictures From History (bc).
138 Alamy Stock Photo: V&A Images. **139 Los Angeles County Museum of Art:** Gift of Diandra and Michael Douglas (br). **140 Alamy Stock Photo:** North Wind Picture Archives (tc). **140 – 141 akg-images. 141 Bridgeman Images:** © CCI (tc). **142 Getty Images:** Oxford Science Archive / Hulton Archive / Print Collector (tc). **142 – 143 Getty Images:** Corbis Historical / Hulton Deutsch (b). **143 The J. Paul Getty Museum, Los Angeles:** Thomas Annan (t). **144 – 145 Alamy Stock Photo:** MeijiShowa. **146 Alamy Stock Photo:** Jon Arnold Images Ltd / Jane Sweeney (cla). **Bridgeman Images:** © London Metropolitan Archives (bc). **Getty Images:** Corbis Historical / Hulton Deutsch (tl); Science & Society Picture Library (bl); Hulton Archive / Fox Photos / Woolnough (br). **147 4Corners:** Lisa Linder (bl). **Alamy Stock Photo:** Nathaniel Noir (br). **Getty Images:** Anadolu Agency / Tolga Akmen (t); Mirrorpix / Daily Mirror (bc). **148 Rare Books and Special Collections, University of Sydney Library. 150 Alamy Stock Photo:** Chronicle (bl). **Getty Images:** Universal Images Group / Universal History Archive (br). **151 Nueva Vision Co. Ltd:** Francisco Hsu Chung Mao (br). **State Library of New South Wales:** (bl). **152 Alamy Stock Photo:** PWB Images (tc); SuperStock (br).
153 Getty Images: Universal Images Group / Universal History Archive (t); Universal Images Group / Photo 12 (b). **154 – 155 State Library of New South Wales. 154 Sydney Living Museums:** (tc). **155 State Library of New South Wales. 156 Rare Books and Special Collections, University of Sydney Library. 157 Alamy Stock Photo:** Design Pics Inc / Hawaiian Legacy Archive / Pacific Stock (bc). **The New York Public Library:** The Miriam and Ira D. Wallach Division of Art, Prints and Photographs / Frank Coxhea (tr). **158 Alamy Stock Photo:** MediaServicesAP / Hugh Peterswald (cra); The Print Collector (bl). **Getty Images:** Mondadori Portfolio / Mario De Biasi (br). **Shutterstock.com:** marcobrivio.photo (bc); Michael Xiaos (tr). **159 Getty Images:** Fairfax Media Archives / Steve Christo (bc); Brook Mitchell (bl); Lisa Maree Williams (br). **Unsplash:** Photoholgic / @photoholgic (t).
160 Alamy Stock Photo: Art Collection 3 (bl); Lebrecht Music & Arts (tc). **161 Getty Images:** Universal Images Group / Universal History Archive. **162 akg-images:** Africa Media Online / Iziko Museum (bl). **Alamy Stock Photo:** Chronicle (tc). **163 Alamy Stock Photo:** Chronicle. **164 Getty Images:** Anadolu Agency / Suryanto (tc); Corbis Historical / Hulton Deutsch (bl). **165 Nueva Vision Co. Ltd:** Francisco Hsu Chung Mao. **166 Chris Wolf Edmonds:** (tc). **167 Johnnie Diacon:** (t). **Oklahoma Historical Society:** (b). **168 Alamy Stock Photo:** Everett Collection Inc. **169 Alamy Stock Photo:** North Wind Picture Archives (br). **Getty Images:** Archive Photos / Nawrocki / ClassicStock (tc); Hulton Archive / General Photographic Agency (cl). **170 – 171 Alamy Stock Photo:** Granger Historical Picture Archive, NYC. **172 Museum of Fine Arts, Houston:** Museum purchase funded by the Buddy Taub Foundation, Dennis A. Roach and Jill Roach, Director (tc). **Photo Scala, Florence:** Smithsonian American Art Museum / Art Resource / William H. Johnson (br). **173 Getty Images:** Archive Photos / Cincinnati Museum Center (b). **Photo Scala, Florence:** Smithsonian American Art Museum / Art Resource / Newell, James Michael (t). **174 Alamy Stock Photo:** Contraband Collection (tc). **Getty Images:** Hulton Archive / Francis Guy / Sean Sexton (br). **175 Getty Images:** Hulton Archive / Edwin Levick. **176 – 177 Getty Images:** Universal Images Group / Universal History Archive. **176 Library and Archives Canada:** George F. Ridsdale collection / a12265 (bl). **177 Library of Congress, Washington, D.C.:** LC-DIG-nclc-04146 / Hine, Lewis Wickes (tc). **178 – 179 Getty Images:** Bettmann.
180 Alamy Stock Photo: The Granger Collection (bl). **Sanna Dullaway:** Library of Congress (bc). **The New York Public Library:** The Miriam and Ira D. Wallach Division of Art, Prints and Photographs / Berenice Abbot (br). **Shutterstock.com:** NurPhoto / Deccio Serrano (t).
181 Alamy Stock Photo: Artepics (tl). **Da Ping Luo:** (cla). **Getty Images:** Hulton Archive / BIPS (bc); Michael Ochs Archives (bl); LightRocket / Erik McGregor (br). **182 – 183 Getty Images:** Popperfoto / Paul Popper (b). **182 AF Fotografie. 183 Getty Images:** Hulton Archive / Archive Farms (cr). **184 Alamy Stock Photo:** Everett Collection Inc. **185 Alamy Stock Photo:** David Grossman (tc). **Getty Images:** Bettmann (br). **186 Alamy Stock Photo:** Historic Images (tc). **187 Dreamstime.com:** Pablo Hidalgo (tr). **Shutterstock.com:** The LIFE Picture Collection / John Phillips (b). **188 Alamy Stock Photo:** CPA Media Pte Ltd / Pictures From History (tc). **188 – 189 Alamy Stock Photo:** Everett Collection Historical (t). **189 Getty Images:** Bettmann (bc). **190 Alamy Stock Photo:** Chronicle (b); World History Archive (t). **191 Alamy Stock Photo:** CPA Media Pte Ltd / Pictures From History (tc). **192 Getty Images:** LightRocket / Gerhard Joren. **194 Bridgeman Images:** © Look and Learn (bl). **Getty Images:** Hulton Archive / Central Press (br).
195 Getty Images: AFP / Dimitar Dilkoff (br); Corbis Historical / Gregory Smith (bl). **196 Alamy Stock Photo:** Shawshots (tc). **Getty Images:** Archive Photos / Buyenlarge (c). **197 Alamy Stock Photo:** North Wind Picture Archives (bc). **Bridgeman Images:** © Archives Charmet (r). **198 Getty Images:** Archive Photos / FPG / Paul Thompson (tc). **199 Alamy Stock Photo:** Scherl / S ü ddeutsche Zeitung Photo (tr). **Shutterstock.com:** The LIFE Picture Collection (b). **200 – 201 Getty Images:** Universal Images Group / Windmill Books / Robert Hunt. **201 Alamy Stock Photo:** CPA Media Pte Ltd / Pictures From History (tr). **202 Getty Images:** Archive Photos / Afro Newspaper / Gado (br). **Library of Congress, Washington, D.C.:** LC-USF33-020600-M3 / Delano, Jack (tc).
203 Bridgeman Images: © Chicago History Museum / © Estate of Archibald John Motley Jr. All reserved rights 2021 (b). **Library of Congress, Washington, D.C.:** LC-DIG-fsa-8c02701 / Delano, Jack (t). **204 Getty Images:** Corbis Historical / Hulton Deutsch. **205 Bridgeman Images:** © Archives Charmet (tc). **The President Elpido Quirino Foundation:** (cr).
206 Getty Images: Bettmann (tc); Bettmann (br). **207 Shutterstock.com:** The LIFE Picture Collection / J R Eyerman. **208 Bridgeman Images:** © Usis-Dite (b). **Getty Images:** Gamma-Keystone / Keystone-France (t). **209 Getty Images:** Corbis Historical / Library of Congress / Underwood & Underwood (br); Hulton Archive / Heritage Images / Fine Art Images (tc). **210 Bridgeman Images:** © Look and Learn (br). **Getty Images:** Gamma-Keystone / Keystone-France (tc). **211 Benaki Museum Athens:** Stephanos Xouzaios (b). **ICRC ARCHIVES (ARR) / International Committee of the Red Cross:** V-P-HIST-02493-14 (t). **212 Library of Congress, Washington, D.C.:** LC-DIG-fsa-8b29516 / Lange, Dorothea.
213 John Aster Archive: (tc). **Getty Images:** ullstein bild Dtl. (br). **214 Getty Images:** Hulton Archive / Fred Ramage (tc). **214 – 215 Sanna Dullaway:** FPG / Hulton Archive / Getty Images (bc). **215 Getty Images:** Hulton Archive / Central Press (br). **216 – 217 Getty Images:** Gamma-Keystone / Keystone-France. **218 Getty Images:** Popperfoto (tc). **219 Bridgeman Images:** © Look and Learn (t). **Shutterstock.com:** The LIFE Picture Collection / Margaret Bourke-White (b). **220 – 221 Getty Images:** Universal Images Group / Photo 12. **221 Alamy Stock Photo:** Dinodia Photos (br). **V&A Images / Victoria and Albert Museum, London:** Image Copyright of the MF Husain Estate (t). **222 Getty Images:** STF / AFP (tc). **Shutterstock.com:** The LIFE Picture Collection / Cornell Capa (br). **223 Shutterstock.com:** The LIFE Picture Collection / Terence Spencer. **224 Getty Images:** Paris Match Archive / Jean-Claude Deutsch (br); Toronto Star / Colin McConnell (t). **225 Getty Images:** Hulton Archive / Ted West. **226 Alamy Stock Photo:** www.BibleLandPictures.com / Zev rad (br). **Amsterdam Museum:** (bl). **Bridgeman Images:** © Faisal Khouja (t). **Getty Images:** De Agostini / DEA / Biblioteca Ambrosiana (bc). **227 Alamy Stock Photo:** Jussi Puikkonen (bc); Reuters / Michael Kooren (tl). **Dreamstime.com:** Dennis Van De Water (cla). **Getty Images / iStock:** Sjo (bl). **Shutterstock.com:** Dutchmen Photography (br). **228 Getty Images:** Gamma-Keystone / Keystone-France. **229 Alamy Stock Photo:** UPI / Debbie Hill (br). **Shutterstock.com:** The LIFE Picture Collection / Dmitri Kessel (tc).
230 Getty Images: AFP / Mohammed Abed (tc); Hulton Archive / Tom Stoddart Archive (br).
231 Getty Images: Bettmann. **232 www.mediadrumworld.com:** Tom Marshall. **233 Getty Images:** Hulton Archive / Central Press (br); SSPL / Daily Herald Archive (tc). **234 – 235 Getty Images:** Hulton Archive / Fox Photos / William Vanderson. **236 Alamy Stock Photo:** Shawshots (tc). **Getty Images:** Corbis Historical / Hulton Deutsch (b). **237 Getty Images:** Fairfax Media Archives / Peter Kevin Solness (tr). **238 Getty Images:** UniversalImagesGroup (tc); UniversalImagesGroup (bl). **239 Getty Images:** LightRocket / Jonas Gratzer. **240 Getty Images:** Archive Photos / PhotoQuest. **241 Getty Images:** LightRocket / Gerhard Joren (br). **Shutterstock.com:** AP / Henri Huet (tc). **242 Getty Images:** Anthony Lanzilote (br); Sygma / Alain Nogues (tc). **243 Getty Images:** Hulton Archive / Keystone (b); Sygma / Claude Salhani (t).
244 Dreamstime.com: Sean Pavone. **246 Alamy Stock Photo:** Lou Linwei (tc); Top Photo Corporation (br). **246 Getty Images:** AFP / George Castellanos (tc). **247 Getty Images:** Corbis Historical / Gregory Smith (t); Sygma / John Giannini (b). **248 Alamy Stock Photo:** Chuck Nacke (t). **Getty Images:** Hulton Archive / Laski Diffusion (b). **249 Getty Images:** AFP / Dima Tanin (tc); AFP / Sven Nackstrand (bc). **250 Alamy Stock Photo:** Paul Brown (br). **Getty Images:** Stone / Buena Vista Images (tc). **251 Alamy Stock Photo:** Iain Masterton (t). **Getty Images:** Cavan Images (b). **252 Getty Images:** Sion Touhig. **253 Getty Images:** AFP / Marwan Naamani (bc); Gamma-Rapho / Michel Baret (tc).
254 Getty Images: Hulton Archive / GraphicaArtis (tc); julief514 (br). **255 Alamy Stock Photo:** Steve Vidler (b); ZEN – Zaneta Razaite (t). **256 Getty Images:** AFP / Carlos Alonzo (br); TCYuen (tc). **257 Getty Images:** Oli Scarff. **258 – 259 Getty Images:** LightRocket / Jonas Gratzer. **260 Getty Images / iStock:** E+ / peeterv (tc). **260 – 261 Getty Images:** AFP / Jenny Vaughan (b). **261 Getty Images:** Corbis Historical / Howard Davies (tr). **262 Alamy Stock Photo:** Jeffrey Isaac Greenberg 20+ (tl). **Bridgeman Images:** © Look and Learn (bl). **Dreamstime.com:** Richtphoto Smile (bc). **Getty Images:** Anadolu Agency / Ihsaan Haffejee (cla); Royal Geographical Society (br). **263 Alamy Stock Photo:** Hemis.fr / Bertrand Rieger (t); imageBROKER / Peter Schickert (bl). **Getty Images:** Anadolu Agency / Ihsaan Haffejee (br). **Shutterstock.com:** EPA / Jon Hrusa (bc).
264 Alamy Stock Photo: Reuters / Anwar Mirza (br). **Getty Images:** Hulton Archive / Construction Photography / Avalon / Adrian Greeman (tc). **265 Getty Images:** AFP / Karim Sahib (t); AFP / Prakash Mathema (bc).
266 Getty Images: Anadolu Agency / Muhammed Said. **267 Getty Images:** AFP / Anwar Amro (tc); AFP / Bulent Kilic (br). **268 Getty Images:** AFP / Dimitar Dilkoff (tr); Joerg Koch (br). **269 Alamy Stock Photo:** Reuters / Thaier Al-Sudani. **270 Alamy Stock Photo:** Pacific Press Media Production Corp. / Piero Castellano (b). **Getty Images:** Barcroft Media / Joel Santos (t). **271 Getty Images:** Uriel Sinai (tc). **276 Shutterstock.com:** AP / Henri Huet (c).

All other images © Dorling Kindersley